導覽解說理論與實務

蔡豐琪 編著

補充資料

全華圖書股份有限公司

PREFACE

後疫情時代觀光旅遊趨勢

自然人文深度導覽體驗 ── 永續環境

　　筆者因個人興趣，平常除了從事日語教學的工作之外，也累積了多年中文與日文深度史蹟導覽經驗。筆者深切感觸市場上，有志於學習導覽解說者的需求，加上針對導覽解說實務步驟逐一解說的書籍非常少，於是編撰這本理論與實務並重的導覽解說實用書，以協助讀者學習技能與職能爲出發點，幫助讀者輕鬆認識導覽解說這門課程，並深入學習導覽說技巧。

　　本書爲奠基觀光旅遊相關科系學生，未來進入職場上所需之技術與智識教材。從導覽解說基本概念「認識導覽解說資源、環境與設施、導覽解說員的特質與工作、導覽解說原則與技巧、導覽解說規劃作業程序」到「自然資源、人文資源各種不同類型的導覽解說案例分析與實作演練」，由理論導向實作，幫助學生展現系統思考及國際視野之素養，進而更加了解自己的興趣及生涯發展方向。

　　首先在各章節中開始以心智圖方式提供讀者掌握單元組織及學習要旨，從基礎理論→觀念整理→教你方法→啓發，特別著重讀者學習動機與就業競爭力之強化。本書第三篇運用 7 種不同類型的導覽案例，是我個人的導覽實務經驗，從一條導覽路線的設計規劃，前置作業到如何導覽實務技巧講解和演練分析，每個步驟都仔細推敲和多次踩線拍照編撰而成，並透過案例實作步驟逐一解析與引導讀者舉一反三不斷演練，期望提供教學者或自學讀者更便利的參考用書。

　　最後感謝協助本書撰寫架構與經驗討論的周玉娥小姐，以及在圖文案例不斷要求精進的全華編輯群，讓本書內容更多元與完整，也衷心盼望本書的出版能對導覽解說產業的發展與學習有一點貢獻，雖經多次討論反覆推敲及修正，仍難免疏漏於萬一，不同的寫作觀點也請各界不吝指教，並衷心期盼學子及讀者能從本書中獲益。

蔡豐琪

2020.10

PART 1

認識導覽解說

CONTENTS

01

導覽解說基本概念

03

導覽解說內涵

02

導覽解說資源與分類

PART 2

導覽解說
實務與技巧

CONTENTS

PART 3

導覽解說案例解析與演練

CONTENTS

08

導覽解說案例實作

每一章章首提列章節重點，引導讀者快速掌握每章的學習重點

PART1（01 ～ 03）
認識導覽解說

PART2（04 ～ 07）
認識導覽解說的方法與技巧

STRUCTURE OF THIS BOOK

PART3（08）
認識導覽解說實務操作流程

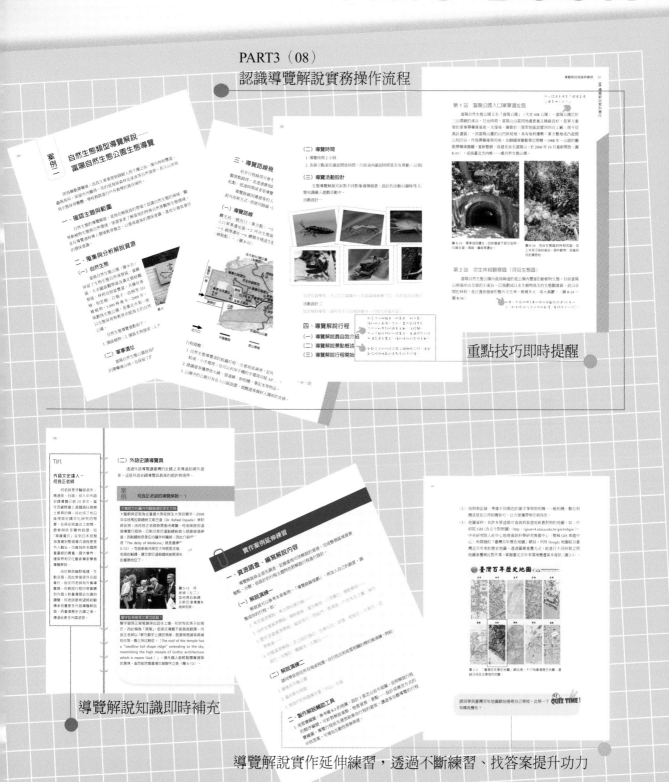

重點技巧即時提醒

導覽解說知識即時補充

導覽解說實作延伸練習，透過不斷練習、找答案提升功力

PART 1
認識導覽解說

01 導覽解說基本概念
02 導覽解說資源與分類
03 導覽解說內涵

01

導覽解說基本概念

導覽解說的意義 → 導覽
　　　　　　　 → 解說
　　　　　　　 ↘ 導覽解說

環境教育 ↗ 生態
　　　　 ↗ 節能
　　　　 ↘ 減碳
　　　　 ↘ 減廢

導覽解說的要素 → 解說員
　　　　　　　 → 遊客
　　　　　　　 ↘ 解說資源

場域與遊客的關係 ↗ 年齡
　　　　　　　　 ↗ 性別
　　　　　　　　 ↘ 職業
　　　　　　　　 ↘ 文化背景

第
一
節 # 導覽解說的定義與要素

當我們去一個旅遊景點旅遊，無論是國家公園、部落或是文化史蹟，如果沒有經過導覽員的引導解說，經常是走馬看花，拍完照來此一遊，離開後什麼都忘了，記憶裏留不住東西。但假如跟著導覽員的腳步一邊聽解說，則會有不一樣的旅遊體驗。

圖 1-1　導覽解說要引起遊客的興趣與互動關係。

一、導覽解說的意義

什麼是「導覽（Guiding）」？「導覽」結合知識、教育、歷史、地理、人文等知識，再加上民情、風俗故事來提升遊客的興趣，是一種擴展知識領域的行銷，也是一種生活藝術。導覽是引導帶領團體從事旅遊活動，導覽者身兼多重角色，不僅要實際帶領團體、執行導覽，旅遊活動過程中同時還要照顧團體。導覽活動兼具教育與娛樂的功能，導覽員可以說是旅遊專家。

什麼是「解說（Interpretation）」？「解說」涵蓋知覺、感情、想像和藝術很多層面，在技術上和文學、繪畫、音樂、美學有特別的關係。解說是運用各種視聽多媒體設備與輔助解說設備，或是透過解說員口語表達傳達主題概念，並藉由雙向溝通的過程，進行探索意義的體驗活動。

解說的目的期望達到參與者對解說資源的理解與欣賞，進而產生積極、愛護、建設性的態度與行為。

「導覽」和「解說」有什麼不同？

導覽	導覽與解說在同一個旅遊活動中，常常是一起完成的。	解說
1. 有自己的目標和方法。 2. 注重大方向整體架構的引導及說明，重視導覽的廣度。		1. 有自己的目標和方法。 2. 偏重小方向細微觀察的說明，重視解說的深度。

　　導覽解說的意義即以通俗、口語化、生活化以及易懂的語言，引起遊客的興趣與互動（圖1-2），進行導覽解說時要忠於事實，並針對遊客的特質、興趣，給予不同的改寫或包裝。

　　解說是具有啟發性的教育活動（圖1-3），是一種人與環境之間概念溝通的過程或活動，用以啟發人對環境之知識與了解，以及其在大自然環境中所應扮演的角色（圖1-4）。

圖 1-2　透過解說傳達主題概念，引起大家的共鳴和興趣。

圖 1-3　導覽者身兼多重角色，兼具
教育及娛樂的功能。

圖說 1-4　解說可引發遊客對環
境保育的關懷。

二、導覽解說的定義

綜合國內外學者專家對導覽解說定義有下列說法：

1. 解說之父美國費門‧提爾頓（Freeman Tilden）於 1957 年所出版的《解說我們的襲產（Interpreting Our Heritage）》一書，定義「解說」：是一種教育，其目的是透過實物、親身的經驗和說明性的媒體，揭示其意義和關聯，而非僅陳述表面的事實和知識」。依六大解說原則指出，解說是一種結合多種人文科學的藝術，帶給遊客新的認識、新的觀察與引起新的興趣，藉由解說人員生動詳盡、充滿熱忱的解說，或者是各種解說媒體的運用與傳遞，與遊客達到有效溝通與互動，引導遊客更深入了解環境。

2. 依據麥克菲（Mahaffey）的定義，解說是人與環境之間溝通概念的過程，用以啟發人對環境知識的了解，以及清楚在環境中所扮演之角色。

3. 解說是一種遊客服務，解說服務主要是使遊客於觀光景點範圍內，藉由人員及各種設施及媒體（如解說牌、視聽媒體、印刷品、展示、解說步道、網路等），啟發遊客對於生態環境與重要文化資產的認知與了解。

4. 導覽解說是一種提供資訊、引導、教育、遊樂、宣傳、靈感啓發等六種服務的綜合說明。

5. 導覽解說是一種教育性活動，但與教育不同，因爲教育偏重在教導，而導覽解說則側重啓發。

三、導覽解說的要素

　　導覽解說三個互動要素是管理者（解說員）、解說資源（環境、景點）、解說對象（遊客）（圖1-5）。管理者（解說員）扮演解說、溝通與教育的角色，讓景點透過導覽員的解說，使解說對象（遊客）對解說資源（環境、景點）感受深刻的關鍵，在於解說員能否透過解說活動與遊客建立互動溝通的橋樑。

導覽解說資源

1. 環境與景點是吸引遊客前來的主要動機
2. 透過解說員解說達到資源的保育與永續利用。

導覽解說員

1. 扮演資源環境與機構和遊客的溝通橋樑。
2. 達成管理目標，保護當地資源及提升機構形象，促成遊客更進一步認識國家政策、法令。

遊客

1. 對導覽解說資源感受深刻
2. 透過導覽解說員的解說，得到休閒、學習與啓發

圖1-5　導覽解說互動三要素。

第二節 導覽解說的發展歷程

　　導覽解說的發展歷程早於 1872 年就已展開，美國黃石國家公園內配置有解說員（interpreter）或嚮導員（guide），為遊客從事自然嚮導與解說的工作，設置目標除了對自然生態資源的保護，也對社會大眾進行環境教育解說工作。現今美國國家公園署（NPS）更推廣 21 世紀新式導覽解說學，希望透過導覽解說人員的導覽解說行為，讓解說主體能持續跟訪客互動學習。

一、導覽解說觀念起源

　　導覽解說的觀念起源於 1872 年，美國成立世界第一座國家公園「黃石國家公園」（Yellowstone National Park）（圖 1-6）。設置國家公園除了能保護自然生態資源，還對社會大眾具有環境教育與解說服務等重要的目標。1889 年，美國落磯山國家公園解說員安納斯‧密爾斯（Enos Mills）開始帶遊客參觀洛磯山脈，被視為現代「解說」專業的奠基者。

　　1980 年代，美國國家公園署（National Park ServicesN, NPS）的導覽解說系統，主要從官方視角創造故事，導覽解說人員採照本宣科的方式進行導覽解說，當時的目標「呼籲大眾保護自然資源」。到了 2000 年，NPS 的導

圖 1-6　世界第一座國家公園－美國的「黃石國家公園」。

圖 1-7　黃石國家公園導覽解說人員（最左）與訪客們的愉快互動。

覽解說系統提升為寓教於樂的體驗，連結遊客的知識、情感，雖然這個階段導覽解說員已逐步邀請遊客分享個人體驗，但這種體驗仍然屬於被動、靜態模式，屬於體驗當下玩樂氣氛及粗淺的知識理解。（圖 1-7）

　　現今，NPS 的導覽解說系統推廣「21 世紀新式導覽解說學」，提出國家公園不只是古老岩石、高聳樹林和歷史名勝的載體，這些自然、文化資源與人類的生命經驗緊密相連，也將影響人類現在及未來所作的任何決定，國家公園是一個可以讓人們反思當前社會，提出並討論深刻議題的平臺。

二、導覽解說服務的發展

　　導覽解說服務是一種啟發的過程，通常發生在國家公園、森林遊樂區、野生動物保護區、植物園、博物館、史蹟遺址或藝文場所等地點。

　　最早創辦博物館導覽計畫是美國波士頓美術館館長吉爾曼（Benjamin lves Gilman）先生，他認為博物館設立的目的，不只是保存文物而已，還應讓社會大眾明白文物的意義，並提升社會大眾的生活道德與品味。因此，吉爾曼在 1893 ～ 1925 年擔任館長期間，與另一位紐渥克博物館（The Newark Museum）創辦人兼館長達納（John Cotton Dana）先生，主張博物館應使所典藏的文物更「社會化」，能對社會大眾傳達資訊或對生命的觀點，如此才能讓典藏的物件變得更有意義。（圖 1-8）

1907 年，吉爾曼在波士頓美術館推出義工導覽制度，運用「老師兼講解員」的方式，幫忙「教育」大眾，不久其他博物館也相繼跟進，歐洲主要的博物館也在 21 世紀初出現義工解說員（解說志工）。

1920 年，美國落磯山國家公園解說員安納斯‧密爾斯將自己 40 年實際環境解說專業經驗，出版《自然嚮導歷險與解說論文集

圖 1-8　博物館設立目的應該是提升社會大眾的生活道德與品味。

（Adventures of a nature guide and essays ininterpretation）》（圖 1-9），此書已成為日後導覽解說的哲學基礎，安納斯‧密爾斯也被解說工作者尊奉為「現今解說專業的創立者」。

「解說之父」費門‧提爾頓（Freeman Tilden）提出的六大解說原則，與撰寫的《解說我們的襲產 Interpreting Our Heritage》一書，已成為解說哲學的第一把交椅，至今仍被奉為圭臬。

圖 1-9　安納斯‧密爾斯與其作品《Adventures of a nature guide and essays ininterpretation》。

三、臺灣導覽解說的發展

　　臺灣最早的專業解說發展，開啟於臺灣省政府交通處旅遊事業管理局（省旅遊局），接著由國家公園發揚光大。臺灣導覽解說概念的開啟與臺灣導覽解說發展的重要事件有：

1. 1970 年代，省旅遊局出版了許多鳥類、花卉、昆蟲的解說出版品。

2. 1970 年初期，我國前觀光局副局長游漢廷，堪稱臺灣環境保育與觀光事業的推手，自美國引進解說服務觀念，並與幾位學者向政府呼籲解說服務的重要性。

3. 1976 年，國立臺灣大學森林系陳昭明教授於溪頭森林遊樂區進行國內第一個解說服務活動與研究報告。

4. 1977 年，通過《臺灣野生動物保育法》。

5. 1982 年，我國第一座國家公園 —— 墾丁國家公園成立（圖 1-10），開啟我國於國家公園組織架構中設立解說教育課，為國內第一個從事解說業務的專責單位。

6. 1984 年，中興大學園藝系歐聖榮教授完成了臺灣第一本有關解說的碩士論文。

7. 1989 年，林務局組織改制，成立導覽解說服務專責單位，主要業務是加強森林遊樂區及自然保護區的解說服務效能，除了提倡自然保育概念的基本作用，更著力於提升遊客遊憩體驗的感受。

8. 2001 年，《志願服務法》通過與領隊導遊證照納入國考，使解說工作更受到社會大眾重視。

圖 1-10　我國第一座國家公園－墾丁國家公園於 1982 年成立。

9. 2001 年，實施週休二日，國人出外旅遊風氣提升，客製化遊程體驗廣受民眾歡迎，解說服務的需求也與日遽增。

10. 2002 年，聯合國訂定「國際生態旅遊年」，導覽解說成爲觀光旅遊過程中必備的服務項目，許多公營機構如國家風景區、森林遊樂區、動物園、植物園、博物館、天文臺、美術館、保育中心等，以及民營單位的主題遊樂區、休閒農牧場、觀光果園、生態園區或觀光工廠等也紛紛於組織內建置解說員或導覽員，以提供解說服務。

11. 2003 年，交通部觀光局發佈《自然人文生態景觀區專業導覽人員管理辦法》，規定旅客進入自然人文生態景觀區，應申請專業導覽人員陪同進入，該主管機關應依照該地區資源及生態特性設置、培訓並管理專業導覽人員。

12. 2010 年，公佈施行《環境教育法》，對各相關場域推動環境教育，專業導覽的需求逐年增加。

13. 2017 年，陽明山國家公園園區帶隊導覽解說活動，於同年 10 月 1 日起開始收費，提倡專業導覽解說服務使用者付費原則。

　　自此，國家風景區、博物館、各縣市觀光旅遊景點或生態園區等，爲提供優質導覽解說服務，大都落實使用者付費之專業導覽解說服務，依團體需求打造專屬之旅遊導覽行程，提供在地導覽解說服務的民間社團或協會也紛紛崛起，並成爲一股風氣。

第三節 導覽解說場域與遊客關係

　　為達到導覽解說的效益，選擇良好的解說場域做環境溝通和資源解說，可吸引遊客聚集、增強解說效果。

　　導覽解說場域服務的對象是遊客，遊客是最重要的主角，因此解說員必須了解遊客的的差異性質，針對不同遊客的特性，提供不同深度、不同型態、不同層次的解說內容（圖 1-11）。如年齡、性別、職業、教育、文化背景，才能提供適時、適宜、適當的解說內容。以下舉案例說明：

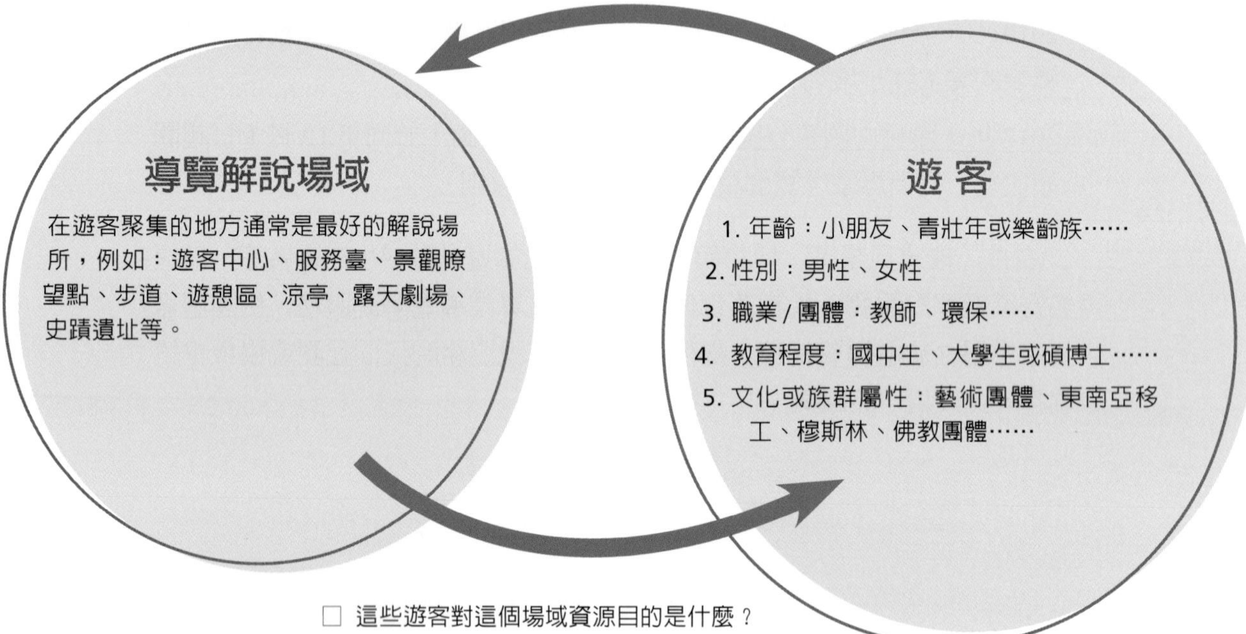

導覽解說場域

在遊客聚集的地方通常是最好的解說場所，例如：遊客中心、服務臺、景觀瞭望點、步道、遊憩區、涼亭、露天劇場、史蹟遺址等。

遊 客

1. 年齡：小朋友、青壯年或樂齡族……
2. 性別：男性、女性
3. 職業 / 團體：教師、環保……
4. 教育程度：國中生、大學生或碩博士……
5. 文化或族群屬性：藝術團體、東南亞移工、穆斯林、佛教團體……

☐ 這些遊客對這個場域資源目的是什麼？
☐ 這個場域想要傳達哪些訊息：環境溝通、資源解說、資源價值、保育、環境責任？

圖 1-11　導覽解說場域與遊客的關係。

一、年齡

　　遊客來自不同的年齡層，各年齡層的關注點與耐性不同，因此導覽解說的場域與主題需因應調整，例如對象是小朋友時，環境場域的溝通或資源解說，就需融入遊戲和適度的競爭，運用發問與猜謎來引發小朋友的好奇心，以五官體驗（眼耳鼻舌聽）與肢體感受。（表 1-1）

表 1-1　各年齡層導覽解說場域與主題的差異

	12歲以下的小朋友	樂齡族（60歲以上退休人士）
特性	1. 好奇心強 2. 沒耐性、注意力短暫 3. 喜歡動手操作 4. 不太守秩序	1. 有豐富的社會工作經驗 2. 注意力不易集中 3. 自尊心強，學習信心低 4. 守時、守秩序 5. 重視獨立與自主的需求
調整重點	1. 小朋友不聽解說時，可以請求小朋友先坐下來或是蹲下來。 2. 採用誇張的口氣或是動作讓兒童產生注意。 3. 如果愛講話、好表現時，不妨提問題詢問吸引他的注意，或準備小禮物以供獎勵。 4. 解說時視線盡可能維持等高，這樣才能產生頻率共鳴。	1. 樂於分享和交流，喜歡有參與感，可適時以提問讓他們發表看法與心得。 2. 注意行進的速度，注意安全 3. 解說用語盡量不要用到專有名詞 4. 避免提及爭議的議題與題材，例如政治或宗教的議題。 5. 說話速度應放慢，音量宜稍微提高。

案例 臺北城市散步

臺灣提供中、英、日語徒步導覽服務團隊「臺北城市散步」，針對小學生 1~6 年級規劃的「和古蹟玩遊戲」，將文化歷史變成生動有趣的故事，由導覽老師引導參加者透過藏寶地圖、手上的線索在街頭解謎，挖出古蹟背後深藏的祕密，了解城市背後的故事（圖 1-12）。

例如「艋舺」隨意走在路上都會遇到上百年的歷史建築，利用創意和互動的導覽方式，讓小朋友化身為專業小偵探，到建築物的牆面上或在寺廟的屋頂上尋找寶藏，非常具有體驗和娛樂效果，寓教於樂學習效果更令人驚喜。

圖 1-12　臺北城市散步和古蹟玩遊戲導覽。

 從大稻埕起家的臺北城市散步，已改名為島內散步，並啟用新的官網 Https://walkin.tw，介紹更多的導覽行程。

二、性別

在導覽解說場域中，要避免有性別歧視、偏見的字眼或是笑話，肯定性別多樣性及性別平等意識，接納自己與他人的性別展現及性別友善。

三、職業團體

　　導覽員面對的遊客職業背景多元，不同職業背景的遊客，對導覽解說場域的期待和反應都各有不同，例如從事教育研究工作的老師或學者，學習求知慾旺盛，聆聽解說的態度非常投入，有的會勤作筆記，有的會隨時發問，對於解說內容的要求會比一般遊客更深入；另外參加保育團體的人士對於環境資源管理及環境保育的敏感度，因爲其所受的環境保育專業訓練比平常人爲高，同樣地對解說內容也要求較高。

圖 1-13　蔡老師以「松山之歌」導覽錫口老街。

　　例如「104 高年級」導覽老師蔡伯淵帶導覽時以共學、分享、互相尊重和互換心得的態度和心境和學員互動，遇到教師背景的遊客，經常會用詩詞或自創打油詩介紹歷史、軼聞、傳說，和遊客的互動很容易激發共鳴（圖1-13）。

案例　　黃昏漫步－錫口老街趴趴走

「松山」古稱錫口，蔡伯淵老師以一首「松山之歌」概略介紹錫口老街的古蹟和歷史。以百年老校松山國小為起點，帶領遊客一路走讀莿桐奶奶、沿路宮廟教會與綠樹、進入彩虹河濱公園、饒河夜市、松山市場，最後在充滿傳統風俗童趣的松山慈祐宮祈福鐘畫下句點。蔡老師的介紹讓遊客發出會心一笑且記憶深刻。遊客中，林姓老師聆聽投入，不時以手繪筆記（圖1-14）及創作記錄行程重點並分享，透過導覽解說達到教學相長讓彼此都獲益良多。

圖 1-14　遊客林老師的手繪筆記。

四、文化或族群屬性

　　文化或族群屬性是指藝術團體、東南亞移工、穆斯林、佛教團體…等。帶領不同的文化或族群屬性的遊客，必須先了解其文化背景，如宗教信仰或生活習俗、禁忌等，考量導覽解說場域如何給予遊客的情感連結和意義。以約 30 人東南亞移工團體的桃園富岡老街導覽為例，移工難得有機會參與戶外走讀，有些中文剛起步、宗教信仰為回教。

案例	外國移工富岡老街導覽

釋照勝導覽老師，帶領一群越南與印尼的外國移工，前往一個生活步調比較緩慢的富岡小鎮，體會臺灣在地文化（圖 1-15）。從富岡火車站出發經過富岡老街、大井頭伯公廟、集義祠、天主堂、三連陂，再回到富岡火車站。

導覽解說前，以提問方式作為開場白，指著火車站旁抽水機提問，這是什麼？誰會使用？以互動方式活絡氣氛，增加團員的熟悉感。接著，以簡單的中文介紹富岡老街、參觀兩個埤塘，增加文化學習及休閒育樂。

途中走過臺灣廟宇和天主堂，這些建築對篤信回教的他們而言，無法有太多情感上的連結，釋老師先詢問他們家鄉的喪葬習慣，即便宗教信仰不同，但土葬祭拜等慎終追遠的習俗卻是相同的，以此串起親切感，也有助於他們了解臺灣宗教現狀，體會臺灣在地文化。

圖 1-15

東南亞移工富岡老街導覽。

第四節　導覽解說與環境教育

　　環境教育解說的主體包括對自然環境（Natural Environment）和人為環境（Built Environment）兩大範疇內的相關主題，強調人與自然界及人為環境間關係的教育過程，其目的是使國民具有自然生態基本概念，並培養愛護環境的責任心和道德感（圖1-16）。環境教育為正規教育是在特定學習目標的結構性學習；環境導覽解說則多半是在休閒的場域中，如國家公園、森林遊樂區、動物園、遊憩區等地，在學習的過程中有專業人員的協助，管理單位和學習者自行決定要學習什麼，不具有強制性。

　　導覽解說是環境教育中重要的一環，環境教育導覽解說必須具備相關知識與法令規定，才能帶給遊客正確且愉悅的體驗。

圖1-16　人與自然界及人為環境間的關係緊密相關。

《環境教育法》

2010 年 6 月公佈施行，目的明定於法規第 1 條，「推動環境教育，促進國民了解個人及社會與環境的相互依存關係，增進全民環境認知、環境倫理與責任，進而維護環境生態平衡、尊重生命、促進社會正義，培養環境公民與環境學習社群，以達到永續發展……」。

其中，第 10 條提到中央主管機關及中央目的事業主管機關應辦理環境教育機構及環境教育人員之認證，各級主管機關應自行或委託環境教育機構，辦理環境教育人員之訓練、環境講習或認證，中小學教職員每年都必須參加 4 小時以上之環境教育研習課程或活動。

自然體驗活動

荒野保護協會進行環境教育的一種方式。該組織全臺共有 48 個自然場域定點觀察站，解說員每個月在觀察站持續進行著自然觀察，記錄四季變化，並定點舉辦各類單日或過夜的戶外推廣活動。藉解說員的引領，帶領民眾走入自然、體驗自然、了解自然，進而喜愛自然、珍惜自然，並做到關懷保護的行動。

一、為何需要環境教育

因為我們生活的環境出了問題，自工業革命自然資源大量消耗、生態平衡被破壞、環境汙染嚴重；全球暖化造成極端氣候天災不斷，森林大火乾旱雪災；加上地震、海嘯、山崩、土石流、颱風等各種天然及人為災害，環境教育的最終目標在保護環境、提升生活品質，朝向永續社區覺察、個人及公民行動、邁向永續社會。

環境教育必須透過導覽解說，遊客能夠更加深入的認識當地特殊自然與人文環境，並在導覽過程中，導入環境教育概念，以提高遊客之環保意識，進而誘發負責任的環境責任。

二、環境教育導覽解說

課程設計可根據學校或社區特色作規劃，使學校所在地區的環境議題成為教學內容以建構課程意義。可以包含地區性或全球性的環境問題、永續發展的議題，以及對環境友善的做法等，舉例如下：

1. **環境問題**：例如在國家公園、風景管理區，森林環境中，可以讓遊客觀察或研究森林中植物、動物、土壤、氣候等各項資源，讓遊客了解森林生態體系運作情形，自然體驗的活動、欣賞認識動植物、賞景、了解生態間的關連與循環。

2. **永續發展的議題**：根據聯合國 2030「全球永續發展方針」共規畫出 17 項永續發展目標，兼顧「經濟成長」、「社會進步」與「環境保護」等三大面向，必須顧及生活的品質以及人類與大自然的共生與福祉，結合了人與環境，幫助國際社群挑戰舊有的經濟成長，顧及了均衡、健康、糧食、貧窮、教育、氣候變遷等。

3. **環境友善作法**：認識生活周遭的自然環境、歷史、環境變遷、問題。生態旅遊、棲地保育、綠建築、永續農業、永續林業、生態工法、生態社區營造、生態城市、綠色消費等，落實植物生態保護與環境棲地改善。

此外，學校亦可規劃戶外教學活動、生態旅遊，使學生了解自己生活的地方；或前往國家公園、自然教育中心、博物館、天文科學館、動（植）物園、水族館等教學場域，配合當地解說教育，提供學生自然體驗或探索等活動。

國內外學者專家歸納出環境教育內容四大要項為：生態概念、資源保育、公害防治、環境衝擊等，依據四大內容要項，達成教學目標為：

1. **使學生認識地球，愛護地球資源。**
2. **促使學生關注環境，養成對環境友善的生活行為方式。**
3. **培養學生養成健康及環保的生活習慣。**
4. **訓練學生成為環保小先鋒，願意承擔推廣環保的使命。**

以下分別介紹生態、節能，減碳、減廢的導覽解說，傳達呼應地區性或全球性的環境問題、永續發展的議題，以及對環境友善的做法和觀念。

一、生態

早期環境教育的本質是推展「戶外教學」、「田野教育」（引用郭實渝1999），當時主要的教育目的是讓學生接觸大自然，了解及研究自然環境生態。後來隨著工業革命的各種科技及經濟發展，所產生的環境汙染問題及自然環境破壞，讓各國逐漸重視保育工作及汙染的防治改善，也讓環境教育從「認識自然環境生態」演變成「環境保育」。

請針對校園環境，設計一個環境教育導覽解說活動。
小提示：
1. 植物生態走廊或步道。
2. 生態池、空中花園、蝴蝶館、昆蟲館等。

TIPS

臺江國家公園

　　臺江國家公園擁有 2 個國際級濕地及 2 個國家級濕地,是臺灣唯一濕地型國家公園。為深化濕地基礎教育、推廣濕地保護意識,自 2011 年起以「臺江濕地學校」為創新品牌,藉由園區豐富的自然生態及人文資源,規劃符合在地特色的環境教育課程及行動方案,串聯周圍學校及社區力量,積極打造一座豐富多彩的濕地環境學習樂園,經歷 2013 年試營運,以及 2014 年正式對外推廣,深獲各界參與者的肯定與鼓勵。

　　「臺江濕地學校」配合國中、小學學校課程,規劃多樣的戶外教學課程,如:「濕地冒險王」介紹臺江濕地生態環境、「HAPPY 探索趣」賞鳥行程、「半日漁夫鮮體驗」體驗七股潟湖漁夫漁撈工作(圖 1-17)、「蚵小子蚵南」乘漁筏至七股潟湖體驗一日蚵農等等,多元的戶外課程、寓教於樂,更能珍惜濕地生態景觀資源的寶貴。

官網 http://tjee.tjnp.gov.tw/

圖 1-17　臺江濕地學校為國中小學生設計的「半日漁夫鮮體驗」戶外課程。

　　近代我們對於環境的思考,不單是指自然環境而已,而是包含著人文環境、歷史傳統及社會生活等的整個生態圈,因此,在設計、發展及建構環境教育體系時,就必須站在「所有的教育都是環境教育」的(郭實渝 1999),作整體性的規劃並秉持「永續發展」的概念執行。

案例　　　　　　　　　濕地

「濕地」素有「大地之腎」的美譽，可以分解與淨化汙染物、調節氣候、抵禦和減輕自然災害、防止海水入侵與倒灌，另外濕地也提供動植物繁衍棲息的場所，讓生物多樣性得以孕育及發展。

臺灣有兩處國際級濕地，分別是臺南曾文溪口濕地及四草濕地；臺南曾文溪口的「七股黑面琵鷺保護區」是全世界黑面琵鷺最重要的度冬地之一，而四草濕地的「四草野生動物保護區」為高蹺鴴在臺灣的最大繁殖地點（圖 1-18）。

北部關渡自然公園是臺灣重要的自然濕地，是國際候鳥重要棲息地；中彰投地區重要的七家灣溪濕地，重要生物資源臺灣櫻花鉤吻鮭為雪霸國家公園之國寶級明星物種，具有生態保育之指標性及國際性知名度（圖 1-19）。

圖 1-18　黑面琵鷺

圖 1-19　臺灣的櫻花鉤吻鮭

TIPS

北投圖書館

　　座落在北投溫泉親水公園內的臺北市立圖書館北投分館（圖 1-20），除外型獨特如帆船外，也是國內知名綠建築代表。屋頂的太陽能板，可以供應全館 10% 的發電；屋頂並設置雨水回收系統，則供廁所、澆灌花木使用。圖書館外牆採用大面積落地窗戶，除了能夠大量採光，也讓圖書館內空氣流通，可以減低電燈與冷氣的能源消耗。北投分館便獲得臺灣 EEWH 系統最高等級的鑽石認證標章，是國內知名的綠建築。

圖 1-20　臺北市立圖書館北投分館。

二、節能

　　2011 年福島核災之後，日本人民不得不開始反思核電的使用，也開始積極面對生活中的能源使用。再加上近年來氣候變遷的影響愈來愈大，低碳生活勢必是未來的趨勢，因此如何在生活中實踐節能以及擴大綠色能源的使用，成為一個重要的課題。鼓勵民間企業、團體及社區落實節能減碳活動於日常生活中，目的是減少沒必要的耗能行為，使民眾共同達到溫室氣體減量之目標。例如：

　　節能環境教育應從生活做起、無所不在。除此之外，如何省電、省水、省能源，以及再生能源與能源轉換等使用都能達到節能的目的。

- 店家可以告示向顧客說明，為了節電調整室內溫度、關閉部分展示照明或設備。
- 公眾場所多多利用太陽能發電。
- 教導民眾日常生活中的節能小撇步。

案例　　　　　　酷 Cool 節能屋

臺北市動物園平時便有安排定期動物園區導覽，以教育民眾「物種保存」和「環境教育」為主要目標。2004 年 7 月開始在園區內設置國內首座以童話主題打造的節能教育推廣中心「酷 Cool 節能屋」（圖 1-21），於動物園沙漠動物區正式啓用。提供團體預約導覽解說服務，強化專業落實節能教育推廣工作。此外，也出版節水節能宣導摺頁、學習單及主題網頁，同時配合節水節能主題之解說導覽，以及辦理親子研習活動。

圖 1-21　臺北市立動物園設計親子共同學習的節能課程「酷 Cool 節能屋體驗行程」。

三、減碳

　　由於地球環境不斷地破壞，使得溫室效應問題越來越嚴重，於是需要思考各種替代能源的運用。例如地球與大氣圈不斷地自太陽獲得輻射能量，只要抵達地表面的太陽能中的 1 ％左右可以轉換成可用的能量，則以滿足全球能源需求已是綽綽有餘了，所以鼓勵研發綠能使用，已經是勢在必行的趨勢。除了太陽能之外，風力、潮汐、地熱、生質能源都是低碳排放量的能源。

　　透過環境教育可以知道綠生活、綠消費、綠建築的目的，並能探索社區培養節能減碳生活的動機。同時讓人們省思人與自然環境的關係，激發友善

環境的想法，並引發節能減碳的環境意識。進而能自我積極力行節能減碳生活，並能鼓勵學生、家人在日常生活中共同實踐節能減碳的生活。

案例	低碳觀光綠建築知性之旅

臺灣綠建築發展協會為了響應節能減碳、節省資源，強化綠建築觀念並推廣綠建築，具體呈現臺灣綠建築政策落實之成果，除了舉辦低碳觀光綠建築知性之旅導覽解說人員培訓課程，以培養節能減碳的導覽解說人員。協會每年也會舉辦「低碳觀光綠建築知性之旅」，規劃多條綠建築旅遊系列的行程，行程中會參觀現有知名的綠建築或是綠能企業，以了解目前推廣綠建築成果，可以說是蠻特殊的旅遊導覽行程。

QUIZ TIME!

日常生活怎麼減碳？
例如飲食方面的減碳：
1. 盡量選擇當季當地食材食用，減少因長程運送而產生的碳排放。
2. 少喝瓶裝水，自備水壺方便又解渴。
3. 多多利用保溫瓶、悶燒鍋等不需使用電力卻可持續保溫的器具，不需多耗電力，卻隨時可以有熱食、熱飲食用。
4. 使用可重複使用的餐具與環保筷，既衛生又減碳。
請你想想看，在住家如何做到減碳？請至少寫出 5 項。

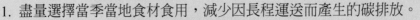

四、減廢

現階段可積極推動家庭減少廢棄物，民眾可以回收的舊物品等資源，例如在家庭廚房的洗水槽可以使用過濾網以及過濾紙，洗米水、洗澡水可以回收再使用，馬桶改用兩段式省水馬桶，浴室改用低流量蓮蓬頭，除了可以降低用水量及廢水量之外，更可降低生活汙水的汙染量，減輕河川之負荷。例

如臺灣各地地方政府環保局或是清潔隊，經常對民眾進行減少廢棄物宣導，或是到各國中小學進行垃圾分類教學與資源回收宣導。

案例　　　　　　　　　　　減廢宣導

案例一　臺北市立大學天母校區宿舍上班垃圾分類宣導（圖 1-22）
臺北市立大學天母校區針對垃圾分類問題，要求住宿生依各樓層放置之類分類桶，實施垃圾分類，並由宿舍幹部將每日巡查。

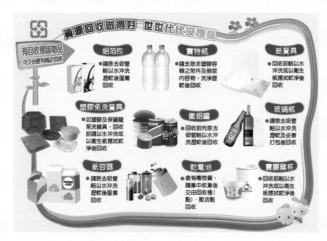

圖1-22　臺北市立大學天母校區宿舍分類宣導海報。

案例二　嘉義縣環保局資源回收宣導（圖 1-23）
嘉義縣環保局，設置兒童版的網頁對國中小學同學進行環保宣導解說，也舉辦資源回收的活動。

圖 1-23　嘉義縣環保局舉辦垃圾分類教學宣導，以及資源回收宣導暨回收兌換活動。

02
導覽解說資源與分類

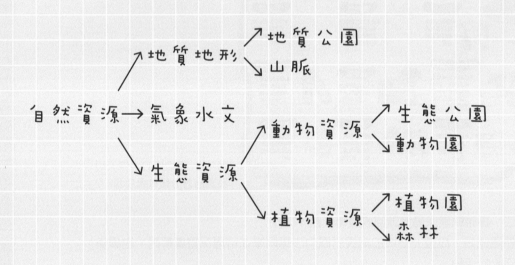

自然資源
- 地質地形
  - → 地質公園
  - → 山脈
- 氣象水文
- 生態資源
  - 動物資源
    - → 生態公園
    - → 動物園
  - 植物資源
    - → 植物園
    - → 森林

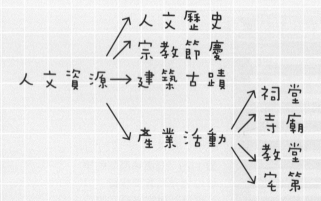

人文資源
- 人文歷史
- 宗教節慶
- 建築古蹟
- 產業活動
  - → 祠堂
  - → 寺廟
  - → 教堂
  - → 宅第

第一節　導覽解說資源定義與分類

　　只要可吸引旅遊者民眾前來從事體驗，進而滿足生理、心理需求的人、事、地、物等有形或無形的資源，都可通稱爲遊憩資源，而這些具有解說價值的遊憩資源就是導覽解說資源。

一、導覽解說資源定義

　　聯合國農糧組織曾經在「Planning Interpretive Program in National Park」一書中定義解說資源：「是具有潛在遊憩價值的景觀」。因此導覽解說資源可說是一種實用性、可以被利用的，具有發展文化旅遊潛在價值或保育及學術研究價值，可以協助遊客深入了解各地歷史人文、自然資源，促使資源獲得保護，包括影音、圖形、文字資料、物件、景觀等。

二、導覽解說資源分類

　　聯合國教科文組織將世界遺產主要分作四大類，分別爲文化遺產、自然遺產、文化和自然複合遺產，以及文化景觀遺產，2001 年 5 月加設「人類口頭遺產和非物質遺產」。

　　臺灣過去一直缺乏一套完整又有體系的媒介教育民眾，自 1982 年公布《文化資產保存法》，歷經多次修法，直到 2016 年最新的公告，大分爲人文資源與自然資源兩大類。本書將以《文化資產保存法》的分類作爲介紹依據。

（一）人文資源

　　因爲人而形成，創造出來的實質環境、無形的故事、傳奇或產業，都可稱爲人文資源。人文資源包含歷史建築、節慶慶典、人文藝術及產業設施，舉例如表 2-1：

表 2-1　導覽解說的人文資源

分類	內容	舉例
1. 歷史建築	古蹟歷史建物 聚落建築群 考古遺跡 文化景觀	臺北賓館、北港朝天宮、新竹火車站；臺北市文山區化南新村、新莊老街、澎湖望安花宅聚落；高雄林園鳳鼻頭（中坑門）遺址；霧峰光復新村省府眷舍、橋仔頭糖廠、蘭嶼朗島部落傳統領域 ◎日治時期新竹城區－詳見 Part3 案例實作
2. 節慶慶典	傳統表演藝術 口述傳說 民俗	歌仔戲及布袋戲、排灣族的鼻笛與口笛、內門宋江陣；泰雅族的史詩吟唱；平溪天燈、臺東炸寒單爺、臺南鹽水蜂炮、青山王宮繞境 ◎高雄內門宋江陣－詳見 Part3 案例實作
3. 人文藝術	古物 傳統工藝美術	翠玉白菜、肉形石、毛公鼎；賽德克族傳統籐編工藝、泰雅染織竹工藝、噶瑪蘭香蕉絲編織工藝、籃胎漆器、泥作工藝 ◎賽德克族傳統籐編工藝－詳見第二章案例
4. 產業設施	古蹟及歷史建築 文化景觀 傳統知識與實踐	祠堂、寺廟、教堂、宅第、建國啤酒廠、滬尾礮臺、舊宜蘭線猴硐隧道群、岸裡公學校校舍、臺大校園暨蟾蜍山文化景觀；添興窯、阿里山林業暨鐵道 ◎臺大校園文化景觀－詳見 Part3 案例實作

（二）自然資源

　　臺灣位處歐亞板塊交接處，頻繁的板塊活動造就了多變的地形地貌，高山林立、縱谷與海岸景觀豐富，超過 3,000 公尺的高山多達 260 餘座，加上北迴歸線從中通過，使臺灣同時擁有熱帶、亞熱帶、溫帶等氣候環境，因此無論地質地形、動物、植物資源，以及河川海洋等氣象水文，不僅孕育生物的多樣性，更擁有豐沛的自然資源。（表 2-2）

表 2-2　導覽解說的自然資源

分類	內容	舉例
1. 地質地形	地質公園 山脈	臺北芝山岩地質、澎湖海洋地質公園、鼻頭龍洞、燕巢（月世界）、利吉泥岩惡地；雲嘉南濱海及東部海岸地質公園；中央山脈、雪山、玉山、阿里山等 ◎臺北芝山岩地質考古－詳見 Part3 案例實作
2. 生態資源	動物資源 植物資源	臺灣水鹿、櫻花鉤吻鮭、灰面鵟、藍鵲；臺北植物園、福山植物園；東眼山、觀霧、太平山、富源、墾丁等國家森林遊樂區等 ◎富陽自然生態公園－詳見 Part3 案例實作
3. 氣象水文	河川、水庫、 河濱、海洋	淡水河、新店溪、濁水溪、高屏溪、曾文溪；臺灣海域等 ◎臺北自來水園區水源－詳見 Part3 案例實作

導覽解說資源有哪些？
人文和自然資源各舉出 5 項。

三、資源調查與取得方法

　　導覽解說人文、自然資源的調查與取得各有些不同的方法，有下列幾個管道（表 2-3）：

表 2-3　資源調查與取得管道比較表

資源調查取得管道	優缺點	方法
直接使用或引用既有資料	第二手資料 資料取得容易，最省時省力	相關文獻收集
解說員親自調查收集	第一手資料 此類資料內容最珍貴確實	專家協助、實際踏勘
解說員的解說經驗	經驗累積非一蹴可及，需要長時間的訓練與多場次的經驗累積	多聽、多學、多參與和觀摩

（一）直接引用他人既有資料

　　直接引用他人研究資料並加以整理應用，不僅資料取得容易，也是最省時和省力的方法，是多數解說人員廣泛使用的一種方法。例如相關文獻收集的方式有 3 種：

1. 透過各縣誌、研究報告、地政單位、戶政事務所、縣市統計要覽、相關計畫、剪報（大眾傳播資料）等，調查自然與社會環境（圖 2-1）。
2. 針對自身的特性規劃合適的調查項目。
3. 不同屬性的主題或旅遊地，調查項目也不盡相同。

　　但這些都屬於二手資料，引用時須嚴謹審慎，避免侵犯到他人著作權。

圖 2-1　臺灣記憶 Taiwan Memory。

（二）解說員親自調查收集的資料

　　由解說員自己或團體，親自參與所做的資源現地踏勘、耆老訪問、田野調查、生物統計等調查記錄方式，都屬於解說人員所建立的第一手資料，此類資料內容最珍貴確實。

1. 專家協助

   基隆中元祭、宜蘭放水燈、頭城搶孤、新化鎮狩宮八家將、臺北跳鍾馗除煞等都是臺灣很知名的宗教文化資產，資源調查可以透過拜訪地方的學者、專家、專業人士獲得專業的知識或判斷依據，或直接訪談當地耆老、文史專家做整理記錄，並與各景點自然生態資源銜接規劃，作爲解說導覽路線，撰稿編製解說手冊。

2. 問卷、訪談

   填寫問卷或個別訪談也是很好的資料蒐集方式，例如透過個人訪談或焦點團體訪談，詢問在地耆老、居民、專家、業務有關人員（地方政府及主管機關的看法及意見）或是遊客，獲取資料、數據。

3. 實際踏勘

   自然資源的調查法有穿越線法及定點調查法兩種方法，穿越線法的運用爲普遍，是以每小時 1 ～ 2 公里的速度穿梭步行調查區以獲得調查資料；定點調查法是在調查區內規劃抽樣樣區，每次調查須持續 30 分鐘以上達到深入調查的效果。可以邀請專家學者陪同調查，並將沿途所觀察到的結果以文字或影像記錄下來。踏勘前有一些準備工作：

   （1） 基本地圖：準備一張涵蓋旅遊範圍的地圖，以能清楚辨識房舍的都市計畫圖或空照圖爲佳。可以事先在地圖上面標示出地標、重要建築物與踏勘路線。（圖 2-2）

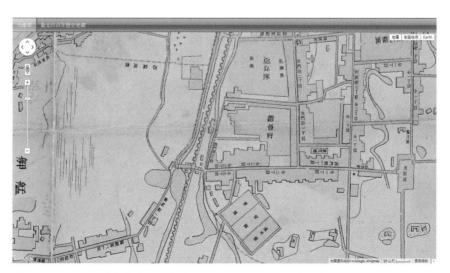

圖 2-2　1897 年「臺北大稻埕艋舺平面圖」呈現西門附近地景。

（2）拍照與記錄：準備不同顏色的簽字筆與照相機，一般相機、數位相機或是拍立得相機皆可，以方便攜帶與印刷為佳。

（3）地圖資料：有許多管道都可查詢到旅遊地新舊對照的地圖，如：中研院 GIS（含古今對照圖）（http：//gissrv4.sinica.edu.tw/gis/twhgis/），中央研究院人社中心地理資訊科學研究專題中心（簡稱 GIS 專題中心）所開發的「臺灣百年歷史地圖」網站。利用 Google 地圖結合臺灣近百年來的歷史地圖，透過圖層重疊方式，能進行不同時期之間地圖套疊與比對作業，掌握臺北百年來環境變遷基本資訊（圖2-3）。

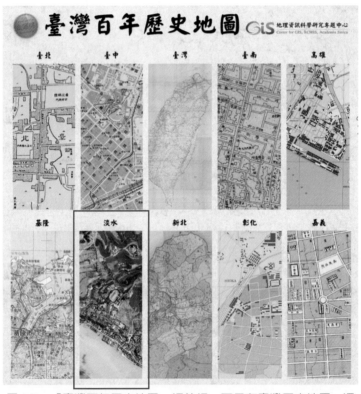

圖2-3 「臺灣百年歷史地圖」網站裡，不只有臺灣歷史地圖，還細分成各主要城市地圖。

請同學到臺灣百年地圖網站搜尋自己學校，比照一下有哪些變化？

（三）解說員的解說經驗資料

　　導覽解說經驗非一蹴可及，需要經過長時間的訓練與多場次的經驗累積，多聽、多學、多參與和觀摩，從導覽解說經驗中檢視自己的解說題材資料，了解遊客最想知道什麼？和最能接受甚麼？多參加別的解說員導覽，吸取經驗，並修正自己的解說內容資料（圖 2-4）。

圖 2-4　解說導覽經驗除了從自己帶團經驗中檢視自己的解說題材資料，也可以多參加別的解說員導覽，吸取經驗，並修正自己的解說內容資料。

TIPS

文化資產導覽 APP

由臺灣文化資產局製作的應用程式，只要打開「文化資產導覽 APP」就會直接定位所在地的地圖，及附近「隱藏」的各種古蹟、歷史建築、聚落、遺址、文化景觀。「文化資產導覽 APP」提供的建築古蹟介紹，可能不只是照片、文字，有些會提供「語音導覽」，可以直接點擊播放（圖 2-5）。另外，提供「觀看環景」功能，可以打開 360 度環景圖，深入古蹟內部探索。

圖 2-5　掃描 QR Code，下載文化資產導覽 APP，找找所在地的隱藏文化資產。

第二節　導覽解說資源介紹

一、人文資源介紹

　　臺灣絕大多數的古蹟創建於明清時期，但有些可以追溯到數萬年前的史前文明，1969 年臺東八仙洞發現的長濱文化遺跡，就屬於舊石器時代的石器，所經歷的年代約距今 8 千～ 4 萬年前，是臺灣目前發現最早的器物之一，雖然這些活動遺址不盡完整，卻描繪出臺灣史前歷史的輪廓。

（一）歷史建築

　　歷史建築包括古蹟及歷史建築、聚落建築群、考古遺跡及文化景觀。以下分別舉例介紹：

1. 古蹟及歷史建築

　　根據《文化部文資法》的解釋：「古蹟及歷史建築指歷史事件發生的地方或具有歷史性、地方性、特殊性的文化、藝術價值，應予保存的建造物及附屬設施。」例如：臺北賓館、北港朝天宮、熱蘭遮城城垣暨城內建築遺構。

請問：
1. 目前我國古蹟如何分類？
2. 各分類有多少古蹟？

QUIZ TIME！

案例　　臺北賓館

位於臺北市東門內，原為日治時期臺灣總督官邸，建造之初為了要彰顯總督的權威，除了作為總督官邸，也為了接待皇室成員與外賓，因此在工程上盡可能奢華，以符合貴族的地位。

從 1901 年臺灣總督官邸建館完成至今，已超過百餘年，建築風格和洋混搭，帶有巴洛克風情，為臺灣百年十大建築之一，全臺最大的官邸，也是臺北市最具觀光價值之歷史建築之一，屬國定古蹟。

日本統治的 50 年，歷經兒玉源太郎總督，至末代總督離臺為止，臺灣總督官邸掌控了臺灣政治核心，成為近代史不可分的一部分。1945 年光復後改名臺北賓館，隸屬外交部，1952 年《中日合約》也是在此館簽字。現在的臺北賓館除了有固定開放時間，很多重要國宴也會選在此舉行，或利用臺北賓館的庭園舉辦園遊會、招待外賓等。（圖 2-6）

圖 2-6　臺北賓館具歷史、文化、藝術價值的國定古蹟。

48

案
例

北港朝天宮

位於臺灣雲林縣北港鎮，建於清康熙 33 年（1694 年），至今已有 300 多年歷史，香火鼎盛，是臺灣的媽祖信仰中心。

朝天宮的建築從屋頂剪粘到樑柱壁畫全出自臺灣名師之手，廟埕古牆，氣勢磅礴，小至精細的窗花刻畫，大到氣勢雄偉的盤騰龍柱，全是宗教藝術結晶，三川殿五門建築布置，更被評為世界最具代表性的媽祖廟建築。

建造格局是「四落八殿，一埕七院」的宮殿式建築，所謂四落是指朝天宮為四進式建築，前後四進，形成雍容大度的宏觀氣魄，這種平面布局更是全臺首創。八殿是指 8 個主要殿堂（不包含鐘樓及鼓樓）；一埕是指廟前的廣場；七院是指各神殿（不包含三川殿）前的院落，共有 7 個；整座廟宇建築從地上到廟簷上，不管是石雕、木雕、彩繪、剪黏、木堵等等，輪廓分明，雕琢精細，具歷史、文化、藝術價值及保存價值，屬國定古蹟（圖 2-7）。

圖 2-7 雲林縣北港朝天宮，具歷史、文化、藝術價值及保存價值，屬國定古蹟。

案
例　　　　　　　　　　新竹火車站

新竹老城區歷經 300 年來的歷史輪替與歲月更迭，老城區之 1 平方公里內，為全國古蹟群密度最高之區域，遺留下來許多日治時期的史蹟景點，如新竹市區重要的政府機關、交通運輸、民生娛樂…等相關設施，以及從清代的建築到日治時期的興修的建築、古蹟、景點。

現今新竹火車站的站體（圖 2-8）於 1913 年（大正二年）完工，建築樣式結合了巴洛克建築風格與德國哥德式建築風格，具有陡斜的屋頂與塊狀山牆，帶來優美典雅的異國情調，加上厚實的紅磚牆壁，讓設計繁複的建築結構更顯莊重，線條分明的設計點綴著細緻的裝飾，是臺灣最古老的現役站房，也是新竹市的地標。火車站內可以看見希臘羅馬式列柱，月臺與車站川廊則可以看見古典的雕花鑄鐵欄杆。

圖 2-8　現今新竹火車站的站體於 1913 年完工，是臺灣最古老的現役站房，也是新竹市的地標。

案例　　　　　岸裡公學校校舍

位於臺中市神岡區，日治時期木構造校舍（圖 2-9）。第一期校舍於 1918 年興建，1930 年增建校舍及升旗臺等。

曾經歷 1935 年墩仔腳大地震及 1999 年 921 大地震的毀損，校園內還保存有數片清乾隆時期的重要石碑，乾隆 24 年「勒買番穀示禁碑」、乾隆 27 年「水圳杜訟碑」以及乾隆 58 年「埤圳水分碑」，見證葫蘆墩圳灌溉渠路闢建與先人篳路藍縷開發的歷史，其中兩片為了保存之需重立於碑亭內。建築表現出日治時期當代之風貌與藝術特色，且見證地方城鄉發展與基礎教育的歷史，深具文化資產保存價值。

圖 2-9　岸裡公學校校舍。

| 案例 | 滬尾礮臺關塞 |

位於新北市淡水區的滬尾礮臺，是建於 1886 年的火炮砲臺，內政部列為二級古蹟（圖 2-10），占地約 8 公頃，是臺灣首任巡撫劉銘傳主導建造。

雖然砲臺已停用多年，但因為屬於軍事要塞，目前建築外觀大致完整，門額上保留著劉銘傳親筆題字的「北門鎖鑰」石碑，也保留了砲臺旁兩道城牆及砲陣地數座，但主炮已被日軍拆除。

滬尾的開發史可追溯至西班牙時代，1642 年荷蘭人接替興建防禦據點。1661 年鄭成功突攻荷蘭人位於臺南的根據地後，荷屬東印度公司在淡水與基隆的駐軍先後撤守，離去前將荷軍駐守的堡壘燒毀、大砲撤走。2005 年，新北市政府在淡水設立「淡水古蹟博物館」，將「滬尾砲臺」納入管理，並結合淡水自然生態，採特色生態園區的模式經營管理。

圖 2-10　滬尾礮臺為二級古蹟。

案例　　舊宜蘭線猴硐隧道群

位於新北市瑞芳區，建於 1920 年，為北臺灣連通臺北至宜蘭鐵道交通的歷史見證，對瑞芳、雙溪、平溪一帶的產業開發具重大貢獻，也是瑞芳猴硐地區於日據時期碩果僅存的北臺灣重要交通建設。

舊宜蘭線猴硐隧道群包括「猴硐隧道與員山第一、二、三隧道」4 個火車隧道建築，介於瑞芳至猴硐之間的路線上，南向的 3 個連續隧道員山一號～員山三號被當地人稱為「三个磅空」（圖 2-11）。隧道群為石砌洞門，洞內下部側壁為石造，上部拱為紅磚，紅磚上有「S」字樣的磚瓦廠商標，是日治時期燒冶的紅磚，隧道壁體構造保存完整，具有文化保存價值。

圖 2-11　舊宜蘭線猴硐隧道群。

QUIZ TIME！

請問目前您生活的縣市有哪些古蹟？請找出其中一個，跟大家分享你對這個古蹟的認識。若所處城市沒有符合國分類的古蹟，請搜尋一個你想想認識的古蹟，並試著分享你搜集到的資訊。

2. 聚落建築群

指建築式樣、風格特殊或與景觀協調，而具有歷史、藝術或科學價值的建造物群或街區。例如臺北市文山區化南新村、新莊老街、澎湖望安花宅聚落等。

「聚落建築群」的歷史脈絡與紋理完整、景觀風貌協調，是相當具有歷史風貌、地域特色或產業特色的建造物及附屬設施群或街區，如原住民族部落、荷西時期街區、漢人街、清末洋人居留地、日治時期移民村、眷村、近代宿舍群及產業設施等。

案例　　化南新村

位於臺北市文山區萬興里，是 1960 年代初期國立政治大學興建的教職員宿舍。化南新村的低層雙併紅磚建築保存良好，這種建築設計是因應政大所在之木柵地區過去常為水患所苦，故將建築樓層墊高，離地約一公尺，而化南新村外觀為清水紅磚，外牆呈 Z 字型，具有強化功能與明暗相間效果，為臺灣少見戰後文教建築。擁有豐富的生態景觀，動植物物種多元，臺灣藍鵲、楓、櫻、尤加利、芒果、愛玉樹都可以在化南新村找到，被稱作北市「桃花源」，2018 年 1 月被文資會指定為聚落建築區（圖 2-12）。

圖 2-12　化南新村。

案例　　　　澎湖望安中社

位於澎湖望安鄉，因為外形宛若花瓣環拱花心而有花宅之稱，2003 年列入「世界 100 大最值得關懷及保存的文化紀念物名單」之中受到國際的注目，中社村以聚落現存的完整性、多元建築風格被視為典型的「漢人聚落」，與中國的萬里長城同列榜上。

花宅聚落是澎湖地區保存較完整的澎湖傳統聚落之一，其中又以曾家古厝最為顯眼，書卷造型的窗戶、紅磚裸砌成「曾」字型的窗櫺。望安中社除聚落建築特徵之外，還保留著部分傳統生活方式的老聚落之一，具有地方特色及歷史人文與藝術價值（圖 2-13）。

圖 2-13　澎湖望安花宅聚落為重要的聚落建築群。

請問你知道如何查詢我國有多少聚落建築群嗎？
而你所處的縣市目前有多少聚落建築群？

案例　新莊老街

位於臺北市新莊，清朝時代隨著移民的湧入，許多人在現在的新莊平原上形成了一個聚落，這個聚落被稱為「新莊」。擁有300多年歷史的新莊老街就位於現在的新莊路，聚集了許許多多的老廟、舊巷和遺址，與現今興建的現代感建築融為一體（圖2-14）。

早期經商和農業人口都以新莊做為一個集散地點，許多人在熱鬧的街上做

圖2-14　新莊老街。

起生意，因此當年的老街店舖櫛比鱗次，但又隨著時代的變遷消失的無影無蹤。

3. 考古遺址

指蘊藏過去人類生活遺物、遺跡，而具有歷史、美學、民族學或人類學價值之場域。例如高雄林園 鳳鼻頭（中坑門）遺址、芝山岩遺址等。從考古遺址可以追溯到數萬年前的史前文明，描繪出臺灣史前歷史的輪廓。

案例　鳳鼻頭

位於高雄林園區，為臺灣南部地區較早發現的史前遺址，涵蓋新石器時代早期至晚期的大坌坑文化、牛稠子文化鳳鼻頭型及鳳鼻頭文化等3個文化層，呈現臺灣西南部史前文化之發展（圖2-15）。

圖2-15　高雄林園鳳鼻頭（中坑門）遺址。

4. 文化景觀

指人類與自然環境經長時間相互影響所形成具有歷史、美學、民族學或人類學價值之場域。例如霧峰光復新村省府眷舍、橋仔頭糖廠、蘭嶼朗島部落傳統領域等。

由於人與人、人與自然長期互動，產生具有延續性的文化現象，可能是一個神話故事的場所，也可能是一處具有歷史意義工業地景，或一條彰顯生態永續的水利設施，甚至是發展了上百年、上千年的農林漁牧生產區域及其相關連的環境，這就是文化景觀。

案例　　　　　霧峰光復新村

位於臺中霧峰鄉，建於 1956 年，見證了戰後疏遷計畫的歷史及時代故事，具有臺灣城鄉發展史的意義。

1955 年臺灣省政府基於軍事國防上的考慮，把臺灣省政府疏遷到臺灣中部，當時遷移的除了政府機關，還包括了公務員及家屬，因此政府規劃了兩座新市鎮，分別在 1956 年於臺中霧峰建立光復新村，隔年於南投建立中興新村。

這兩座新市鎮因應居住需要，不只有住宿空間，還具備豐富的生活機能、緊密的鄰里單元、完整的道路分級，還有綠地空間、市場、校園。另外，下水道、自來水、配電等基礎建設，雖光復新村屬於國有眷舍，但是已具有都市計畫概念。從霧峰地區整體的人文歷史價值而言，光復新村代表著清領時期林家、日治時期開發坑口農事自治村精神及國民黨政府公務宿舍的特殊意義，是典型的文化景觀（圖 2-16）。

圖 2-16　霧峰光復新村省府眷舍見證省府疏遷歷史及時代故事，具有臺灣城鄉發展史之里程意義，屬文化景觀。

案例　橋仔頭糖廠

位於高雄市橋頭區，創建於 1901 年，是日治時期臺灣製糖株式會社在臺灣所創設的第一座製糖廠，同時也是臺灣第一座現代化製糖工廠，面積 23 公頃。

整座橋頭糖廠的機能包括生產、運輸、事務、居住與信仰等，全區包含製糖廠、日式木屋、防空洞、紅磚水塔等昔日古物保存完好，保留了百年來完整的歷史、藝術、人文、生活等製糖工業遺址。

沿襲自日治時代的社宅事務所與俱樂部，外觀融合了歐洲與日本的建築，迴廊與連續拱門仿自歐洲建築風格（圖 2-17），除了架高的地基外，大部分是木造建築，屋樑為臺灣檜木；糖廠的老樹為日本人在百年前移植的實驗樹種，孕育出生機蓬勃的生態環境，隨時可見松鼠、樹鵲及各形各色的昆蟲。

圖 2-17　橋頭糖廠文化景觀。

試著找找臺灣製糖業的發展資料，你覺得你吃的糖是
在地農民種植的甘蔗製成？還是進口粗糖再精製而成？

TIPS

排灣族的口笛

口、鼻笛吹奏文化最能表達排灣族不論男女所注重的哀思情感及古意盎然的美感，也能反映出排灣族階級制度、生活形態、音樂特色及工藝美術。口、鼻笛文化也是傳統排灣族音樂中最具代表性的樂器文化。

排灣族的鼻笛和口笛過去都屬於男子的樂器，男子可用以發抒內心的情感、可藉以打動女子的心、肯定自己特殊的勇士或頭目身分（圖2-19）。

圖2-19 排灣族人吹奏鼻笛與口笛。

案例　朗島部落傳統領域

位於蘭嶼鄉，朗島部落為蘭嶼地區最大的部落，奇岩異石的地質特色較其他部落豐富。此處為當地特色勇士舞的發源地，更是蘭嶼地下屋最原始且數量最多的村落。

朗島部落腹地甚廣，擁有廣大的潮間帶及前方海域，部落外側有一天然海灣，是朗島部落舉行重大祭儀的主要地方。最初的發展與雅美人的拼板舟、海洋活動等生活習慣息息相關，部落傳統領域及地理環境完整，尚未有大量人工開發，屬於人類的農、林、漁、牧景觀及人類與自然互動而形成之景觀，具自然地景完整的特色（圖2-18）。

圖2-18 蘭嶼鄉朗島部落傳統領域文化景觀。

（二）節慶祭典

臺灣是一個多元族群宗教文化融合的地方，因各族群的傳統習俗和生活方式有所不同，所以衍生出各式各樣的節慶和祭典。節慶是中華文化相當獨特的一環，以下針對傳統表演藝術、口述傳說、民俗3項分別介紹。

1. 傳統表演藝術

傳統表演藝術展現民間生活藝術之美，包含傳統戲曲、音樂、雜技，彰顯臺灣無形文化資產的特色及活力。在傳統戲曲方面有北管南管戲曲、京劇、歌仔戲、布袋戲、皮影戲、傀儡戲、相聲、客家戲曲等；音樂涵括了北管音樂、南管音樂、客家八音、客家山歌、恆春民謠、排灣族口笛、泰雅族口簧琴、布農族八部合音；雜技方面則有鬥牛陣、宋江陣（圖2-20）、金獅陣、白鶴陣、八家將、什家將、官將首、獅陣、竹馬陣、蜈蚣陣。

（1）傳統戲曲

歌仔戲及布袋戲為臺灣兩大傳統戲曲，都走過百年的歲月。布袋戲為兼具傳統戲曲、雕刻、刺繡之美的藝術活動。偶戲融合音樂、舞臺、雕刻、刺繡、宗教、掌技、口技等各種元素，最能代表各地風土民情。臺北大稻埕有一條「獅館巷」，是北臺灣最重要的布袋戲街，李天祿「亦宛然」、許王「小西園」都在這裡設立聯絡據點。

（2）音樂

臺灣的傳統音樂源自多民族、多文化且類型多樣化，新舊並存的多元風貌，涵括北管音樂、南管音樂、客家八音、客家山歌、恆春民謠、排灣族口笛、泰雅族口簧琴、布農族八部合音等，其中以各原住民族音樂文化，歌謠音樂最為豐富。

圖 2-20　高雄內門宋江陣。

TIPS

科儀

是指道士主持祭典儀式中，誦念經文或手持法器來回舞動的一切動作及儀式。

宜蘭頭城搶孤

源自於清代，中元節普渡後，將祭祀供品置搶孤棚，供民眾搶奪，是臺灣規模最大的搶孤活動。

搶孤的由來有一說是為了嚇退流連忘返的鬼魂，搶孤棚以福杉製成的棚柱，上再編紮約 7、8 丈高的青竹成為孤棧；棧上綁繫包含魷魚、肉粽、米粉、肉、魚等等食品。

艋舺青山王

每年歲末有兩晚暗訪遶境行程，其中 10 月 21 日會經過艋舺與西門町，沿途宮廟會在路上搭紅壇，迎接青山王與眾神將蒞臨。

青山宮遶境是萬華年度最大盛事，為臺北三大 (大稻埕霞海城隍廟、大龍峒保安宮、萬華青山宮) 祭典之一。

（3） 雜技

雜技是一種借助道具，以技巧做為主要表現方式的表演藝術。「宋江陣」是臺灣傳統雜技，原屬於國術團體的一種表演方式，早期屬於農閒時期農村子弟學習武藝的活動。日治時代，因高壓統治，取而代之成為宗教活動酬神娛人的武術表演性陣頭。

臺灣廟宇香火鼎盛，宋江陣盛行於嘉南平原以南的農村，以臺南市、高雄市最多，屏東縣東港鎮的宋江陣已有百年歷史，除了傳承完整的宋江陣出陣陣形，出陣時所有成員依扮演的角色，繪上臉譜，增加陣頭的威嚴及氣勢。每個臉譜及陣式都有代表的意義，是宋江陣的一大特色，更是珍貴的人文資源文化遺產。

2. 口述傳統

人類自有口語發展，即有口述傳統的存在。口述傳統以口語、吟唱等方式傳遞，以達到世代相傳之文化表現形式，也是臺灣原住民的傳統文化內涵之一。泰雅族於傳統上屬於無文字社會，泰雅祖先們為了將老祖宗的生活智慧、法則、叮嚀與訓誡記錄並傳承下來，因而產生了泰雅族文化中相當重要的「口述傳統」。2018 年 12 月泰雅族 Sqoyaw 群的口述傳統被文化部登錄為文化資產。

3. 民俗

民俗是人民生活的表徵，也是族群的生活方式，經過長期的醞釀與普遍的認同，才逐漸成為共同的生活習慣，反映族群社會價值觀。最具臺灣特色之民俗為信仰習俗，如宗教、諸神信仰、祭典科儀及祭祀文物、民俗療法及地理風水等。

案例　　　　　中元節

中元節對於臺灣人來說是個非常重要的節日，全臺各地都有盛大的民俗活動，以基隆雞籠中元祭、宜蘭頭城搶孤、新竹市竹塹中元城隍祭典、客家義民祭、虎尾中元節、恆春搶孤與爬孤棚、東港王船祭等等較廣為大眾所知。（圖 2-21）

圖 2-21
宜蘭頭城搶孤。

案例　　　　　元宵

元宵節是臺灣一個很重要的民俗活動，農曆 1 月 15 日是元宵節，俗稱「小過年」，除了傳統的元宵祭祀、燈會與習俗外，各地亦流傳著具地方采風特色的元宵習慣、信仰、禮俗，如臺灣燈會、平溪天燈、臺東炸寒單爺、臺南鹽水蜂炮⋯等活動最具代表性。（圖 2-22）

圖 2-22　鹽水蜂炮名列世界三大民俗慶典，為全臺最具代表性的宗教活動之一。

QUIZ TIME !

臺灣族群多元，從北到南祭典很多，請上網或實地訪查，描述一項你所居住地區廟宇的祭典。例如：宜蘭市每年農曆二月初八的「城隍廟迎城隍」。

除了傳統的元宵、炸寒單爺、鹽水蜂炮⋯等活動，你還知道哪些傳統節慶活動？

案例　　　　神誕祭典

臺灣的宗教信仰包容性高，融合佛教、道教與民間信仰匯合而成的多神崇拜體系，隨著各個宗教信仰所信奉的神祇不同，所產生的神誕祭典活動多元，如進香、遶境、暗訪、蜂炮、乞龜、搶孤、送王船、作醮、過火等，這些傳統慶典都有其文化意涵，也兼具多重社會功能。（圖 2-23）

圖 2-23　青山王宮繞境是萬華年度最大盛事。

（三）人文藝術

　　人文藝術包括古物和傳統工藝美術。古物依其珍貴稀有價值，分為國寶、重要古物及一般古物。

　　例如國立故宮博物院所珍藏的清郎世寧畫〈孔雀開屏軸〉與〈花底仙尨軸〉、〈西藏十三世紀阿彌陀佛唐卡〉等重要古物，賽德克族傳統籐編工藝、泰雅染織竹工藝、噶瑪蘭香蕉絲編織工藝、籃胎漆器、泥作工藝等傳統工藝。

圖 2-24　翠玉白菜為重要古物。

圖 2-25　西周晚期毛公鼎為國寶。

圖 2-26　已超過百年歷史的紅陶虎爺為一般古物。祭拜虎爺屬於民間動物信仰，虎爺在寺廟中的供奉位置，大都設在供桌下。

1. 古物

古物是指各時代、各族群人為加工，具有文化意義或可供鑑賞、研究、發展、宣揚而具有歷史及藝術價值之藝術作品、生活及禮儀器物及圖書文獻等。或經教育部指定之器物，或依《文化資產保存法》判定的珍貴稀有程度，及所具有之歷史、文化、藝術、科學等價值，分為國寶、重要古物及一般古物 3 個等級。

例如知名的「故宮三寶」—翠玉白菜、肉形石、毛公鼎，其中毛公鼎列為國寶，翠玉白菜、肉形石則為具國寶或重要古物價值的「重要古物」（圖2-24～圖2-26）。無論是國寶或重要古物，出國展覽都需要報請行政院核准。

2. 傳統工藝美術

傳統工藝美術如賽德克族傳統籐編工藝、泰雅染織竹工藝、噶瑪蘭香蕉絲編織工藝、籃胎漆器、泥作工藝等，屬於《臺灣文化資產保護法》的無形文化資產。

臺灣原住民的傳統工藝相當具有特色，從歷史文獻、物質文化與數位典藏得知（圖 2-27），我國現今已認定的原住民 16 族裡，有排灣族與魯凱族的陶壺及琉璃珠製作、雕刻藝術；泛泰雅族群的苧麻編織、口簧琴與刺青紋面；邵族與布農族的皮衣製作技巧；鄒族的干欄式建築工藝、揉皮技術、籐編；卑南族的手繡；達悟族的拼板舟、製陶、棕櫚纖維編織、

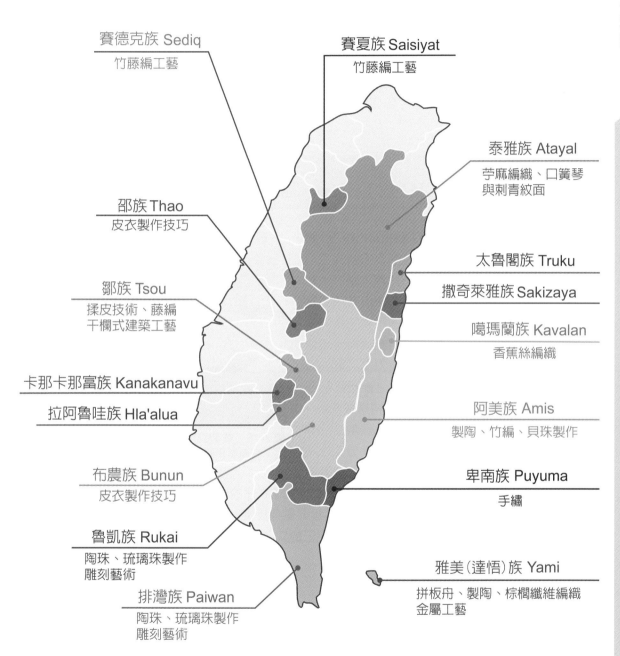

賽德克族 Sediq
竹藤編工藝

賽夏族 Saisiyat
竹藤編工藝

泰雅族 Atayal
苧麻編織、口簧琴
與刺青紋面

邵族 Thao
皮衣製作技巧

太魯閣族 Truku

撒奇萊雅族 Sakizaya

鄒族 Tsou
揉皮技術、藤編
干欄式建築工藝

噶瑪蘭族 Kavalan
香蕉絲編織

卡那卡那富族 Kanakanavu

拉阿魯哇族 Hla'alua

阿美族 Amis
製陶、竹編、貝珠製作

布農族 Bunun
皮衣製作技巧

卑南族 Puyuma
手繡

魯凱族 Rukai
陶珠、琉璃珠製作
雕刻藝術

雅美（達悟）族 Yami
拼板舟、製陶、棕櫚纖維編織
金屬工藝

排灣族 Paiwan
陶珠、琉璃珠製作
雕刻藝術

圖 2-27　臺灣原住民的傳統工藝。

金屬工藝；噶瑪蘭族的香蕉絲編織、籃胎漆器、泥作工藝；賽夏族的竹藤編、賽德克族傳統藤編工藝、阿美族的製陶、竹編、貝珠製作已成為失傳的工藝特色。

影響傳統工藝呈現的主要因素有工法、工序、工料三大因素；工法與工序是指製作的方式與流程，屬於無形文化資產，工料則是受地方材料的獨特性影響，也包含各族群處理材料的傳統智慧。

案例　賽德克族織布工藝 Puniri（經挑技法）技法

賽德克族的織布工藝相當地精巧（圖 2-28），賽德克族基本的服飾包括上衣、腰裙胸兜、披風、頭飾、冠帽以及首飾等等，在傳統賽德克社會，女生在十幾歲的時候就要開始學習織布，從基礎到能夠織出複雜的圖紋，具備織布能力為成熟與具備生產能力的象徵，才能提高自己的身價，方能紋面，取得婚嫁資格。傳統賽德克織布文化除日常生活實用與裝飾機能，亦與兩性分工、勞動生產、宗教信仰、社會地位互為

圖 2-28　賽德克傳統織布工藝經挑技法－張鳳英示範。

影響，整體織布文化即為祖靈信仰與社會秩序的實踐與表達，維繫群體集體經驗與歷史記憶，並藉生產過程與織造技藝，達到族群、部落與地域識別功能，並藉以形成認同與辨識異己的文化功能。

原住民的傳統服飾相當多元，請搜尋相關資料，比較各族的差異。

（四）產業設施

產業設施文化資產指一般工業廠房，早期臺灣產業技術發展，經過時代的淘汰，如今已閒置荒廢者，如臺灣早期菸、茶、糖 3 種產業具有歷史、文化、藝術價值且能表現地方營造技術流派特色，而隨時代的淘汰已呈稀少性、不易再現者。這些產業設施也相當具建築史上之意義，有再利用之價值與潛力及具有古蹟價值。以下依分類細項－古蹟及歷史建築、文化景觀及傳統知識及實踐分別介紹。

1. 古蹟及歷史建築

與歷史事件相關或是具有歷史性、地方性、特殊性之文化、藝術價值，應予保存之建造物及附屬設施都屬古蹟、歷史建築及紀念建築。而此處要介紹具有產業特色之建造物及附屬設施群。

案例　建國啤酒廠（臺北啤酒工場）

創建於 1920 年，前身為高砂麥酒株式會社的酒廠，日治時期為臺灣唯一一間生產啤酒的酒廠，當時與日本北海道札幌啤酒廠齊名，二戰後高砂麥酒株式會由國民政府接收，改名為臺灣省菸酒公賣局第二啤酒廠，隸屬於省菸酒公賣局。
建國啤酒廠廠區內保有初

圖 2-29　建國啤酒廠。

創時之建築，係以紅磚、石與鋼骨混合之構造，1940 年代加設廠房，係以磚牆及鋼鐵桁架結構為主，反映了時代建築技術之特色，1975 年更名建國啤酒廠，至今已有近百年歷史，2000 年、2006 年廠區建物陸續被指定為古蹟和歷史建物（圖 2-29）。

除了建國啤酒廠，我國還有哪些釀酒廠？

臺灣煉瓦會社打狗工場

位於高雄市三民區，建於 1899 年，日人鮫島盛在三塊厝郊區創辦 3 座傳統「目仔窯」的鮫島煉瓦工場，為打狗第一家磚仔窯。1913 年，臺灣經濟繁榮，各地建築蓬勃發展，紅磚需求量擴大，後宮信太郎在臺北成立「臺灣煉瓦株式會社」，整合各地原有磚窯廠，臺灣煉瓦株式會社打狗工場（圖 2-30）即整合鮫島煉瓦工場所成立。因應市場需求，增建 6 座八卦窯（霍夫曼窯 Hoffman Kiln），八卦窯備有高產能設備，當時南臺灣重要建物的磚塊幾乎由此供應。本古蹟為臺灣 20 世紀磚材生產工業之重要見證，八卦窯及兩座煙囪設立年代久遠且建造工法細緻，保存完整，相當具有歷史價值。

圖 2-30　臺灣煉瓦會社打狗工場。

請試著找找各地還有哪些歷史悠久的產業，並試著查詢這些產業的發展狀況。

2. 文化景觀

　　與產業設施相關的文化景觀，如農林漁牧景觀、工業地景、交通地景、水利設施、軍事設施或歷史文化路徑等其他場域等。

案
例

蟾蜍山

位於臺北市西南區，屬於南港山系及新店雪山山系的生態廊道連接點，為臺北盆地重要的自然生態景觀區。

日治時期，蟾蜍山山坡下興建有農業改良場相關辦公廳舍與員工宿舍，瑠公圳闢建流經山腳下，提供了重要水源，戰後蟾蜍山劃定為軍事管制區，空軍安置軍眷，軍眷聚落隨之興起，也保留了大量原始林植被及生物多樣性完整的生態體系，形成軍事基地與聚落共生的風貌（圖 2-31）。

隨著臺北都市化發展，蟾蜍山聚落逐漸成為新一波城鄉移民的落腳處，包含外省榮民、閩南、客家、原住民等，使蟾蜍山聚落充滿多元化族群共生型態，加上特殊歷史人文背景及地緣關係，吸引許多藝術、文學、影像的創作者來此定居，呈現藝文山城聚落文化景觀。

圖 2-31　蟾蜍山文化景觀。

案例　　　　　　　　　添興窯

位於南投縣集集鎮，1955 年創窯建立第一座窯場「蛇窯」，1999 年 921 大地震時遭受嚴重的損傷，2000 年 8 月修復完成，為臺灣仍有燒窯作業的最老蛇窯，繼續擔負延續臺灣陶藝傳統的使命（圖 2-32）。

添興窯構造與功能均相當完整，除了燒製獨特的柴燒作品外，不燒窯時則開放民眾入窯內參觀累積 60 年的燒窯痕跡。蛇窯本體為目前少數保留柴燒的老窯，相當具有地區特色。

圖 2-32　添興窯為臺灣地區現存仍實際燒窯的最老蛇窯。

案例　　　　阿里山林業暨鐵道文化景觀

阿里山森林鐵路主要範圍座落於阿里山山脈，屬於玉山支脈。日治時代為了將阿里山林場產出的林木向外輸送而建造，具有比較完整的人文與自然系統的複合性文化資產，更是典型的文化景觀（圖2-33）。

阿里山林業暨鐵道文化景觀集森林鐵路、高山鐵路與登山鐵路，直立式汽缸齒輪式火車、獨立山螺旋式登山、之字型爬升等森林鐵道特徵，形成自然環境及人文互動的景觀，與其鐵路建築、機具、相關的管理制度、維護技術、自然環境條件、族群、產業發展的歷史文化、集體知識及社會發展息息相關。

圖 2-33　阿里山林業暨鐵道文化景觀。

3. 傳統知識及實踐

指各族群或社群，為因應自然環境而生存、適應與管理，長年累積、發展出之知識、技術及相關實踐。傳統知識與實踐，包括各族群或社群與自然環境互動過程中，所發展、共享並傳承，形成文化系統之宇宙觀、生態知識、身體知識等及其技術與實踐，如漁獵、農林牧、航海、曆法及相關祭祀等。

案例	牽罟捕魚

漢人的牽罟捕魚方式是利用魚群最密集、最靠岸邊的時候，也就是魚汛期，以一艘舢舨船將由曳地網撒到海裡，曳地網的兩端固定在岸邊，魚群被圍住後，再由岸上數十人協力將魚網拉上岸。早期，每當魚汛來臨時，沿海的居民分派人手，全天候守在海邊，當發現魚群出沒時，居民以竹筏或舢舨立即出海，並撒網沿海繞一大圈來包抄魚群，留在岸上的人便以腰纏短繩，等魚群入網後，岸邊的人們合力拉繩，將漁網往岸上拉，凡是參與的人皆能分到漁貨。牽罟亦即曳地網，是臺灣古老的捕魚方式之一（圖2-34）。

圖 2-34　牽罟捕魚。

案例　達悟族的飛魚季

飛魚是蘭嶼人的傳統食物之一，每年 3～6 月是飛魚的汛期，也是達悟族人曆法重要的校正標準，因此捕捉飛魚成為蘭嶼達悟族的重要文化核心（圖 2-35）。除了捕捉飛魚，飛魚卵也是重要的魚產，飛魚會將魚卵產在海面漂浮物上產下，飛魚卵呈橘紅色卵塊，達悟族人便採

圖 2-35　蘭嶼達悟人將捕獲的飛魚曬成魚乾。

捕這些飛魚卵。飛魚也是自然力量的象徵，因此達悟文化中的建築、造船、祭祀、慶典等活動都是配合飛魚而產生，書寫飛魚的神話故事、詩歌、歌謠更是不勝枚舉，達悟文化可說是飛魚文化的延伸。除了捕捉，蘭嶼人也具有珍惜海洋資源的文化思維，從蘭嶼人的相關習俗，以及不濫捕的態度便可知一二。

除了牽罟捕魚、達悟族的捕飛魚，請試著找找還有哪  些特殊的漁獵方式。

二、自然資源介紹

　　臺灣的地質地形受到歐亞大陸板塊及菲律賓海板塊互相擠壓，加上地理區位、氣候條件以及複雜地形等因素，造就了多樣性動植物的生態環境以及豐沛的自然資源。

（一）地質地形

　　臺灣板塊是受擠壓將原本位在海底的堆積物擠出海面，形成南北狹長狀，主要山脈呈南北走向，河流呈東西分流。臺灣的地質多元，有地底岩漿噴發造就的火山地質，板塊運動擠壓產生的變質岩，河流沖刷侵蝕而有沉積地形……構成臺灣不同岩層、不同的地質景觀、不同地貌景觀，如山峰、峽谷、斷崖、岩石、河階等。大體來說，臺灣北部陽明山一帶、澎湖群島為火成岩分布；臺灣東部多變質岩；臺灣西部多沉積岩；但一地質考究臺灣各地都可以找到火成岩、沉積岩與變質岩，更說明了臺灣地層分布的複雜度高與地質多樣化（圖 2-36、圖 2-37）。

圖 2-36　全球七大板塊及板塊移動方向圖

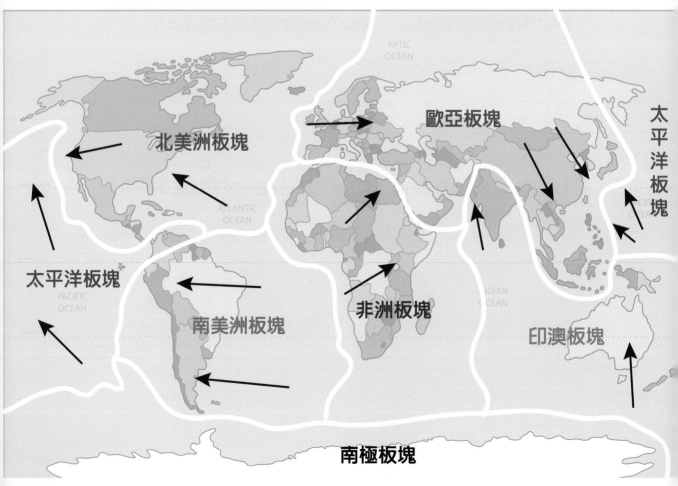

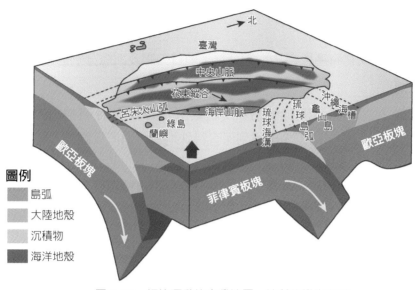

圖 2-37　板塊運動使臺灣地層、地質的變化多樣。

　　地形是指地表上高低起伏的狀態，臺灣五大地形為山地、丘陵、平原、盆地及臺地。山地在臺灣地形中所佔面積最廣，約佔全島的三分之二，臺灣的山脈大致呈南北走向，第一高峰為玉山；丘陵地多分布在中央山脈的西部；平原主要分佈在島的西南部，其中以嘉南平原的面積最大；盆地大都是人口的集中地區，如台北盆地、台中盆地；臺地主要分佈在中央山脈西部，表層常有紅土、礫石覆蓋，以桃園臺地的面積占地較大。（圖 2-38）。

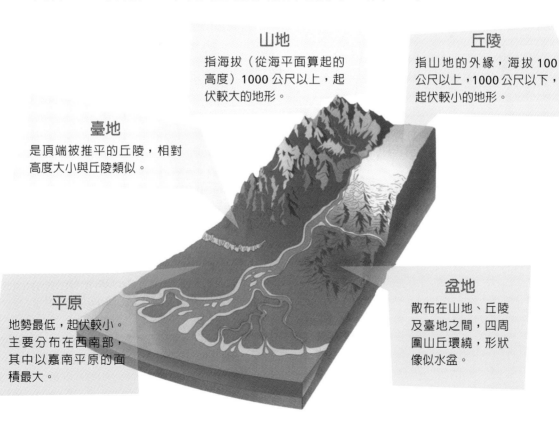

山地
指海拔（從海平面算起的高度）1000 公尺以上，起伏較大的地形。

丘陵
指山地的外緣，海拔 100 公尺以上，1000 公尺以下，起伏較小的地形。

臺地
是頂端被推平的丘陵，相對高度大小與丘陵類似。

平原
地勢最低，起伏較小。主要分布在西南部，其中以嘉南平原的面積最大。

盆地
散布在山地、丘陵及臺地之間，四周圍山丘環繞，形狀像似水盆。

圖 2-38　臺灣地形基本類型示意圖

本單元以《文化資產保存法》的分類：地質公園及山脈分別詳細介紹。

1. 地質公園

地質公園（geopark）是聯合國教科文組織在 1999 年的 11 月提出的計畫，設立地質公園的目的，除了希望達到保育特殊地質、地形景觀外，同時也希望能藉由地景保育，以地質和地景為基礎所發展出來的區域所在的自然與文化環境和社會內涵的整體，其價值在於人群社會的永續環境發展，推動地景保育、環境教育、地景旅遊及社區參與，並促進區域社會經濟的發展。

臺灣目前推動中的地質公園共有 9 處（圖 2-39），主要由農委會林務局保育組擔當核心。分別為澎湖海洋地質公園、北部海岸野柳地質公園、北部海岸鼻頭龍洞地質公園、草嶺地質公園、燕巢泥岩惡地地質公園（月世界）、利吉泥岩惡地地質公園、馬祖地質公園、雲嘉南濱海地質公園及東部海岸地質公園。

圖 2- 39　臺灣目前共有 9 座地質公園

截至 2016 年 5 月，臺灣地質公園網絡共計有 9 個成員。這些地景不但具稀有性、特殊性，更具環境研究和科學教育的重要性，所在地的生態人文資源提供 解當地文化生態的基礎，創造具人文與自然環境互爲表 的地質公園。列舉如下：

案例　澎湖群島的澎湖海洋地質公園

以顯著的玄武岩火山地形與特殊的海洋生態聞名，到處可見發達的火山地形，例如：柱狀玄武岩柱、熔岩平臺等地景，以及豐富的海洋生態與長久地理與歷史孕育出的當地獨特人文活動與文化地景（圖 2-40）。

圖 2-40　澎湖群島的澎湖海洋地質公園。

案例　鼻頭龍洞地質公園

位於龍洞鼻頭角地區，為一向東北海域延伸之海崖。龍洞岬主要由龍洞砂岩所組成，由於岩石十分堅硬，造成龍洞突角海崖（圖 2-41）。由於龍洞岬砂岩中遍布堅硬變質的石英岩或石英岩層節理，再加上東北角地區波蝕極為嚴重，因此造就了外形雄偉的海蝕門與海蝕崖，這些多年歷經海蝕、風

圖 2-41　鼻頭龍洞地質公園。

化的奇岩怪石與瑰麗歲月紋路，成為鼻頭龍洞地質公園的重要景點。

78

案例　臺東利吉惡地地質公園

位於臺東卑南鄉的「利吉惡地」，如刀山般鋒利的泥岩地貌。因孔隙小、水分不易滲透，植被難以生存覆蓋，有「發育良好的惡地」之稱，是欣賞超基性蛇綠岩系的最佳景點。利吉惡地在板塊擠壓過程，混入砂岩等外來岩塊，形成混同層，地質學者直接以「利吉層」命名（圖2-42），造就世界級地質國寶地位，利吉土壤富含天然鎂及植物生長多種重要礦物質與微量元素，讓當地生產的水果品質極佳。

圖 2-42　臺東利吉惡地地質公園。

案例　芝山岩遺址

「芝山岩遺址」位於臺北士林區，數百萬年前，芝山岩連同臺北盆地仍為海底世界。據考古研究，遠古時期臺北盆地為一個鹹水與淡水交雜的大湖泊時，芝山岩是一個小島嶼，於 1897 年時被日本教師「栗野傳之丞」發現，是臺灣考古史上最早發現的史前遺址，包含了清代漢人文化、植物園文化、圓山文化、芝山岩文化、訊塘埔文化與大坌坑文化等 5 個史前文化層和 1

圖 2-43　芝山岩遺址，山頂的岩石地面，直線為海底古生物的爬行痕跡。

個歷史文化層，屬於臺灣罕見多文化層遺址（圖2-43）。

2. 山脈

臺灣是個南北狹長、高山密布的島嶼，有三分之二以上的面積皆為山地，是全世界高山密度最高的島嶼之一，3,000 公尺以上高山達 200 多座，1,000 公尺以上者更超過千餘座。

山脈分布縱貫全臺，5 條南北走向的山脈，由東而西包括海岸山脈、中央山脈、雪山山脈、玉山山脈與阿里山山脈，統稱為臺灣五大山脈（圖2-44）。

圖 2-44　臺灣五大山脈。

TIPS

脊樑山脈

　　中央山脈縱貫全島有「臺灣屋脊」之稱，所以又稱為「脊樑山脈」；廣義的中央山脈，泛指「脊樑山脈」、「雪山山脈」和「玉山山脈」三條山脈的統稱。

中央山脈保育廊道

　　為有效保留中央山脈生態系的完整性，1999 年由農委會林務局著手規劃「中央山脈保育廊道」，不但建立完整的保護區生態系，以各種保育法令阻止不當開發，也維護生物多樣性，保存物種基因庫。

（1）海岸山脈

　　海岸山脈位於東臺灣，位於花蓮與臺東之間，南北延伸仿如兩頭尖的梭子，縱長 150 公里，東臨太平洋，西與中央山脈緊密相連，山脈之間形成花東縱谷。秀姑巒溪切穿而分成南北兩段，北段的美崙山、花岡山為海岸山脈殘餘的山丘。

　　海岸山脈是由海底火山作用所形成，地質上以火山集塊岩為主，夾雜部分的泥岩，火山地區常會將地底的礦物帶至地表，因此海岸山脈部分地區早年以出產寶石聞名。在海岸山脈擠壓形成的過程中，海底物質底泥及岩塊被推擠上陸地，形成特殊泥岩層，例如分布在海岸山脈南端，位於臺東縣的利吉惡地。而高熱岩漿噴發地表時混合了其他岩石，形成了堅硬高大聳立的集塊岩為主體的山體，例如都蘭山（圖 2-45）。

圖 2-45　海岸山脈由火山島弧推擠而成，因為板塊的擠壓使得海岸山脈快速的隆起。

（2） **中央山脈**

為臺灣最長、最大的山脈，北起蘇澳插天山，南止鵝鑾鼻大武山，縱貫全島，長達 330 公里，因受造山運動時的強烈摺曲作用，整體山脈高聳挺拔隆起有如一道屋脊，有臺灣屋脊之稱（圖 2-46）。

中央山脈因為地形險峻、高山阻隔，是孕育各種生物生長的天堂，是中央山脈保育廊道，布滿 11 座大大小小的自然保留區、野生動物保護區（重要棲息環境）、國家公園等豐富的自然生態。

（3） **雪山山脈**

位於臺灣西北部，北起三貂角，南止濁水溪，長 180 公里。呈東北，西南走向。連貫臺灣西北側，為臺灣第二大稜脊線。「雪山」（圖 2-47）之名源於泰雅族族語 Sekoan 的音譯「雪高翁」。雪山山脈自古就是泰雅族人的獵場，山脈有許多古道，例如知名的草嶺古道、石坑古道、北宜古道、跑馬古道、中嶺古道、司馬庫斯古道等，是泰雅族原住民部落聯絡要道。

雪山山脈地質屬變質砂岩，石英含量高、硬度大，故山脈內高山林立，是臺灣高山中冬季冰雪累積最多的山峰。日治時代，明治天皇的昭和皇太子來臺時目睹了雪山雄姿，雖然雪山高度也高於富士山，只比臺灣第一高峰玉山低一些，但因玉山於 1897 年由明治天皇改稱「新高山」，裕仁皇太子只好將雪山命名「次高山」。

圖 2-46　中央山脈因為地形險峻、高山阻隔，是孕育各種生物聚集生長的天堂。

圖 2-47　雪山山脈是臺灣高山中冬季冰雪累積最多的山峰。

（4）玉山山脈

玉山不但是臺灣第一高峰，也是大東亞第一高山。玉山是歐亞、菲律賓海板塊相擠撞而高隆，主稜脈略呈十字形，十字之交點即爲玉山主峰，南北長而東西短，因爲冬季積雪深厚，整個山區雪白如玉（圖 2-48）。

玉山山脈居臺灣中央地帶，跨花蓮、高雄、南投、嘉義四個縣市，由於組成岩屬多脆弱的板岩、多裂隙的砂岩，因此容易受侵蝕和風化，過去冰河期所形塑的冰河地形，大都被破壞了。玉山山脈沿途隨海拔高度林相各有不同變化，依序可見雲杉、二葉松、五葉松、鐵杉、刺柏、玉山杜鵑、玉山圓柏、冷杉等植物，更可見到許多高山花草，如玉山小檗、臺灣百合、高山杜鵑等多樣性植物生態。

（5）阿里山山脈

位於玉山山脈西側，北起於濁水溪上游，南達曾文溪上游，長 135 公里，呈南北走向。阿里山受到海拔高度變化的影響，植物分布呈現熱帶、暖帶、溫帶與寒帶。大致而言，從平地到海拔 800 公尺的獨立山一帶，屬於丘陵地形的熱帶林，此區顯著的植物相以相思樹、山黃麻和構樹爲主，產業則以龍眼、麻竹與桂竹林最爲常見。廣泛分布的茶園、孟宗竹林則是開墾山林所形成的產業景觀。

溫帶林分布在屏遮那山以上到海拔 3,000 公尺以下的山區，阿里山五木（鐵杉、臺灣扁柏、華山松、臺灣杉與紅檜）主要分布於此，其中紅檜原始林舉世知名，最受到矚目（圖 2-49）。

圖 2-48　玉山山脈因為冬季積雪深厚，整個山區雪白如玉而稱玉山。

圖 2-49　阿里山山脈自然景觀極為豐富，日出、雲海、晚霞、神木與鐵道並列為「阿里山五奇」，而「阿里山雲海」更是臺灣八景之一。

（二）生態資源

　　臺灣擁有森林、濕地…等多樣的地形地貌，動植物物種繁多，生態資源豐富。

1. 動物資源

　　臺灣因氣候、地形等環境因素影響了動物的分布，臺灣的動物大多由中國南方與西南方雲貴高原遷徙而來，而因臺灣與中國大陸長期地理隔離後，造成「種」的分化，並演化出約 20％臺灣特有種與特有亞種，如太魯閣國家公園內的小剪尾、河鳥以及臺灣紫嘯鶇（琉璃鳥）等。臺灣特有種是指只存在臺灣的動物，這些資源更顯珍貴。

　　大雪山國家森林遊樂區的棲地品質維持的相當穩定，生態資源豐富，保育成果斐然，堪稱為野生動物的天堂。臺灣特有動物資源與分部地區，詳如表 2-4。

表 2-4　臺灣特有動物資源與分部地區

動物資源	說明
	臺灣水鹿 分布區域：在中央山脈 為臺灣最大型的草食動物。當夏季來臨時會換上淡黃褐色的毛，冬天則換上深黑褐色毛。棲息於海拔 1,000 公尺以上中高海拔的原始森林，多於清晨與黃昏活動，活動區域以近水源的草地為主，以樹葉與嫩草為主食
	臺灣黑熊 分布區域：八通關大分區域，中央山脈。 臺灣黑熊目前現存數量不多，胸前的 V 字型斑紋是亞洲黑熊共有的特徵。行進時四肢著地，當吃東西或受到驚嚇攻擊敵人的時候，才會採取直立的姿勢。臺灣黑熊不僅會爬樹，也會游泳，奔跑的速度每小時達 30 ～ 40 公里，速度比人類快很多。
	臺灣藍鵲（俗名長尾山娘） 分布於低海拔的山地或丘陵。 臺灣藍鵲是臺灣特有種，屬保育鳥類，臺灣藍鵲擁有漂亮和優雅的身影，碧藍色的羽色分配簡單而華麗，嘴喙寬厚、呈鮮紅色。

子遺生物

　　是指演化歷程中，經歷了重大滅絕事件，而殘存的生物族群。一般具有存活年代久遠、族群數量少、親族數量少、分布區域狹隘等特色，並可概分為演化、地形地貌、氣候三大類因素。

國家森林志工標章

　　國家森林志工協助林務局轄區各森林遊樂區等場域進行環境解說，引導大眾體認森林生態保育及永續經營重要性。

表 2-4（續）

動物資源	說明
	灰面鵟鷹（又名灰面鷲） 分布區域：為臺灣過境鳥，過境期於全島多處可見，離島亦皆可見。冬候鳥數量很少，主要散布於恆春半島；少數於北海岸、東北角及宜蘭。 灰面鵟鷹是秋天過境墾丁數量最多的猛禽，曾有單季 22 萬多隻的最高過境紀錄。所以每年秋季的墾丁「賞鷹季」活動，已經成為墾丁知名主題活動。赤腹鷹過境高峰期在 9 月中、下旬，由於灰面鵟鷹的過境數量多達數萬，不論是秋季南下夜棲恆春半島，或是春季北上在彰化一帶過夜，灰面鵟鷹的停棲地穩定，天黑之前都有反覆在空中盤旋的習性，吸引賞鳥愛好者追鷹。
	櫻花鉤吻鮭 櫻花鉤吻鮭的復育地、武陵的七家灣溪。 臺灣的櫻花鉤吻鮭（簡稱臺灣鮭魚）是太平洋鮭屬的迴游性鮭魚，經過冰河時期和地理隔絕，成為臺灣特有亞種，是碩果僅存的冰河時期子遺生物代表之一，也是全世界獨一無二的熱帶鮭魚，是我國非常珍貴的國寶魚。

2. 植物資源

　　臺灣因特殊地理區位、氣候條件及複雜地形等因素，使平地至山區的海拔與溫度垂直變化極大，生物在水平及垂直分布上，形成一極為複雜而特殊的群落，具有極高的生物多樣性。臺灣全島山巒綿亙、溪谷縱橫，沙洲、平原、盆地、丘陵、臺地、濕地、湖泊、山岳等各種地形無不齊備，景觀互異，這些由大自然的力量所造成的特殊生態及自然景觀。

臺灣的森林資源主要分布於全臺 18 處國家森林遊樂區（表 2-5）。爲讓民眾更了解臺灣的森林自然資源，農委會林務局甄選並培訓國家森林志工，協助林務局管轄的森林遊樂區等場域進行環境解說，並規劃數條不同的環境解說路線，透過熱情、專業、經驗豐富的國家森林志工提供自然教育環境解說，引導大眾體認森林生態保育及永續經營重要性。也針對學校教師、對自然教育中心有興趣的政府、學校、民間及企業團體規劃環境教育研習課程。

表 2-5　全臺國家森林遊樂區

地區	國家森林遊樂區
北臺灣	滿月圓、內洞、東眼山、觀霧、太平山
中臺灣	武陵、合歡山、大雪山、八仙山、奧萬大
南臺灣	阿里山、藤枝、雙流、墾丁
東臺灣	池南、富源、向陽、知本

案例　　臺北植物園

臺北植物園成立於 1896 年，曾是林業試驗場管理的苗圃，1921 年日本人接管林業試驗場成立中央研究所，並改名為臺北植物園（圖 2-50），為臺灣研究歐、亞、澳、美、非等世界樹種的搖籃。

歷經百餘年歷史，占地約 8.2 公頃的臺北植物園，劃分成裸子植物、蕨類植物、植物分類園、民族植物、水生植物、荷花池等等各式主題展示區，收集植物種類超過 2,000 種，是臺灣地區植物研究教學的重要場域。

臺北植物園非一般公園，隸屬於行政院農業委員會林業試驗所，是一個備有完整植物蒐集記錄文件，並進行科學研究、保育、展示及教育的場所，免費開放參觀。

圖 2-50　臺北植物園。

案例　福山植物園

宜蘭福山植物園占地面積約 1,200 公頃，為臺灣及亞洲最大的植物園區。福山植物園內分原生植物區、天然林展示區、水生植物區、哈盆自然保留區（僅供學術研究，不開放）及福山苗園，處於雪山支脈環抱的盆地中，海拔約 400 ～ 1,400 公尺之間。

福山植物園目前開放的展示區約 20 公頃，有 7,000 多種的植物，幾乎為臺灣植物品種的全貌。除了有行政中心提供解說服務外，園內規劃了 20 公里長的自導式步道及解說牌供遊客暢遊。漫步於極具創意的原木步道（臺灣最長的木磚步道），觀賞豐富多采的植物景觀和山光水色，是一種獨特而愜意的經驗。福山植物園有別於森林遊樂區，為避免湧入過多遊客，造成對環境傷害，對開放時間、人數和參訪方式有嚴格規定，入園需提前申請（圖 2-51）。

圖 2-51　福山植物園採生態承載量管制以降低人為干擾，亦配合野生動物生活習性制定遊客管制措施，所以保有相當完整的天然環境。

你知道我國有多少保育類動物與植物？如發現受傷的  保育類動物或發現瀕絕植物，可以通知哪些單位進行後續保育處理？

案例

武陵國家森林遊樂區

位於臺中市和平區，屬於雪山山脈系統，高度變化從 1,800 ～ 3,884 公尺，區內的七家灣溪為大甲溪之上游，其西岸的河階臺地廣大，即為「武陵農場」的所在地（圖 2-52）。漫步在桃山步道的林間，放眼周圍群山，區內分布冷杉、鐵杉等原始森林，主要的植物以二葉松、栓皮櫟、馬銀花、一枝黃花等適應乾旱環境的植物。

武陵也是許多冰河期孑遺生物的天堂，冰河期擴散到臺灣的物種，有些在此生存了下來，包括臺灣黃杉、臺灣胡桃、櫻花鉤吻鮭等，造就武陵國家森林遊樂區獨特的生態特色，從武陵吊橋至桃山瀑布間是著名賞鳥路線，可發現臺灣朱雀、鷦鷯、灰鶯、大赤啄木及臺灣噪眉等鳥種。

圖 2-52　武陵農場國家森林志工引導遊客漫步在桃山步道的林間並解說。

案例

知本森林

位於臺東的知本國家森林遊樂區，屬熱帶季風氣候，獨特的植物相，以熱帶季風林、百年大白榕、藤蕨、百年酸藤、臺灣蝴蝶蘭、溪流、溫泉、臺灣獼猴、山羌、蝶類、兩棲爬蟲類；卑南、魯凱、排灣等原住民文化之自然與人文資源為其重要特色，森林的旺盛生命力與人類文化的永續共榮完整地呈現。

知本森林區內的一大特色是佇立在林間的白榕（圖 2-53），白榕氣根觸地之後形成支柱根，愈來愈粗壯，並轉變成為莖的一部分，因此白榕又稱為「千根榕」。而喜好生長在成熟的闊葉林的藤本植物 藤蕨攀爬在白榕支柱根上，成為相當具特色的森林景觀，也是知本森林遊樂區得天獨厚的生態環境，造就了藤蕨的生長空間。

圖 2-53　佇立在林間的白榕是知本森林區內的一大特色。

88

（三）氣象水文

　　臺灣的自然環境高溫多雨、植物種類多、高山聳立、氣候成垂直變化，因此育了許多特殊而秀麗的地形景觀和豐富的生態體系，涵養了山林水流，孕育了繽紛的生命。本單元以《文化資產保存法》的分類：河川、水庫、河濱；海洋分別詳細介紹。

1. 河川、水庫、河濱

　　隨著季節、月分、晨昏及氣候的不同，而形成不同的景觀資源，也隨著高海拔之升降、地形地貌而變異，形成富於變化之氣象景觀資源，例如雲海、雪景、日出日落、彩霞、雲霧、星象等。

大甲溪

大甲溪流域生態資源豐富，上游支流因林相保持較好，溪中的水中生物甚為繁盛，為臺灣河川中生物種類最多，上游最長的支流七家灣溪是櫻花鉤吻鮭的復育地。

濁水溪

濁水溪是臺灣最長的河流，水資源最豐富。

曾文溪

曾文溪河口北岸，設有七股黑面琵鷺保護區；曾文溪口有臺灣第 8 座國家公園臺江國家公園。

高屏溪

高屏溪出海口，是秋、冬兩季迴游性魚類的必經之地。

圖 2-54　臺灣五大流域及主要特色資源。

人們依河流而生，生活所需與經濟發展都仰賴著水源，河流在人類的歷史文化起源中，扮演非常重要的角色，臺灣的河川以中央山脈為主要分水嶺，東西分流入海。主要有 21 條水系，其中淡水河、大甲溪、濁水溪、高屏溪、曾文溪為臺灣五大流域（圖 2-54）。

淡水河流域近 300 年的發展歷史，人口成長、經濟發展與社會變遷，均與淡水河有密不可分的關係。

早年，我們的祖先渡海
來臺，沿著河岸建立新
家園，創造出現在的臺
北市。隨著都市化與人
口擴張，人們開始填河
鋪路，在河邊修築堤防。
臺北人口是目前全臺密
度最高的地區，例如大
安、松山、士林、中永
和、板橋、新店等地，
當年飲水取自霧裡薛
圳、七星墩圳、大安圳、

圖 2-55　一座城市的誕生，一定會有一條偉大的河川。

瑠公圳等渠道水灌溉，但是今日的水圳渠道多已填平或成為水溝，人們逐漸忘
卻先民開墾的痕跡。

為了拉進人與河川的距離，「臺北城市散步」規劃了「我們的家從河處來」的
系列導覽活動，串連河岸邊的聚落，喚起人們對於河川的記憶，重新認識河與
人之間的關連（圖 2-55）。

2. 海洋

水文景觀依水體面貌不同與形成來源，可分類為如湖泊、河流、海洋、
瀑布、溫泉等。地球有四分之三的面積被海洋覆蓋，其中占地球最大面
積的鹹水水域稱為「洋」，大陸邊緣的水域被稱為「海」，海洋即「海」
和「洋」的總稱。

臺灣海域終年光照充足（7,000～15,000Lux），溫度適中（年均溫
20℃），冬天時，東北季風吹拂，夏天則有西南季風影響，造成海面擾
動混合均勻，在海裡更有終年不斷的海流經過臺灣海域，帶動海域中整
個海水水團的移動，在這樣的交替作用下，波浪、湧浪複雜多變，水中
溶氧充足，外海水質佳，近岸海灣內則潮汐海流平緩且穩定。北方魚群
會向南方迴游過冬，南方魚群則會向北迴游避暑，魚種眾多。陸地營養

鹽、有機質沖刷旺盛，沿海及湧升流區營養鹽充足，基礎生產力高，浮游生物密度高，生態因子優良，因此臺灣海域生物種類數量多、生物量大，擁有世界各地都羨慕的活潑海洋生態。

花蓮有名的石梯坪，因為海岸線地質特殊，蘊藏著豐富的珊瑚礁群和熱帶魚群，潮間帶上與壺穴形成的潮池，生長著各式各樣的海藻、魚蝦、貝類等海洋生物，2016年6月花蓮海洋生態保育人士近距離捕捉到已經10年未在花蓮現身的綠蠵龜。由於花蓮海域汙染嚴重、海龜很少會游到近海覓食，大多數的海龜幾乎僅是路過不會做停留；這次竟然在離岸不到2公尺近距離遇到綠蠵龜，也代表著花蓮海域正在復甦當中（圖2-56）。

圖2-56　已瀕臨絕種的綠蠵龜喜歡在熱帶海域現身，只要有著「珊瑚礁」群的海域就會常常看到他們的身影。

你知道我國有哪些種類的海龜及主要的分布地為何？

03

導覽解說內涵

導覽解說內涵 ↗ 功能
　　　　　　 ↘ 目標

導覽解說場所 → ↗ 室內
　　　　　　　　 → 戶外
　　　　　　　　 ↘ 搭配交通工具

導覽解說時機 ↗ 氣候
　　　　　　 ↗ 宗教季節
　　　　　　 ↘ 產季
　　　　　　 ↘ 其他

導覽解說功能 → 遊客 → ↗ 資訊
　　　　　　　　　　　 → 教育
　　　　　　　　　　　 ↘ 娛樂

導覽解說媒體 ↗ 人員
　　　　　　 ↗ 網路 → ↗ GOOGLE MAP
　　　　　　　　　　 ↗ APP
　　　　　　　　　　 → 直播
　　　　　　　　　　 ↘ 虛擬實境
　　　　　　　　　　 ↘ 手機遊戲
　　　　　　 ↘ 非人員
　　　　　　 ↘ 媒體挑選

第一節　導覽解說功能與目標

　　導覽解說是服務性的工作，在解說服務過程中解說員將周遭資源及管理單位的各項資訊，轉換成一般遊客所能理解的語彙，然後傳遞給遊客知道，再經遊客的吸收與瞭解後，透過口語表達、肢體語言、社群媒介或書信往返等互動回饋給解說員，解說員再從這些回饋內容調整解說內容與方式，互相學習。

一、導覽解說的功能

　　導覽解說是服務性的工作，如：資訊的提供、導引的服務及啟發性的教育等。在導覽解說人員的引導下，遊客可同時得到視覺、聽覺、味覺、嗅覺、觸覺以及意念身體六感的實物解說體驗（圖 3-1），並可透過與解說人員的互動溝通，提昇個人在環境中的觀察與欣賞能力，所以解說人員應了解人體感官媒介之重要性，才能有效掌握遊客心理。

圖 3-1　透過六感、故事解說最能引起遊客的共鳴，能讓遊客對解說內容感到有興趣並受啟發且讓這份感動留在心中許久。

導覽解說的功能可從遊客、環境和經營者 3 個方向做說明。

（一）對遊客而言

　　導覽解說是傳達溝通的教育活動，將史蹟景點或博物館的知識有系統整理後，透過導覽解說員傳達給遊客，為最有效率的學習方式；使遊客得到豐富愉悅的遊憩體驗；認識與體會資源進而保護資源，因此可以達到資訊、教育與娛樂的功能與效益。（圖 3-2）

1. **資訊的功能**：協助遊客了解、欣賞博物館內所展示的文物。由導覽解說員以口語表達及肢體動作傳達給遊客，讓遊客注意力集中於解說員，幫助遊客了解其中的意涵，並以互動問答、輔具教材等，使得遊客能以最有效率的方式記憶藉由闡釋內涵意義，充實遊客的旅遊體驗，增廣遊客的見聞。如案例－國立臺灣歷史博物館「地圖很有事：地圖的臺灣史特展」。

圖 3-2　導覽解說以互動問答、輔具教材等，使得遊客能以最有效率的方式記憶。

案例　國立臺灣歷史博物館

2017 年 12 月舉辦的「地圖很有事：地圖的臺灣史特展」，透過導覽志工的解說，引導遊客探索近代地圖的繪製方式，呈現繪製者以及當時代的空間認知，並帶遊客從地圖中看見這塊土地在不同族群、時代下的多元歷史樣貌，從歷史、生活、藝術等多元觀點看見地圖的多樣面貌（圖 3-3）。

圖 3-3　國立臺灣歷史博物館「地圖很有事」特展導覽解說。

2. **教育性功能**：遊客藉由導覽解說得到正確的資訊外，還能引發其求知的興趣及後續的學習效益，透過精心設計的解說內容提昇遊客對環境的敏感性，引導遊客對資源的認識與體會進而保護資源，避免破壞當地環境或是風俗習慣。具有啓發性的教育功能，如案例－921 地震教育園區。

案例　國立自然科學博物館九二一地震教育園區

1999 年 9 月 21 日清晨 1 時 47 分，臺灣中部發生芮氏規模 7.3 的強烈地震，造成的傷亡及財物損失為近百年來臺灣最大的地震災害之一。

「九二一地震教育園區」設於霧峰鄉光復國中，因斷層穿越整個學校，地震遺址保持完整、記錄地震史實，展館基地可看到倒

圖 3-4　車籠埔斷層保存館。

塌的校舍及保留完整的斷層錯動、河床隆起等地貌（圖 3-4），因此透過導覽解說可提醒遊客重視防震及救災措施的規劃，為社會大眾及學校有關地震教育之活教材。

3. 娛樂的功能：活潑富變化的解說方式可以挑起遊客內心對周遭環境沈寂已久的好奇心，受到都市化影響，傳統行業、過往生活方式快速流失，傳統手工業被工業大量生產商品取代、礦業漁業作業方式改變等等，透過導覽解說，並搭配老照片、老工具等作為輔具，讓遊客透過想像，體驗過去的歷史場景，了解過往的生活方式，使遊客得到豐富且愉悅的遊憩體驗。如案例－體驗九份礦工文化。

案例　　體驗九份礦工文化

九份從清朝開始就是臺灣重要的黃金礦脈，日本時代擴大開採，造就九份的繁華。隨著礦量日漸稀少，1971 年正式結束開採，產業也隨之沒落，屬於九份在地的黃金文化逐漸被世人遺忘。1990 年代，因電影《悲情城市》於九份取景，獨特的舊式建築、坡地及山城風情透過電影吸引國內外注目，也為九份重新帶來生機，成為臺灣北部重要

圖 3-5　九份礦工博物館，示範傳統淘金法。

的觀光景區，但多數觀光客只蜂擠在商店街，對原有九份特殊的礦工文化反而一無所知。

九份金礦博物館創辦人是礦工出身，並曾承攬開礦業務，蒐集非常多礦石及礦工文物，退休後創立九份金礦博物館。館內展出九份礦石標本、臺車、礦火燈等珍貴文物，並結合九份地區導覽解說，帶領遊客親身體驗九份礦工文化（圖3-5）。早期沒有知識技術下，獨創了一套洗金技術，靠著簡單的器具，慢慢的將金子洗出，再透過簡單的理化原理，慢慢的將黃金提煉出來，這套已經快失傳的工具和技術，所幸被礦工的後代珍惜著，讓我們有機會體驗那個年代的辛勞。透過導覽解說讓我們除了遊客的角色，更融入與支持在地文化的重要元素。

（二）對環境而言

　　導覽解說能喚起遊客在面對自然環境的利用與保育課題時，做出更明智的抉擇，以合理的方式採取行動保護環境，避免環境遭受不必要的破壞。

1. 使遊客對於環境的複雜性有更深的了解：透過解說服務系統引導遊客認識環境，並對所參觀地點的歷史沿革、環境設施，及參觀的行程有更完整的認識。如案例－臺南「老屋，老店，老生活！」。

案例　　　　　　　　老屋，老店，老生活！

臺南是臺灣最早開發城市，留下許多珍貴歷史人文資源，臺南市府觀光旅遊局規劃的「老屋，老店，老生活！」散步路線，由專業導覽員帶領遊客走入老屋集聚、文創歷史街區，穿梭古街巷弄中，體驗歷史空間優雅及慢活生活氛圍，觀察、發現在地生活之美。行程從國際大導演

圖 3-6　今日全美戲院。

李安的夢想地全美戲院（圖 3-6）出發，到臺南市定古蹟大井頭結束。

2. 增廣遊客的眼界，進而尊敬大自然：解說不僅增廣遊客的見聞，能更進一步的認識環境資源，使遊客了解到人類在生物界中所扮演的角色，進而尊敬大自然。如案例－宜蘭福山植物園。

案例 宜蘭福山植物園

福山植物園為亞洲最大植物園區（圖 3-7），位於雪山支脈環擁的盆地間，海拔約 400 ～ 1,400 公尺，常年多雨、雲霧繚繞，採生態承載量管制以降低人為干擾，亦配合野生動物生活習性制定遊客管制措施，所以保有相當完整的天然環境，每年休園 1 個月，讓園區休養生息。

圖 3-7　福山植物園。

在導覽老師的帶領下，可觀察園區豐富的植物資源，園區內常可看見山羌、臺灣獼猴等動物活動，也能見到野豬、穿山甲、食蟹獴與白鼻心等動物活動的痕跡。佈滿日本滿江紅與臺灣萍蓬草的水生植物池，漫步在福山植物園林間步道中，深度體驗大自然的奧妙。

3. **減少環境不必要的破壞**：解說可以喚起遊客在面對自然環境的利用與保育課題時，做出更明智的抉擇，以合理的方式採取行動保護環境，避免環境遭受不必要的破壞。如案例－荒野保護協會「遊說停建北投線空中纜車計畫」。

案例 荒野保護協會 「遊說停建北投線空中纜車計畫」

荒野保護協會為促成「人」與「自然」的和諧與平衡，進而達成永續利用的目標，參與環境議題，其中「北投線空中纜車計畫」聲稱為了解決陽明山國家公園的交通問題，且已於 2006 年動工興建，但自規劃以來，由於對於環境及古蹟可能造成影響，荒野保護協會其間成功遊說停建，防止北投文史古蹟與景觀破壞，減少對野生動植物棲息環境的生態衝擊，最後 2015 年 5 月 10 日，臺北市政府決議不興建北投纜車。

（三）對經營者或當地而言

1. 提升當地知名度增加經濟效益：提升地區知名度，有助於觀光行銷推廣，增加地區經濟收益，促進產業發展。如案例－大稻埕逍遙遊。

案
例　　　　　　　　　　**大稻埕逍遙遊**

1997 年由臺北霞海城隍廟開辦的導覽解說活動，至 2019 年已累積 500 多場次及無數的參與者（圖 3-8）。大稻埕曾是臺北商業文化中心，跨國企業匯聚，從清末到日治初期，大稻埕因茶產業、商業貿易興盛，富商巨賈、豪宅群集，而後經過數十年的沉寂，2000 年臺北市政府實施「大稻埕歷史風貌特定專用區」計畫，有近 300 棟街屋逐步獲得修復，充滿歷史的建築，街道

圖 3-8　「大稻埕逍遙遊」為臺北霞海城隍廟開辦的導覽解說活動。

上匯聚時代的特色，這些豐富的文化資產正是大稻埕逍遙遊導覽解說說不盡的故事。

2012 年成立的民藝埕複合空間，接連引入新型態的書店、茶館、咖啡廳、手作、民藝、選品等風格小店，為街區注入新的活力，也逐漸形成新的產業聚落，融合迪化街老街、古蹟，傳統竹器店、農具店、燈籠店，吸引許多年輕族群與外國觀光客前來。透過創意與文化共享，藝術改變了迪化街屋古拙的風貌，更帶動在地產業氛圍轉型，人潮帶進了商機，也為傳統商品找到新的產銷方式，提升當地知名度增加經濟效益。

2. 喚起民眾以自然或文化遺產引以為榮的自尊與感受：在社區方面好的導覽解說會改善當地的公共形象，引起民眾參與，喚起當地居民以自然或文化遺產引以為榮的的感覺，進而改善公共形象和獲得大眾支持。如案例－韓國徒步旅遊行程。

案例	韓國徒步旅遊行程

是由韓國首爾文化觀光解說員的帶領下，以徒步方式參觀首爾市主要名勝古蹟的免費導覽服務。讓遊客更認識首爾，遊客可以透過電腦版或手機版網頁（dobo.visitseoul.net）免費預約徒步旅遊行程。

首爾徒步旅遊行程主要分為古代文化、傳統文化、近代文化、復原的自然生態、傳統市場等六大主題，設有景福宮、昌德宮、北村韓屋村、清溪川、南山城郭、夢村土城和成均館等 20 條路線以及首爾市廳大樓通通旅遊路線等 3 條常設路線。其中，昌德宮於 1997 年 12 月被聯合國教科文組織登記為世界文化遺產。為保護文化財與自然生態，昌德宮秘苑（Secret

圖 3-9 韓國昌德宮。

Garden）有限制參觀時間與人數，必須上網預約且導覽行程也需跟著導覽員走（圖 3-9）。

請上網找一個導覽解說活動，並指出這個導覽活動有下列哪些導覽解說的功能：
1. 與遊客有關
2. 與環境有關
3. 與經營者或當地有關

二、導覽解說的目標

　　導覽解說首先需具備有解說員（即管理者）、遊客（即解說之對象）與可供解說之事物（即解說之資源）等三要素。導覽解說的目標分別從遊客、資源及解說員等三個層面來探討。

（一）就遊客層面而言

1. **讓遊客壓力得到紓解**：達到脫離緊張與壓迫的職場環境。
2. **獲得豐富與愉悅的體驗與領悟**：達到協助遊客對於其所造訪的地區與景點，產生敏銳的體驗與良好的印象，給予遊客正確的訊息，使遊客得到豐富又愉悅的體驗與美好的回憶。
3. **讓遊客與解說標的物之間達到行為的改變**：喚起遊客對標的物環境的關心，達到有效保存文化風俗、歷史遺跡或自然生態，促使大眾以合理的方式採取行動來保護環境。

案例	墾丁國家公園與社頂社區 生態旅遊夥伴關係

社頂部落為墾丁國家公園內的生態旅遊示範地區，是全臺第 1 個靠自主營運和生態旅遊獲利的部落，並獲得第 3 屆國家環境教育獎團體組特優獎，觀星、賞螢、看鹿等，已成為社頂生態旅遊極夯遊程之一。

以往當地居民一直要求墾管處相關部門，能夠有更多的硬體設施建設，尤其是路燈的設置，更是居民主要訴求的目標。但推動生態旅遊以來，居民認清太多的硬體設施，像路燈的設置雖然可以照亮部落，但卻會影響螢火蟲的生態，打消設置路燈的想法，全力保護這屬於部落的珍貴自然資產，也由於每晚的自發性巡守工作，不但讓參與巡守的解說員能更清楚生物的習性，也間接的保護這些自然資產。

（引用自內政部營建署對墾管處社頂部落夜間生態遊程報導，https://is.gd/yS9aty）

（二）就資源層面而言

1. **文化資產保存**：因社會經濟與環境結構的轉變，許多具有特色的地域文化，如原住民文化、傳統農漁業文化、客家文化、糖業文化等都面臨延續與發展的衝突，透過解說與社區營造的力量結合，落實各地區在地文化資產的動態保存與傳承。

2. **資源得以保護**：經由對環境資源的認識，使遊客從而產生重視資源的保育，促使該地區資源得以保護，減少遊客不當行為所造成環境的破壞，或對資源的衝擊。解說資源在不同季節所產生的變化，正是吸引遊客前來的主要動機，例如臺灣墾丁國家公園擁有豐富而美麗的珊瑚礁生態系，隨著珊瑚產卵的季節，是研究海洋生態的最佳時節。每年墾丁國家公園管理處與中華民國水中攝影協會及臺灣珊瑚礁學會等單位合作，為推動正確的海洋保育觀念，每年在珊瑚產卵季節辦理一系列珊瑚保育活動，並對珊瑚產卵進行實況轉播（圖 3-10）。在這充滿生命力的日子期許透過各形式的活動，將永續海洋資源及守護地球的觀念帶給全民。

圖 3-10　墾丁珊瑚產卵季線上直播。

（三）管理者（解說員）層面

1. 闡述相關的政策、法令與計畫：解說服務提供良好溝通管道，可藉此促成遊客更進一步認識國家政策、法令，對自然資源及文化資產的保存盡一分心力。

2. 遊客直接參與資源經營管理的工作：營運管理機關透過解說活動讓遊客理解該機關設立的目標與現況，並尋求遊客認同，進而主動加入營運管理機關從事志工服務。

3. 塑造良好的形象與溝通橋樑：透過解說活動與遊客建立能夠互動溝通的橋樑，將管理機關的理念以更親近民眾的方式進行宣導，有利管理機構公共形象的提升，使當地居民進一步了解所居住的環境，激發關懷所生存的空間。

第二節 導覽解說場所與時機

　　導覽解說的場所與時機會影響到導覽解說的規劃與品質。導覽解說場所包括固定範圍的場館解說位置及移動式解說；解說時機則是在受到氣候時令影響解說內容與標的，或是受到民俗、文化活動而產生的特定時段導覽解說。導覽前須事先蒐集足夠的資料，以便挑選合適的時間及場所，規劃安全、有效率的解說路線。

一、導覽場所

　　導覽解說場所包括固定範圍的場館解說位置，及移動式解說。

（一）室內展館

　　如博物館、美術館、展場等，需配合展館的開放時間，不易受到日照、下雨而影響導覽解說品質，但仍需注意解說時間點及動線安排，此外，挑選展品的欣賞位置與角度，也可提升導覽解說的品質。

　　如舉世聞名的達文西《蒙娜麗莎》（圖 3-11）是所有觀光客到訪法國巴黎羅浮宮博物館必排行程，畫作前總是站滿觀光客，所以安排導覽解說時間點很重要，可在開館後先前往欣賞《蒙娜麗莎》，避開觀光客人潮。

圖 3-11　羅浮宮蒙娜麗莎。

　　國立故宮博物院每日接待無數各國旅遊團，通常旅遊團會安排上午前往故宮，為了避開觀光客人潮可安排下午前往故宮欣賞、聆聽導覽。

（二）戶外街區、景點、園區

　　戶外導覽很容易受到氣候、交通動線、突發事件等影響。導覽時碰到下雨會影響隊伍行進，故須臨機應變挑選有遮陰空間；街區導覽則會碰到移動空間不順的狀況，如騎樓狹小停滿機車，隊伍移動困難，或是施工圍籬必須繞道而行；森林步道自然生態導覽，則須特別注意安全，例如講解場所避免停留在碎石坡的路段。

案例　　　　　　　　大溪木藝生態博物館

是由韓是桃園市政府所成立的博物館聚落，以大溪木藝發展為核心，擴及和平路、中山路、信義路等大溪老街，目前有 1 號館大溪國小日式宿舍、武德殿作為主要展覽場館，而正在整修中的大溪警察宿舍群，將擴大木藝生態博物館的室內空間，此外館方近年推動「街角館計畫」，與民間店家串連，讓木藝生態博物館的場域擴大，故安排大溪導覽時，

圖 3-12　大溪木藝生態博物館聚落。

需連結老街、日式宿舍、街角館等不同場所，若碰到週末觀光客排隊進入室內場館，或車潮進入老街，都會影響導覽解說隊伍移動及時間掌握（圖 3-12）。
突發事件也會影響導覽解說的時機，原訂導覽解說造訪的店家、景點沒有營業，必須臨時調整解說路線，如歐洲國家工會力量強大，常會發生罷工事件，電車、火車罷工，影響解說時間，或是部分園區員工罷工，無法完成解說。
另外，導覽解說標的有時會是已經被拆除、變形、移位的文化資產，如被拆除的艋舺青雲閣、拆除一半的彰化農會穀倉、被移位的新北投車站，導覽員解說時，就必須更生動活潑、搭配解說工具，讓民眾增添想像力。

（三）交通工具

受限於活動型態及場域，必須於交通工具上進行導覽解說，如野生動物園導覽解說需搭乘具有防護措施的車輛，以防動物攻擊；海洋生態解說可使用漁船、舢舨船或是半潛水船，如宜蘭賞鯨船；都市觀光巴士常於車上準備語音導覽或人員導覽解說，如日本東京的 Sky Hop Bus、新加坡水陸兩棲鴨子船；國外都市導覽解說服務會使用腳踏車或賽格威（Segway）交通工具（圖 3-13），讓導覽解說場所更寬廣。

圖 3-13　澳洲景點使用賽格威導覽。

QUIZ TIME！

你知道臺灣有哪些地方運用單車、獨木舟、機車或其他交通工具進行導覽解說？

二、導覽時機

　　戶外導覽解說須考量氣候與季節，尤其山區、動植物及農漁村的導覽解說行程，挑選適當的季節和氣候都非常重要；宗教與文化活動，臺灣各個原住民族的祭典、各地廟宇舉辦的遶境祭典等宗教活動和節慶都有特定時機。

（一）氣候與季節

　　臺灣位處亞熱帶地區，夏季氣候炎熱，容易遇上颱風、午後雷陣雨，戶外導覽解說需考量遊客對於氣候的忍受程度，可依照狀況調整合適的時間點。生物導覽解說則須配合動植物的活動時間，如導覽夜行性的螢火蟲、飛鼠行程等。山區導覽解說會因為山區氣候變化快速，而必須調整因應，避免任何危險狀況。

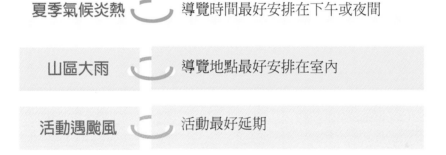

夏季氣候炎熱 ⟶ 導覽時間最好安排在下午或夜間

山區大雨 ⟶ 導覽地點最好安排在室內

活動遇颱風 ⟶ 活動最好延期

　　季節性對於生物及農漁村導覽解說的安排影響重大，挑選適當的季節前往景區聆聽導覽解說，如臺灣冬季東北季風強盛，影響臺灣北部、東北部海岸風景區的遊客人數，不適合安排龍洞、野柳等濱海地質與生態導覽解說。

　　臺灣位處亞熱帶地區，不同季節可欣賞不同的動植物，如農曆 3 月是墾丁珊瑚產卵季節，潛水生態導覽最適合安排在這個時間，欣賞珊瑚產卵的機會較大；美濃黃蝶翠谷舉世聞名，通常端午節前後可看到淡黃蝶大量湧現的奇景（圖 3-14）；8、9 月是花蓮金針花季；冬季棲息於臺南七股的黑面琵鷺、灰面鷲，在每年秋季過境臺灣、春季北返。

圖 3-14　美濃黃蝶翠谷黃蝶翩翩。

　　農漁業依照季節氣候而有不同的農漁活動，臺灣各縣市政府、農委會多依照農漁活動推出相關活動，如春季苗栗桐花季、夏季白河蓮花季、秋季萬里蟹、10 月新埔柿餅節、11 月新社花海節，藉由節慶形式吸引觀光客前往，並以小旅行導覽解說，讓遊客了解農村、漁村的生態與文化特色。

案例　　　　　　　　　金山蹦火仔捕魚

「蹦火仔」是北海岸原住民巴賽族古老的捕魚技法，目前僅存於新北市金山區的磺港漁港（圖3-15），也是全世界僅有的捕魚方式。蹦火仔是運用「電火石」（碳化鈣）遇水產生類似乙炔（硫化氫）的易燃性氣體，以點火槍點燃，瞬間產生強大火光，吸引趨光性強的青鱗魚等。參與這項活動的業者目前僅剩下 4 艘船，已列入新北市無形文化資產。蹦火仔所捕撈的魚種是青鱗魚，每年 5 ～ 9 月份是魚群季節，遊客可搭乘觀光船協同漁船出海，進行金山漁港、地形及蹦火仔的導覽解說。

圖 3-15　金山蹦火仔。

（二）宗教與文化活動

　　宗教活動多數有特定時間、空間，臺灣各地廟宇舉辦的遶境祭典，如大甲媽祖遶境、東港東隆宮迎王平安祭、艋舺青山宮暗訪遶境等，遶境路線會依照當年度爐主頭家不同而決定不同的路線，因此安排導覽解說活動需配合遶境時間及路線，選擇適當的解說地點，避免鞭炮燃放時的危險。

　　臺灣原住民祭典、臺灣燈會、元宵節、龍舟賽、中元節等活動導覽活動，都須在特別的時機點進行。近來新興的批發市場導覽也是須考量時間點，如臺北的中央漁獲批發市場、濱江果菜批發市場、內湖花卉批發市場，為了配合批發市場拍賣時間，導覽解說必須安排於清晨 3 ～ 5 點，才能時看到蔬果、魚貨、花卉拍賣的實景（圖 3-16）。

圖 3-16　中央魚貨批發市場導覽。

你知道我國各地的花季、昆蟲季、侯鳥季、魚汛…各種動植物最適合的觀賞季嗎？

第三節 導覽解說媒體的分類

　　解說媒體是指在解說過程中，傳遞者將訊息傳達給遊客時，所使用的媒介載具。不同解說媒體具有不同的優點及限制，依照接收對象、場所、時機的不同，選擇適當的解說媒體，以簡單扼要、生動活潑的方式，將解說內容充分呈現，讓民眾容易理解，以達到解說的目的。

　　解說導覽媒體分為人員解說與非人員解說兩種類型，整理如下：

人員解說：諮詢服務、活動導覽解說、據點定點解說、講演解說、劇場表演

解說媒體

非人員解說：視聽多媒體設備、解說牌誌、解說出版品、自導式步道、展示設施、遊客中心、解說巴士

一、人員解說

　　以人員作為解說的媒體，是最具彈性、互動性的解說形式，但解說內容則較難標準化，會依照解說員的個人專長、生活經驗而有所不同，且解說人員需花費長時間培養，累積解說經驗，才能成為好的解說員，人員解說型態可分成諮詢服務、活動導覽解說、據點定點解說、講演解說、劇場表演。

（一）諮詢服務

　　諮詢服務，是在特定而明顯的地點派駐解說導覽人員，這些地點通常是公園入口處、收費站、遊客中心的服務臺、服務站或遊客聚集的據點，遊客在這些地方能方便的找到他們，以提供遊客解說導覽各項服務資訊或環境資源，並解答遊客的問題與抱怨，讓遊客瞭解管理單位的設立目標及遵守各項管理規定。

1. 定點諮詢

指風景區、商圈、交通站等固定場所設置的遊客中心或旅遊服務中心，如臺北市觀光傳播局所屬設置於捷運站、商圈的旅遊服務中心、交通部觀光局管轄的各風景區遊客中心等，由公部門委託民間單位經營，或是民間公司經營。這些遊客中心或服務中心設有諮詢櫃檯，由公部門人員、社區志工、學校實習生等負責營運接待，經過事前訓練，對於風景區、商圈等有一定程度的了解，適時提供當地旅遊諮詢服務，解決遊客尋找景點、商家的任何問題（圖3-17）。

圖 3-17　桃園國際機場旅客服務中心。

圖 3-18　韓國首爾問路小天使。

2. 動態諮詢服務

與定點諮詢服務不同，動態諮詢服務人員會在固定範圍內行走、移動，遊客不需移動到遊客中心，即可於景區或商圈內透過動態諮詢服務人員獲得旅遊資訊，如韓國首爾江南區、明洞、北村等各個重要景區，皆有穿著紅色衣服的「問路小天使」（圖3-18），沿路提供中、英、日等不同語言的解說服務。近幾年臺北市及臺南市也開始試辦類似的服務。動態諮詢服務需與定點諮詢服務互相搭配，才能讓遊客充分獲得旅遊諮詢，解決旅遊中發生的問題。

（二）活動導覽解說

活動導覽解說依活動的規劃方式，通常可分為「固定預約式的導覽解說」及「不固定散客的導覽解說」兩種方式。

1. 固定預約式的導覽解說

　　解說員以設計過的路線、景點、內容，針對預約參加活動的團或個人做解說導覽，解說導覽人員可以事先安排規劃與準備，帶領遊客依次序造訪，讓遊客獲得景區的知識與體驗，這是最常見的導覽解說形式，如撫臺街洋樓營運單位舉辦的親子團導覽團（圖 3-19）、臺北市文獻處導覽解說志工隊，旅遊團導遊帶隊等。

圖 3-19　撫臺街洋樓營運單位舉辦的親子團導覽團。

2. 不固定散客的導覽解說

　　在固定時間、地點，遊客從各地於約定時間至定點集合，自由參加導覽，解說導覽人員的解說服務困難度與挑戰性較高。如臺北故宮定時解說、農村社區定時解說、歐洲各大城市的免費街區徒步導覽（Sandemans）等。

（三）據點定點解說

　　在特定時間及地點針對特定展品、風景或活動，舉行的解說服務，此類型解說內容僅止於限定範圍，不需移動、跨區，如臺北市立動物園貓熊區的據點解說員、青田七六市定古蹟的導覽解說服務等（圖 3-20）。

圖 3-20　青田七六據點解說。

圖 3-21　亮點茶莊導覽遊程教育演練課程
講演解說。

（四）講演解說

　　針對主題或結合訓練講習、研討會，邀請專家學者進行演講或授課，能使整個解說導覽更富變化、更為充實且創新，同時協助提供一些解說人員不甚了解的訊息與專長（圖 3-21）。例如各縣市所舉辦的「城市導覽員訓練課程」、國家公園舉辦的「環境解說教育培訓」，都會邀請相關專業資深解說員作講演解說。

　　另外，也有採用研討會演練方式，如「亮點茶莊導覽遊程教育演練課程」主辦單位為協助歷年入選亮點茶莊從業人員提升服務能量，邀請講師講演並透過實務演練深化茶莊從業人員導覽技巧與品質。

（五）劇場表演

　　為了讓歷史、文化更生動地傳達給遊客，常會以表演形式來呈現（圖 3-22），解說員或演員穿著傳統服飾、傳統工具透過現場示範，如宜蘭傳統藝術中心的傳統工藝商店、傳統民俗演出，或結合樂器、舞蹈肢體動作，以劇場形式演出，如臺灣各地原住民部落的劇場、日本伊賀忍者村等。

圖3-22　布農部落休閒農場祈求小米豐收所進行的祭天儀式。

二、非人員解說

　　又稱設施器材的導覽解說，以實體設備工具或網路技術等有形或無形媒體形態，取代或補足人員解說的不足之處，如24小時解說服務，彌補人力，缺點是可能會受限於硬體設備，解說內容有限，無法完全代替人員解說。設施器材的導覽解說通常可分為下列7種：視聽多媒體設備、解說牌誌、解說出版品、自導式步道、展示設施、遊客中心、解說巴士。

（一）視聽多媒體設備

　　透過聲音、影像等設備來傳達解說訊息，可同時傳達給大量遊客，如遊客中心、博物館設置的電腦多媒體導覽系統，或是定時播放的館區紀錄片，遊客可以點擊設備獲得景區或博物館的解說資訊。遊客輸入展品編號，即可透過導覽機聆聽解說內容，如臺北市立美術館的語音導覽機，近年技術提升，遊客甚至可不需要輸入編號，只要靠近展品，導覽機就會自動播放鄰近展品的語音導覽解說（圖3-23）。

　　視聽多媒體器材包括電腦、幻燈機、單槍播放機、電視、光碟機、錄影機、音響以及大型銀幕等的硬體組合，依需要配上不同音效、語言、音樂或原始自然的樂聲等增加效果。

圖 3-23　墾丁國家公園多媒體影片有行動解說員、生態影片及生態旅遊。

（二）解說牌誌

　　解說牌形式包括圖示、標示、照片說明文字等，僅能傳達最簡單的資訊內容，但可長期使用，多置於戶外景區、郊外，或展覽館、博物館等，如臺北市各捷運站的地區特色展示、博物館內展品說明、風景區地理位置地圖等（圖 3-24）。因受限於版位大小，製作成本不高，設置時需注意解說牌的型態、顏色等，不能破壞風景、展品的視覺美觀，並能與其他設施互相配合。例如東眼山森林遊樂區森林步道沿線，有依據早期伐木集材的方式所復舊的工具與設備，配合「集材索道解說牌」讓遊客了解野猿式集材法運輸，複線雙軌教走式運材索道。

圖 3- 24　東眼山森林遊樂區集材索道解說牌。

　　「二二八事件引爆地紀念碑」紀念碑所在地在日治時期，臺北市大稻埕是臺灣經濟重心，延平北路、南京西路附近是臺北最熱鬧繁華之處，德記洋行、天馬茶房、永樂座、蓬萊閣等都是著名商號。因地點限制，碑體以銅刻

碑文方式，詳述當年緝煙事件始末，每年
到了 2 月 28 日，解說牌下就會有人來擺放
悼念的花束（圖 3-25）。

（三）解說出版品

解說出版品是把解說內容以紙本或有
聲影音兩種形式，讓民眾可隨身攜帶、閱
讀，並可搭配人員解說時使用，紙本指的
是摺頁（Brochure）、遊客手冊、導覽地圖、
書籍、海報、遊戲等（圖 3-26），多數遊
客中心、旅遊服務中心、博物館等，都會
準備紙本折頁，讓民眾參觀前能對景區、
展品有一定的認識，或了解觀賞路線。有

圖 3-25　二二八事件引爆地紀念碑。

聲影音包括光碟、卡帶等等，博物館、美術館、風景區出版影音光碟，讓無
法前往的民眾可透過影片認識體驗或帶回家做紀念。

圖 3-26　國立海洋生物博物館的出版品相單多元。

（四）自導式步道

自導式步道通常規劃設置於解說資源豐富的地區及遊客易於到達且行走
安全的地區。如在國家公園內自導式步道大都設於遊憩區或一般管制區內。
自導式步道，遊客行走於解說步道上，除了健身休閒欣賞大自然風景外，同
時可以結合步道上的解說牌誌或隨身攜帶解說導覽手冊、摺頁、解說隨身聽
等，在沒有解說人員伴隨導覽解說下，自行按圖索驥，親自體驗資源的特色，
發覺自然有趣的事物（圖 3-27）。

圖 3-27　東眼山森林遊樂區自導式步道。

（五）展示設施

　　在固定位置及有限空間，依照景區主題，以專業內容及技術設計製作的展示設施，如模型、造景、標本等（圖 3-28），多數陳列於遊客中心或特定風景區、博物館、美術館等顯眼的位置，用以呈現特定主題或展區。一般展示設施包括實體模型、解說鑲板、掛圖、生態造景等以二度空間或三度空間的方式，來表現某一解說主題。

圖 3-28　臺中科學博物館逼真的恐龍加上豐富的互動體驗遊戲，是最佳臺中親子室內景點。

118

  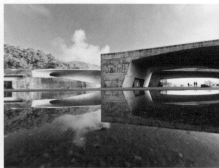

▲車埕遊客中心採日式木造建築。　▲玉山塔塔加遊客中心可以遠眺玉山主峰。　▲日月潭向山遊客中心造型獨特前衛。

圖 3-29　各式遊客中心。

（六）遊客中心

　　風景區如國家公園、國家風景區、國家森林遊樂區都設置有遊客中心（圖 3-29），但規模外觀和提供的服務各有不同，有些遊客中心只有提供 DM 跟播放影片，有些規模較大的遊客中心，不僅有解說員值勤為遊客服務，包括安排簡報、建議旅遊行程及提供各種有關遊憩資訊等（圖 3-30）。如墾丁國家公園遊客中心景點導覽系統，利用影片、圖片、模型、聲音等完整而生動的介紹國家公園之各項資源，為各鄰近學校戶外教學之重要場所。

圖 3-30　墾丁國家公園遊客中心自然資源展示室。

（七）解說巴士

　　公園為了不破壞環境會採取管制遊客自行開車參觀的措施，因此，就規劃解說巴士讓遊搭乘巴士到公園內參觀，而在解說巴士內通常會配置解說人員隨車解說導覽，若無解說人員時則會規劃播放解說錄影帶、錄音帶，配合車速及到達景點，讓遊客搭乘解說巴士時

圖 3-31　武陵農場北谷區深度導覽遊園巴士。

可隨時瞭解景觀資源及各項資訊，如武陵農場的北谷深度導覽遊園巴士（圖3-31）。

三、網路應用

　　隨著光纖、寬頻、無線網路等網路基礎設備建置完備，並不斷提升傳輸速度，載具如手機、平板電腦、穿戴式裝置深入現代人的生活。遊客習慣以網路搜集旅遊資訊、預訂旅遊行程，導覽解說可透過網路媒體來傳達，讓導覽解說增添更多想像空間。

（一）網路地圖與商家景點資訊

　　網路地圖結合商家、景點資訊介紹，是遊客經常使用的旅遊規劃工具。可透過網路地圖、地圖實境畫面找到所需的景點、店家資訊，了解當地狀況，以便安排旅遊行程。Google Map 搭配 Google 商家的功能，可查找店家、景點、交通資訊，估算移動路徑、安排導覽解說路線等，是現代人常用的網路地圖與商家景點資訊蒐尋系統。

（二）導覽解說資訊 APP

　　臺灣各縣市政府、博物館、風景區、夜市為便利遊客，推出導覽解說資訊 APP，把景點資訊、照片、地圖等寫入 APP 內，只要下載 APP 即可取得相關的導覽解說資訊。

| 案例 | 聽。旅行 |

是一款語音導覽解說 APP（圖 3-32），至各景點、景區、博物館時，在此 APP 中找到有興趣的景點、商店、展品，即可播放相對應的語音導覽解說，功能與傳統語音導覽機相同，但不受到時間、空間的限制。

圖 3-32

「聽。旅行」是一款語音導覽解說 APP。

（三）電子書

網路數位媒體可提供大量的資訊，除了文字、照片，更可加入影片，使得解說資訊更加多元有趣，且使用手機、平板電腦等隨身載具即可閱讀，對遊客來說輕便、即時，非常適合旅行時隨身攜帶。如臺灣最大的免費電子書網站讀墨（Readmoo），有提供旅遊工具書、旅遊雜誌電子版（圖 3-33）。中國大陸的旅遊社群網站－螞蜂窩，網站編輯定期推出「旅遊攻略」，將全世界旅遊資訊以電子書形式提供免費下載。

圖 3-33　免費電子書網站讀墨（Readmoo）。

（四）網路影片、網路直播

　　將導覽解說實況以數位相機、手機、錄影機等設備錄製成影片，上傳至網路影音平臺，如 youtube、優酷（yoku）等，可透過網路將解說內容傳遞地更廣。社群網站 Facebook 於 2016 年推出「直播」功能，消費者可用手機將即時的畫面「直播」於個人 Facebook 帳號或粉絲團，透過社群網站的散佈、分享。

（五）手機遊戲

　　以手機遊戲的趣味互動方式讓觀光客更輕鬆、更容易了解觀光風景區，交通部觀光局曾推出「阮的夜市人生」，玩家可遊戲體驗經營蚵仔煎、滷肉飯、雞排、打彈珠等夜市攤，也可在 101、阿里山、日月潭等標的風景區經營自己虛擬夜市。

案例　　　　　　　　　「熊熊谷防衛戰」手機遊戲

喔熊是近兩年臺灣觀光吉祥物，觀光局以喔熊為題設計「熊熊谷防衛戰」手機遊戲（圖3-34），遊戲內容將臺灣特有物種、農特產融入角色中，如代表三星蔥的「衝衝蔥」、拉拉山水蜜桃「蜜桃猴」等角色，搭配臺灣地景，民眾動動手指與喔熊捍衛和平，達到推展觀光的目的。

圖 3-34　觀光局以喔熊為題設計「熊熊谷防衛戰」手機遊戲。

TIPS

名詞解釋

擴增實境：將虛擬元素藉由投影或是攝影機，將影像投射在現實中。藉由虛擬與現實元素的混和，增加我們對世界的認知。

虛擬實境：利用電腦技術模擬立體、高擬真的 3D 空間，使用者以 VR 裝置身歷其境，產生如同在現實中的體驗。

（六）擴增實境

擴增實境（Augmented Reality 簡稱 AR）是將虛擬元素藉由投影或是攝影機，讓螢幕上的虛擬世界能夠與現實世界場景結合，並進行互動的技術，最大特色是藉由虛擬與現實元素的混和，增加我們對世界的認知。最大特色是藉由虛擬與現實元素的混和，增加我們對世界的認知。除了遊戲內容介紹景點之外，玩家實際至各個景區抓寶，造成景區遊客暴增，如北投公園。

案例　寶可夢（Pokemon Go）

2016 年由任天堂授權，美國 Niantic 公司開發營運的擴增實境遊戲「寶可夢（Pokemon Go）」，從遊戲視窗中可看到虛擬實境的寶可夢，捕捉、練功。遊戲中所使用的地圖就是現實世界的實景，地圖中的景點是由另一款遊戲「Ingress」玩家申請登錄，由玩家提供景點照片及文字，讓寶可夢玩家在抓寶的同時，可認識景點（圖 3-35）。

圖 3-35　北投公園因寶可夢玩家而爆紅。

（七）虛擬實境

虛擬實境（Virtual Reality，簡稱 VR）是利用電腦技術模擬出一個立體、高擬真的 3D 空間，讓使用者以 VR 裝置身歷其境，產生如同在現實中的體驗。目前這個技術已可應用在導覽解說，如 Ramble VR 推出的環遊世界導覽軟體，民眾透過 VR 裝置，就可在虛擬實境中動態看到世界各個城市、地區的景色，並搭配遊戲、虛擬人物解說等互動方式，讓遊客不用出國，即可旅遊景點（圖3-36）。

圖 3-36　虛擬實境 Ramble VR 漫遊威尼斯。

四、解說媒體的挑選

不同的解說媒體各有其適合的解說資訊內容，然而選擇解說媒體時，須先考量更多因素，以挑選合適的媒體，達到最佳的解說效益。

（一）解說服務的對象

對象是外國旅客或本地居民？解說內容是否能滿足目標客群的需求？

如風景區預計招攬更多韓國觀光客，風景區所設置的解說牌須增加韓文說明，以方便韓國觀光客閱讀使用。導覽解說的對象是小朋友，規劃解說內容時就必須思考小朋友是否能夠容易了解。導覽解說的對象是外國人，就不能直接將本地居民的解說內容給外國人，因為背景知識不同，理解也會有所差異。

（二）解說媒體的成本考量

解說媒體的購買、製作、設計、印製、安裝、維護保養、人力的成本？效益是否能符合組織的需求？

選擇解說媒體的成本須符合組織的需求效益，成本超過組織能夠負擔的預算，會降低效益。建置多媒體平臺、虛擬實境需花費較多資金成本，民眾使用也需花費時間學習，一昧追求最新的技術，不一定能達成效益。

（三）解說場所

解說場所是否可使用解說媒體？戶外環境是否能使用解說媒體設備？如何保養維護解說媒體？

不同場所有各自的限制，如戶外環境需考量日曬雨淋、用電設施。設備完成安裝後，是否有保養維護的計畫，讓設備能長久使用。

（四）解說媒體操作技巧

解說員是否熟悉使用的解說媒體？要如何操作解說媒體？

如使用互動多媒體 APP、電子書等數位媒體工具，若解說員手機不具備有無線上網功能或不熟悉手機操作介面，最好能事先學習操作熟練度，或選擇其他解說媒體。

PART 2
導覽解說實務與技巧

04

導覽解說環境與設施

遊客中心與展示廳 → 設置地點

遊客中心與展示廳 → 作用

出版品 → 折頁、手冊
出版品 → 地圖
出版品 → 書籍
出版品 → 明信片
出版品 → 有聲書

自導式步道 → 優點
自導式步道 → 缺點

標誌牌示 → 管理性牌誌
標誌牌示 → 解說牌
標誌牌示 → 里程柱

行動數位設備 → 大聲公
行動數位設備 → 錄音機
行動數位設備 → CD 播放器
行動數位設備 → 導覽機
行動數位設備 → QR Code
行動數位設備 → 手機 APP

視聽多媒體 → 電子書
視聽多媒體 → 錄影帶、DVD
視聽多媒體 → 幻燈片
視聽多媒體 → 投影機
視聽多媒體 → 電視牆

第一節 遊客中心及展示廳

一、遊客中心

是專為遊客解說或做展區相關服務的設施，如臺灣國家公園以及特定風景區都會在園區內設置，設施內的解說主要是對整個園區內的地理景觀做全面性的介紹，以便在參觀之前獲得一些基本的認識，同時也進行環境保護、生態保育等相宣導教育。

一些較小規模的休閒農場或私人博物館遊客中心或展示廳通常會設置在服務櫃檯或農場辦公室附近。

案例　墾丁國家公園遊客中心

喔熊是墾丁國家公園具備許多世界級獨特的海洋景觀及地質環境，並有豐富的人文、生態資源。墾丁國家公園管理處「遊客中心」每天有解說員值勤為遊客服務，包括安排簡報、建議旅遊行程及提供各種有關墾丁國家公園資訊，如住宿、日出日落時刻表、潮汐表等等（圖 4-1、圖 4-2）。

墾管處 https://www.ktnp.gov.tw

圖 4-1　墾丁國家公園遊客中心。

圖 4-2　特展區每期有不同的展示主題，如天文、昆蟲、植物、地質等。

案例　澎湖國家風景區遊客中心

澎湖位於臺灣與大陸之間，開發較臺灣早約 400 年，擁有歷史悠久的人文古蹟及得天獨厚之的自然景觀，玄武岩岩漿冷凝收縮破裂產生之柱狀節理，經受海蝕與風化作用形成千變萬化的岩石為最具特色的地質景觀。每年的 4~10 月是澎湖的觀光旺季，遊客人潮洶湧，吸引觀光客從事海釣、浮潛、乘船悠遊各島嶼等活動，澎湖國家風景區「遊客中心」提供澎湖觀光資源導覽解說、旅遊諮詢服務等（圖 4-3、圖 4-4）。

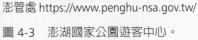
澎管處 https://www.penghu-nsa.gov.tw/

圖 4-3　澎湖國家公園遊客中心。

圖 4-4　遊客中心展示區。

二、展示廳

　　展示廳的形式、規模、空間規劃各有不同，如美術館、博物館依各展館的特性，配合各種不同主題、不同創作方式作不同功能設計的展示；國家風景區園或國家公園則會將該區的資源特色以不同形態展出；私人企業設置的展示廳，則介紹自己企業發展歷程與產品內容，延續保存自家企業的傳統。

案例　澎湖縣望安綠蠵龜觀光保育中心

保育中心不僅提供學術單位進行駐站的研究工作，也是一處現地生態教育中心（圖4-5）。保育中心目前分：綠蠵龜介紹區、龜與人生態展示區、海鳥介紹區以及望安鄉海洋旅遊介紹等等。

保育中心館內硬體設施很完善，進入館內展示大廳，望安自然生態盡收眼底，燕鷗、保育生物紛紛登場。此外，中心館內還有各類型的烏龜特徵辨別、分布環境等資訊介紹及

圖4-5　澎湖蠵龜觀光保育中心，建築酷似海龜造型，是一座現地生態教育中心。

海龜與民間祈福活動「上元乞龜」、歷史文化等相關文化活動訊息。

案例　大稻埕十字軒糕餅舖博物館

十字軒糕餅舖創立於1930年，是一間在大稻埕歷史悠久的餅糕舖，更是臺灣糕餅業歷史發展的縮影，所以在店內設置袖珍型的展示廳（十字軒糕餅舖博物館），復刻呈現餅舖初創時，在地街景的風貌，以凸顯商家糕餅業製造具有悠久的歷史（圖4-6）。館中陳列許多歷史悠久的糕餅模具，讓人回味漢餅糕餅製造業盛行的年代。

相對於遊客中心大型的展示空間，一個主題性的展示空間往往更能吸引遊客的注意與興趣！

圖4-6　大稻埕十字軒糕餅舖博物館。

第二節 視聽多媒體與出版品

一、視聽多媒體

　　導覽解說運用的視聽多媒體，主要利用影像、聲音等設備輔助傳達解說訊息，如影片、錄影磁帶、幻燈片、光碟片，這些設備需配合投影機、電視牆、錄影機、光碟機、大型銀幕等硬體設備，遊客中心、露天劇場或是自然生態教室都常會運用視聽多媒體設備（圖4-7），不僅可以服務大量遊客，也可減輕解說人員的負擔。

圖 4-7　二水臺灣獼猴生態教育館有完整導覽動線、視聽空間、獼猴生態模擬情境、獼猴互動遊戲等多媒體設施。

　　視聽多媒體影音導覽系統可設定成定時播放，如館區紀錄片，也可以設計成互動型設備，讓遊客自行點擊設備，遊客在資訊取得上具有自主權，可以主動獲得風景區或博物館的相關解說資訊。如二水臺灣獼猴生態教育館有完整導覽動線、視聽空間、獼猴生態模擬情境、獼猴互動遊戲等視聽多媒體設施。

　　在許多著名的國家級觀光景點，多媒體影音導覽系統還可以設計成多國語言，以因應國際觀光客到訪的需求。

案例　　　　　　　臺北市立美術館

每年展示活動不只展示館方的收藏藝術品，還會引進國外許多的藝術品，提高展示活動的深度。為了讓民眾了解這些藝術品，展示時需要補充許多作品的創作背景，或是藝術家創作的理念，多媒體影音導覽便是一個很好的資訊載體（圖 4-8）。

北美館當期展覽會規劃會現場導覽服務，依不同內容與導覽需求，提供定時導覽、語音導覽、專家

圖 4-8　臺北市立美術館多媒體影音導覽系統早期導覽機。

導覽、團體導覽等，配合不同展覽，定期推出版本的語音導覽服務。導覽內容包含展覽介紹及作品導賞，還會邀請藝術家親自錄音，分享創作概念，以營造觀眾與藝術家之間的親密感，如 2009 年皮克斯 20 年動畫展就提供免費租借不同的語言的導覽機租借。

二、出版品

　　解說出版品是把解說內容以紙本或有聲影音兩種形式印製或燒錄出版，讓民眾可隨身攜帶、閱讀，並可搭配人員解說時使用。紙本指的是摺頁、遊客手冊、導覽地圖、海報、書籍、影音出版品等。

（一）觀光摺頁

　　一般觀光風景區或景點最常提供的導覽解說出版品就是觀光摺頁，觀光摺頁內常見的資訊有：介紹遊憩景點的位置與交通狀況、人文歷史沿革，及自然環境的季節性動、植物，或其他專題、當地特產等等展示說明，還可以自行編繪當地導覽地圖，作爲參觀周邊各景點的旅遊指南（圖 4-9）。

132

圖 4-9　東部海岸國家風景區三仙臺全區摺頁。

　　觀光摺頁的優點多，所以多數遊客中心、旅遊服務中心、博物館等，都會準備精心設計的紙本摺頁，讓民眾在參觀前能對景區、展品、觀光路線有一定的基本認識。

　　為了達到導覽解說之效果，製作觀光摺頁時，特別會注意色彩、文字、文圖配置、裝訂是否便利攜帶閱讀等，並考量外國觀光客的需求，出版多種語言解說版本。好的摺頁設計，設計精美、圖文並茂、敘述詳細，讓人有收藏保存的意願。

（二）步道地圖

　　附有地圖的解說出版品，地圖多以活潑、可愛，且色彩豐富的方式呈現，易吸引目光，如日本富士（圖4-10）、箱根、伊豆國立公園、臺灣東眼山國家森林公園遊樂區步道圖（圖 4-11），都十分活潑吸引人。

圖 4-10　步道地圖。

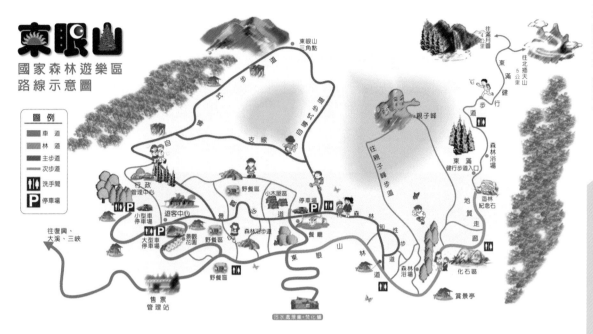

圖 4-11　臺灣東眼山國家森林公園遊樂區步道圖

（三）書籍

　　另外，陽明山國家公園管理處規劃成冊的〈陽明山國家公園步道〉書（圖4-12），利用文字敘述、現場圖片、GPS 地形圖、示意圖、高度落差圖及步道路徑里程說明等多元的導覽資訊，介紹管理處規劃的 18 條步道路徑，提供讀者於出發前能事先規劃路線、行程與時間，可以說是導覽解說資訊較為完整的解說手冊。

賞蝶篇（圖鑑）

陽明山國家公園步道

陽明山賞蝶手冊

圖 4-12　陽明山國家公園步道及賞蝶書籍。

（四）影音出版品

除了無聲的出版品外，還有影音出版品，利用錄音、錄影的技術將大自然的聲音、影像或具特色的影音錄製下來，成為保存文化的最佳解說方式，有聲影音包括光碟、卡帶等（圖4-13）。影音光碟讓無法前往展示區的民眾可以透過影片認識體驗，甚至增加親身前往體驗的意願。

圖 4-13　玉山國家公園影音出版品。

（五）明信片

明信片是最具代表性的旅遊紀念品之一，具有多重宣傳功能的出版品，如臺灣的龜山漁港、蘭嶼、墾丁海洋生物館；日本的姬路城、德國柏林圍牆的兄弟之吻、柬埔寨的吳哥窟等（圖4-14）。

圖 4-14　各地明信片：①臺灣的龜山漁港；②墾丁海洋生物館；③蘭嶼；④柬埔寨
吳哥窟；⑤日本姬路城；⑥德國柏林圍牆兄弟之吻。

國營自然步道

行政院農委會林務局轄下 18 處國家森林遊樂區有 140 條自然步道；內政部營建署轄下 9 座國家公園，都依區內步道特色、長度、難易等特性做分類（級）的步道，及搭配解說標誌牌示的自導式步道。

第三節 自導式步道與標誌牌示

自導式步道通常規劃設置於解說資源豐富的地區及遊客易於到達且行走安全的地區。如在國家公園內一般自導式步道大都設於遊憩區或一般管制區內。遊客行走於自導式步道上，除了健身休閒欣賞大自然風景外，同時可結合步道上的標誌牌示或隨身攜帶的解說導覽手冊、摺頁等，在沒有解說人員導覽解說下，自行按圖索驥，親自體驗資源的特色，發覺自然有趣的事物。

標誌牌示依內容文字、設置地點與目的用途可分為資源性解說牌、地點牌、告示牌、指標牌等。標誌牌示內容要清楚明瞭，且須選擇耐久材料，顏色規格要與環境相結合，維護管理要方便容易，設置地點要適當。

一、自導式步道

自導式步道係指經規劃設計讓遊客徒步行走的步道，沿途設有各項解說主題及解說牌，提供遊客自行閱讀，以認識步道上特殊的人文、自然等事物；或設置有編碼的里程柱、距離指示牌，讓遊客藉由引導指示牌自行循線前進。自導式步道強調體驗性遊程，透過親自體驗融合大自然與歷史人文，使遊客印象更加深刻。遊客在步道行進途中，想多了解景觀或景點，就可以使用自導式步道解說系統，自行閱覽解說內容，擷取觀光景點的知性內涵，體驗與田野自然溝通的樂趣，也是自然環境教育重要媒體之一。

自導式步道上的標誌牌示有下列優點與缺點：

優點：

1. 費用低廉、容易施工、維護方便。

2. 遊客使用方便、全天候服務。

3. 遊客可隨自己的步調享受旅程，不必依賴導覽人員。

4. 提供偏遠及交通不便地區的解說服務，可透過此方式分散團體，以減少對環境之破壞。

5. 可以補足解說人力資源的不足。

缺點：

1. 解說牌單向被動、內容較單調，不易加入聲光效果。

2. 無法滿足遊客好奇心與興趣，觀念較難傳達給遊客。

3. 自導式步道解說系統內容固定，無法視解說對象調整解說內容。

4. 難以掌握遊客興趣，容易使遊客覺得乏味。

5. 無法提供具時效性的自然景致說明。

6. 容易造成景觀汙染。

案例　芝山岩的自導式步道

位於臺北近郊士林的芝山岩，雖只是一座標高 52 公尺位在陽明山腳下的小山丘，但是考古發掘出史前芝山岩文化、圓山文化等 7 個文化層的考古遺跡，使臺灣歷史可上推約 4、5 千年，所以被列為國家古蹟。

芝山岩的步道設施建構相當完善（圖 4-15），為了保護特有的自然風貌、歷史文化遺跡（圖 4-16），不讓人們任意踐踏破壞，特地修建了架高步道，其兩側還有圍欄的環山無障礙棧道，有如蜘蛛網般鋪設在整個山丘上，讓遊客可以和緩步行，迂迴繞行整個山丘，欣賞不同位置的環境景觀。

棧道材質是塑料枕木加上防滑鋁條，步道軟硬適中有彈性，寬闊而平緩，行走其上舒適而不費力。步道兩旁處處設有景觀解說牌，圖文並茂，有如在大自然的教室中學習，值得大家前來細細品味。

圖 4-15　芝山岩自導式步道與解說牌。

圖 4-16　「蛙蛇石」解說牌，因在西隘門上方，形似蛇頭、蛙身，上石如蛇張口，下石如蛙欲跳，看來猶如蛇將撲前食蛙。內政部已於 1979 年指定為三級古蹟。

二、標誌牌示

　　管理單位在自導式步道沿線適當的地點所設置的解說牌及方向指示等牌誌，會以圖解及文字，說明附近的自然人文景觀或具教育意義的現象。標誌牌示廣泛地說包括圖示、標示、照片說明文字等等，依功能可區分為解說牌誌及管理性牌誌兩種。

　　管理性牌誌的主要功能在引導遊客在環境中的行為，使遊客得以很輕易地明瞭、並遵循管理單位對於資源的規劃；解說牌誌則已進步到只要用手機直接掃描解說牌 QR Code，就能聽取語音導覽的功能。

（一）解說牌誌

　　解說牌常用來作為基本資訊和地點的說明，如人文史蹟、動植物棲地生態及自然景觀等解釋其特性或演進的過程。解說牌的設計製作應考慮字體、顏色與環境的配合，並考量遊客閱讀習慣，盡量簡短易讀，遊客平均閱讀解說牌的時間為 20～30 秒。常見的導覽解說牌誌標示，大致上有：景點入口標誌、景點平面地圖解說牌、人文古蹟解說牌、景點特色資源解說牌、方向指示牌、里程柱、警告禁止告示牌、互動式解說設施等等（圖 4-17～圖4-28）。

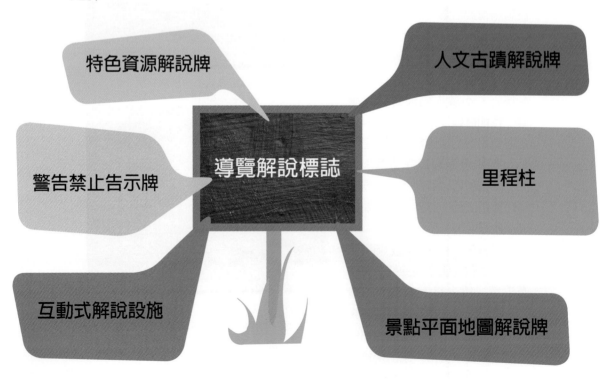

導覽解說標誌

特色資源解說牌

圖 4-17　大屯山火山群位於磺港漁港後面那排山，為目前臺灣島上保存最完整的火山活動遺跡。

圖 4-18　孔子岩位於綠島東岸海灣北岬直立的海階崖下，有一獨立的尖狀海蝕，外型像似孔夫子面壁思過，地方人名為「孔子岩」。孔子岩為海蝕及風化作用所造成的岩頸地形。

警告禁止告示牌

圖 4-19　谷關工務在臺 8 臨37線（中橫便道）地質脆弱的中橫便道，設置警告告示牌，提醒開車民眾要注意落石。

圖 4-20　瑞芳海岸地區釣魚需穿著救生衣及防滑釘鞋，颱風警報時為警戒區域、風力達 8 級時禁止釣魚，違者受罰。

互動式解說設施

圖 4-21　小野柳地質解說互動式電子書，手掌移到感應臺上方，即可翻閱電子書。書內介紹小野柳的地質地貌，及岩石的知識。

圖 4-22　內洞森林遊樂區的互動式解說設施。

導覽解說標誌

人文古蹟解說牌

圖 4-23　徐宅 - 為寶藏巖聚落最早遷移定居於此的 6 戶之一，也是第一任鄰長的住所。

圖 4-24　黃氏節孝坊位於臺北市的 228 和平紀念公園內，落成於 1882 年，超過百年歷史以上，是中華民國直轄市定古蹟。

里程柱

圖 4-25

南澳古道每隔 0.5 公里設立 1 個里程柱，清楚標示路程的行進。

圖 4-26

谷關東卯山為雪山山脈，主峰山形尖銳，赤岩裸露山勢巍峨，聳立於東卯溪和大甲溪匯流河谷。每隔 0.5K 的里程標示柱。

景點平面地圖解說牌

圖 4-27　武陵農場遊憩圖－武陵農場天然景觀獨特，隨著四季更迭有不同的風貌，遊憩圖詳細標示從武陵賓館、茶莊、觀魚臺、武陵山莊到桃山瀑布的路線與坡度。

圖 4-28　富源社區客家風情之旅導覽圖－富源社區位於花蓮縣瑞穗鄉馬蘭鉤溪的沖積扇平原，土地肥沃、山明水秀，擁有豐富自然資源。

（二）管理性牌誌

則可分為指示、警告、管制及意象牌誌四種。傳達最簡單明瞭的資訊內容，又可長期使用，多置於戶外景區、郊外，或是展覽館、博物館等，都具有重點提示、可重複提醒說明的功用（圖4-29）。

圖4-29　管理性牌誌的主要功能在引導遊客在環境中的行為，使遊客得以很輕易地明瞭、並遵循管理單位對於資源的規劃。

三、導覽解說牌的功能

1. 帶有趣味性的文字與圖說較易引遊客閱讀的興趣，引發興趣與認知，主動地體會環境資源的特色。

2. 室內導覽解說牌能導引遊客深入其境深刻體會到藝術品想表達的意象，寧靜中又可以細細品味展示物品的內涵資訊，也可避免遊客參觀時相互干擾。

圖4-30　新北市貢寮區的卯澳漁村，只要用手機掃描景點導覽圖上的 QR Code，就可以連結到語音導覽網頁，帶領民眾進行深度探索。

3. 可便利輕鬆聽取語音導覽，很多導覽解說牌都會加上 QR Code，民眾只要用手機直接掃描解說牌 QR Code，就能聽取語音導覽，輕鬆漫遊（圖4-30）。

第四節 行動數位設備

　　隨著資訊科技發展，導覽解說的工具已逐漸從用大聲公、錄音機或 CD 播放器，轉變為導覽機及手機行動導覽。目前以手機的行動導覽方式，是透過讀取 RFID 或 QR Code，下載展覽品相關的資訊，如果展覽場處於網路使用尖峰、塞網的情況時，就會導致下載困難，甚至互相干擾（圖 4-31）。以下介紹導覽解說常見的行動數位設備：

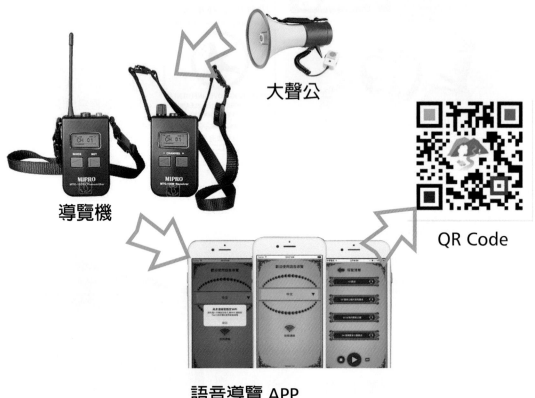

大聲公

導覽機

QR Code

語音導覽 APP

圖 4-31　導覽解說設備演變。

一、行動導覽APP

　　隨著智慧型手機的普及，APP 已逐漸取代傳統的導覽器、紙本手冊、網頁，成為新的訊息傳播媒介。

　　觀眾可以跟著不同參觀路線，設定 APP 的導覽介面，主題式觀看特定展品，使參觀經驗更深入。

案例

國立臺灣歷史博物館導覽 APP

位於臺南的臺灣歷史博物館佔地很大，搭建的實景彷彿身歷其境。臺灣歷史博物館提供的導覽設備非常詳盡、有趣，也有互動性導覽 APP（圖 4-32 ～圖 4-35），透過館內精選的 37 個導覽點，可以讓民眾完整了解臺灣歷史，例如想知道生活在臺灣這片土地上，各個族群的生活方式，也可以挑選解謎導覽做挑戰；想尋找博物館中的文物怪，可透過 AR 技術來抓寶！

圖 4-32　「臺史博任意門」互動導覽 APP 可在博物館地圖上查看當期展覽、文物介紹以及各項活動。

圖 4-33　選擇互動導覽。

圖 4-34　透過解謎導覽來挑戰自己。

圖 4-35　成功即可獲得趣味拍照框景。

國立臺灣科學教育館成立於 1956 年，為全國唯一國立科學教育中心，原館舍位於南海路「南海學園」內，2003 年間搬遷至士林新館現址。館內常設展區包含生命科學、物理、化學、數學與地球科學等。

在科教館內開啓行動裝置的網路、藍芽裝置，即可透過「科教館行動導覽 APP」（圖 4-36）提供的定位導覽即時偵測所在位置，提供導覽路徑指引。此外，也提供多元導覽，可依「主題」選擇提供學習路線與其對應展品資訊，或依「時間」提供學習路線與其對應展品資訊的設時導覽，當然也可自由設定參觀路線，查詢展品資訊。「情境步道」以實境解謎方式讓觀眾可在劇情背景之下與展品解謎互動，讓看展變得更刺激、更有趣！

圖 4-36　「科教館行動導覽 APP」曾榮獲 2016 資訊月百大創新產品競賽數位內容類的創新產品獎！

案例　　陽明山國家公園行動導覽 APP

「陽明山國家公園行動導覽」APP 結合地圖及 GPS 定位，針對園區內各遊憩據點、步道路線、解說牌示、單車路線、公車即時資訊、停車場、即時影像與天氣、及行動解說員（影片）等，提供適時適地的即時資訊，讓遊客體驗一機在手、智慧暢遊陽明山國家公園的樂趣（圖 4-37）。

圖 4-37　「陽明山國家公園行動導覽」APP 程式除了中文還有英、日文多國語言介面，可供外國朋友選擇使用。

 陽明山國家公園行動導覽 APP

二、QR Code二維條碼

利用手機掃描 APP 掃描 QR Code 二維條碼，即可連結搜尋的公開資料（圖 4-38）。

圖 4-38　掃描陽明山國家公園 QR Code，連結陽明山國家公園公開的文字、圖片及影音等資訊，可深入了解陽明山的人文、環境、生態、物種等等資訊。除了網站可找到 QR Code，也可在園區木樁上找到 QR Code。目前陽明山園區各步道共設置有 10 類解說樁，各類解說樁有各自代表的族群。

請同學記錄你使用行動數位導覽的經驗和心得：
1. 體驗地點名稱：
2. 體驗的內容：
3. 體驗的步驟：
4. 體驗心得分享：

memo

date

05
導覽解說員的特質與工作

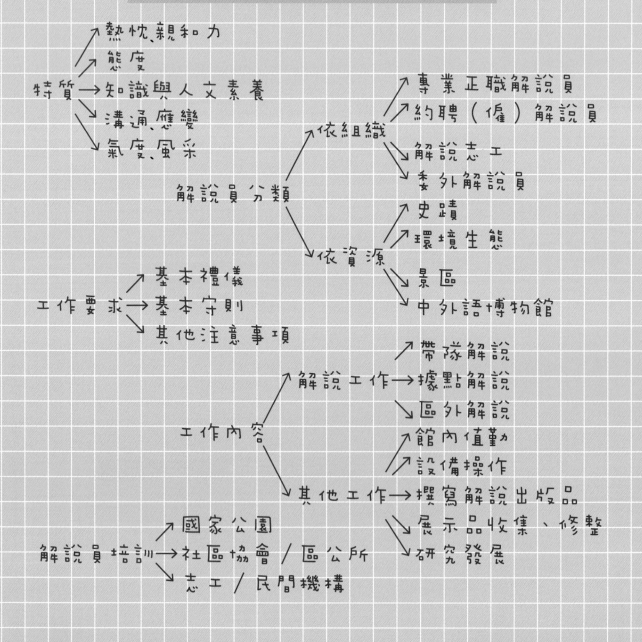

特質 → 熱忱、親和力
　　　　態度
　　　　知識與人文素養
　　　　溝通、應變
　　　　氣度、風采

解說員分類 → 依組織 → 專業正職解說員
　　　　　　　　　　　　約聘(僱)解說員
　　　　　　　　　　　　解說志工
　　　　　　　　　　　　委外解說員
　　　　　　　依資源 → 史蹟
　　　　　　　　　　　　環境生態
　　　　　　　　　　　　景區
　　　　　　　　　　　　中外語博物館

工作要求 → 基本禮儀
　　　　　　基本守則
　　　　　　其他注意事項

工作內容 → 解說工作 → 帶隊解說
　　　　　　　　　　　　據點解說
　　　　　　　　　　　　區外解說
　　　　　　　　　　　　館內值勤
　　　　　　　　　　　　設備操作
　　　　　　其他工作 → 撰寫解說出版品
　　　　　　　　　　　　展示品收集、修整
　　　　　　　　　　　　研究發展

解說員培訓 → 國家公園
　　　　　　　社區協會/區公所
　　　　　　　志工/民間機構

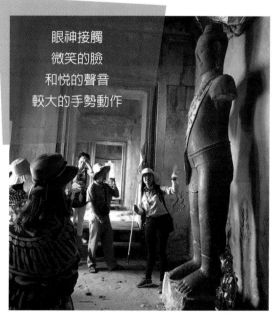

第一節　導覽解說員的人格特質

　　導覽解說員是一個需要面對群眾的工作，面對遊客的冷漠態度或五花八門的問題，是否有足夠耐性去引導和解釋，取得遊客信任？遇到突發狀況，是否能夠冷靜妥適的解決問題？

　　解說員是解說工作的靈魂人物，說話是門藝術，如何把自身吸收到的知識轉換成每個人都懂得的語言，這些都是當一個導覽解說員所需具備的人格特質。

　　導覽解說技巧在某些「程度上」是可以經由學習而獲得，並逐漸熟練的，但基本上解說員要具備一些特質，如熱忱與愛心、自信心、豐富的解說知識、令人愉悅的外表和風采等，才能與遊客產生互動、溝通的解說效果。

　　解說員是解說工作的靈魂人物，遊客會從其舉手投足間傳遞的資訊，作為認識環境的管道，解說工作重要性可想而知。解說技巧可以經由訓練和學習獲得，以下說明解說員應具備的幾項特質：

一、熱忱與親和力

　　導覽第一印象非常重要，笑容會是最好的開場白。當解說員要有熱忱，有熱忱慢慢就會投入，練就出好本事。熱忱與親和力，可以打開遊客的冷漠、害羞或封閉的心，贏得對方的好感與信任，很快拉近距離，使解說工作順利進行。解說員要多用微笑的臉、和悅的聲音及手勢動作，展現高度熱忱與親和力，帶動團隊的愉悅氣氛，帶給遊客具有溫馨效果的解說和學習效果（圖5-1）。

圖 5-1　友善熱忱與親和力能夠拉近遊客的距離。

二、自信謙虛的態度

　　自信心來自於解說員本身對解說及專業知識的認知，更來自成熟穩健的人格。解說時聲音自然清晰、表達明白展現自信，就能正確的說明解說的主題，也較易獲得遊客的認同。加上以謙虛的態度接納不同聲音，透過表情、聲調、肢體動作展現自信的語氣、不卑不亢的身段、誠懇的臉色、服務的精神，與遊客進行溝通，更能獲得遊客好感度，展現出個人特質與風格（圖5-2）。

自信又謙虛的態度，獲得遊客認同與讚許

圖 5-2　自信的解說通常很容易就可獲得遊客的認同，吸引注意力。

三、豐富的知識與人文素養

　　具有豐富的基礎知識和深厚的人文素養，是成為優秀解說員的前提。知識素養靠平時不斷的閱讀累積、學習與自我充實，解說知識學無止境，須多方涉獵歷史、自然、藝術、音樂、文學、天文等領域資訊，不斷充實知識，才能讓解說內容更加精彩與豐富，對於遊客提問時才能從容以對（圖 5-3）。

　　術業有專攻，碰到不知道的事物時，應該誠實以對。不知爲不知，無須爲了掩飾，提供沒有查證確實的解說內容，以致解說內容浮誇不實。

圖 5-3　多參加其他解說員的導覽，觀摩並吸收別人的長處與技巧，可增加專業知識。

四、溝通與應變能力

　　解說對象因不同背景、年齡、種族、職業，需求各有所差異，解說員須站在遊客角度思考，建立一個良好的溝通橋樑，提供整體、創意且具啓發性的解說，引領遊客對環境產生認同感。

　　導覽過程遊客問題五花八門，必須隨時準備接招，機智的臨場反應，若遇突發狀況，解說人員應保持鎮定，釐清問題眞相，妥善處理。

五、優雅的氣度和風采

　　解說人員給遊客的第一印象很重要，故衣著大方、整潔乾淨的外表，是具備要件之一。整齊穿著和愉悅神情可以展現解說員優雅氣質和風采，拉近遊客與自己的距離，也爲專業形象加分，因此應隨時注意自己的穿著、容貌、動作和習慣。

　　總體而言導覽解說員具備的特質，要心中充滿喜悅並待人和善熱忱，以積極的態度面對解說景點與遊客，靠解說員的知識、想像力、經驗、表達及

TIPS

增加專業知識小撇步

1. 多參加其他解說員的導覽，觀摩並吸收別人的長處與技巧。

2. 針對特色資源加以研究和研讀相關論述並定期更新資訊。

3. 親身體驗與查訪。

4. 向解說員前輩學習、與參觀者互動，透過教學相長，增加專業知識。

好的解說員條件

1. 想成為一個好的解說員，首先要瞭解自己的個性是否能夠勝任愉悅？

2. 解說員要懂得觀察人群的特性，有人只想走馬看花，有人則是想深入了解，要加以熟知，才能適得其所。

3. 善運用技巧，站在別人的立場為別人想，同時也要具有客觀性。

4. 對於抱怨之處理，應謹慎並妥善運用技巧，站在別人的立場為別人想，同時也要具有客觀性。

魅力來吸引遊客。須具備終生學習的動力，隨時將現況時事加入解說中與遊客分享累積的智慧和經驗；要善解人意並尊重遊客的想法，態度謙和，不要為了滿足自身的虛榮心而教導遊客太多事物。

你是否具有導覽解說員的人格特質？請在校園找一個標的做練習，如：建築物或植物，並主動為同學導覽介紹，詢問別人對你的反應。 **QUIZ TIME！**

第二節　導覽解說員的分類

依照《國家公園法》第 22 條規定：「國家公園管理處為發揮國家公園教育功效，應視實際需要，設置專業人員，解釋天然景物及歷史古蹟等，並提供所必要之服務與設施」。

另外，《發展觀光條例》第 2 條第 14 款有關專業導覽人員的條文解釋：「指為保存、維護及解說國內特有自然生態及人文景觀資源，由各目的事業主管機關在自然人文生態景觀區設置之專業人員」。

所以在臺灣各地的國家公園或是觀光古蹟景點，都會編制專職的解說員，或是募集解說義工以及特約解說員來從事導覽解說工作。

解說員是解說的靈魂人物，再好的解說告示牌、解說媒體，都不如解說員的解說導引。導覽解說員的分類可依組織編制分類或以資源層面做分類。

一、組織編制分類

依各單位組織編制與需要，導覽解說員大致可分為正式解說員、約聘（僱）解說員、解說志工及委外解說人員等四大類別。

1. 專業正職解說員

依政府相關之組織編制核定之員額，經由國家考試合格而任用。在政府機關內從事解說導覽業務之正式職員，其工作與管理是受公務人員相關法令的保障與規範；或依聘用人員任用條例任用之專業人員。

2. 約聘（僱）解說員

是各政府機關依解說導覽業務之實際需要，自行舉辦甄選錄用的人員，為實際從事解說導覽工作的人員，大都是一年一聘。約聘（僱）解說員雖非正式的公務人員，工作與管理亦受公務人員相關法令的規範。

3. 解說志工

各機關依據政府志願服務法之規定，甄選社會大眾具有專長及熱愛解說服務工作的社會人士，施以短期專業訓練，或是就社會各專業層面的需求進行招訓，並依相關服勤規定安排假日或平常日擔任解說人員，又可稱為義工或志工。

4.委外解說人員

各單位機關依解說服務工作之需要，編列經費徵
求解說人力派遣公司，派遣具解說專長與能力的
人員，進駐機關協助辦理解說導覽工作。

二、依資源層面

從本書第二章的導覽解說資源介紹中，可以了
解凡具有潛在價值，或保育及學術研究價值，得作為
解說之景觀，即是解說資源。

解說員依解說資源的對象，或是解說單位的特
性可以加以區分為以下幾類：史蹟解說員、環境生態
導覽解說員、中外語博物館導覽、景區導覽解說員
（在地觀光文化導覽解說員）。

（一）史蹟解說員

史蹟解說員須了解地方性、區域性、國家性的
歷史，以及史蹟文物保存、地方歷史源流還有地方民
俗文化概論等相關知識，在任何情況下，都能表達準
確，讓遊客覺得有趣和深得要領。

為了要提供遊客精確的資訊與廣泛的話題，解
說員需要不斷的研究和準備，例如：經常閱讀有關人
物留下的日記、旅行日誌、書信；和地方耆老交談，
了解事件發生的經過；多找當時留下來的報導和著作
和學術期刊印刷品；參加相關的研討會等。對於同一
件事，必須多元蒐集不同來源，並加以評估，而不要
只陳述事實、日期。

古蹟在視覺上只是建築物和景觀而已，如何將
當時的情景用栩栩如生的方式再度建構出來，使古蹟
變得活生生起來，讓民眾身歷其境仿如回到歷史當年

的景象，則有賴解說者的功力。解說員透過文字、圖片搭配當地傳說與歷史小故事，協助遊客想像過去曾經發生的事，建構出當時的時空背景。

案例　　　　　大稻埕逍遙遊 -1

大稻埕逍遙遊的導覽行程是自 1997 年開始，由臺北霞海城隍廟發起，至今已超過 20 年，約舉辦過 400 多期的在地免費導覽活動，是想要了解大稻埕的歷史一個很好的途徑，在導覽老師的導覽之下，可以對大稻埕的文化歷史有更多的理解，有更深的體會。

「大稻埕逍遙遊」導覽活動每個月 2 次，分別由莊永明老師（民俗專家）及葉倫會老師（前海關博物館館長）帶領，徒步大稻埕，認識大稻埕的歷史景點，名勝古蹟及歷史發展。「大稻埕逍遙遊」導覽活動雖是同一導覽行程，卻能夠持續舉辦超過 20 年，除了主辦單位臺北霞海城隍廟的大力支持之外，主要還是莊永明及葉倫會 2 位資深導覽老師的長期奉獻，其精神令人敬佩，更是身為導覽後進一個學習的榜樣。

大稻埕逍遙遊導覽路線

大稻埕慈聖宮→甘州街大稻埕長老教會→葉家古宅（現為保安街星巴克）（圖 5-5）→王有記茶行→二二八事件紀念碑（圖 5-6）→李春生紀念教堂（圖 5-7）→李臨秋的故居→陳天來的錦記茶行（圖 5-8）→臺北霞海城隍廟（圖 5-9）→屈臣氏大藥房（圖 5-10）

圖 5-5　葉家古宅

圖 5-6　二二八事件紀念碑。

TIPS

文史達人葉倫會老師

葉倫會老師出身純樸的桃園濱海鄉間，大學自國立臺灣師範大學國文系畢業之後便擔任公職，並於海關成立博物館之後擔任首任海關博物館館長。

1997 年起開始受邀擔任臺北霞海城隍廟大稻埕逍遙遊導覽志工，之後陸續開闢大稻埕老街、萬華史蹟巡禮、臺北雙連打鐵街巡禮、臺北城開心史蹟等等導覽路線，並接受各界導覽邀約，至今已累積相當多導覽及演講的場次。

圖 5-11　葉倫會老師

案例　　大稻埕逍遙遊 -2

圖 5-7　李春生紀念教堂。

圖 5-8　陳天來的錦記茶行。

圖 5-9　臺北霞海城隍廟。

大稻埕逍遙遊導覽解說－屈臣氏大藥房

由李俊啓興建於 1917 年。李俊啓取得香港屈臣氏在臺灣地區的代理權，以批發進口西藥為主，1996 年曾發生火災，房子內部的木造結構燒得精光，僅剩下石材打造的立面外牆。在 2005 年被臺北市文化局列入市定古蹟。因此不得以拆除重建的方式來修復，最後由屋主的子孫李永崇（建築師）負責整修營繕工程，終於讓這座擁有近百年歷史的「屈臣氏大藥房」浴火重生，回復往日風貌。

圖 5-10　大稻埕迪化街屈臣氏大藥房今昔對照，左圖昔日老照片，右圖今日現況。

TIPS

外語文史達人－
何良正老師

何老師是牙醫師退休，精通英、日語，投入中外語史蹟導覽已經 20 多年。當年因緣際會上過國語日報鄉土教育的課，從此成了他日後埋首史蹟文化研究的啟蒙，在保安宮當志工期間，更參與許多獨特經歷，如「換鐘儀式」從到日本琵琶湖選鐘到整個儀式過程更是令人難忘，也曾為許多國際重量級的貴賓、國外學界、建築界和文化藝術專家學者導覽解說。

由於解說幽默風趣、生動活潑，因此常接受外交部重任，指定何老師為外賓導覽員，在解說行程中常會聽到外國人對臺灣歷史古蹟的讚譽。何老師更希望將經驗傳承培養更多外語導覽解說員，將臺灣歷史古蹟之美，傳達給更多外國遊客。

（二）外語史蹟導覽員

透過外語導覽讓臺灣的史蹟之美傳達給國外遊客，這是外語史蹟導覽員最高的期許與境界。

案例　何良正老師的導覽解說－1

當西方心臟外科醫師遇到保生大帝

大龍峒保安宮為全臺最大祭祀保生大帝的廟宇。2008年瓜地馬拉副總統艾斯巴達（Dr. Rafael Espada）參訪保安宮，由何良正老師負責接待導覽，何老師接到這個導覽行程時，已對艾斯巴達副總統個人經歷做過調查，因副總統原是位心臟外科醫師，因此介紹保生大帝是「The deity of Medicine」就是臺灣的醫學之神（圖5-12），而信眾參拜保生大帝就是求身體健康，透過何老師的翻譯，讓艾斯巴達副總統能輕易地理解保生大帝的重要地位了。

圖 5-12　何良正老師（左二）為瓜地馬拉副總統艾斯巴達導覽解說保安宮。

廟宇的燕尾英文要怎麼翻？

廟宇屋頂正脊尾端突出且往上揚，形狀有如燕子的尾巴，因此稱為「燕尾」，但英文導覽不能直接翻譯，何良正老師以「東方廟宇上揚的燕尾，就像哥德建築高聳的尖塔，離上帝比較近。（The roof of the temple has a "swallow tail shape ridge" extending to the sky, resembling the high steeple of Gothic architecture which is nearer God.）」，讓外國人能輕鬆體會建築的意境，進而能欣賞臺灣古蹟廟宇之美（圖5-13）。

　　但如何成爲一個外語史蹟導覽員？首先須具備外語能力，英語、日語或其他語言；累積專業知識，了解臺北三大廟大龍峒、保安宮、艋舺龍山寺以及行天宮的中文文獻及史蹟文化內涵；語言加上專業知識之後須參加課程培訓，將各國外語帶進來術語與轉換解說技巧。

圖 5-13　廟宇屋頂正脊尾端突出且往上揚稱為燕尾。

「憨番扛大杉」的憨番英文有這個詞嗎？

「憨番扛大杉」的憨番，用西方人能懂的語言就是 Western stupid barbarian（圖 5-14），跟虎門屋簷上的泥塑西洋人（圖 5-15），男生穿西裝，女士穿著洋裝，狀似幽雅的頂著廟角，英語 Lady & Gentleman 很適切，東方憨番 VS 西方憨番異曲同工，令人莞爾一笑！

廟宇建築，把人物造型拿來當承擔重物的支柱，「憨番」扛大杉，在屋簷下、樑下或柱頭，扛大杉，有鞏固廟宇及分散樑或柱重量的效果。「憨番」傳說是荷據時引進的黑奴，如同我們現在臺灣本地僱用「外籍勞工」，因為黑人天生有蠻力，力氣大可以勝任「扛」的工作，所以修築廟宇的匠師把這種塑像放在牆頭上，以支撐沈重的屋角。也有傳說「憨番」是建廟師傅用來修理討厭的人。

圖 5-14　「憨番扛大杉」的憨番英文 Western stupid barbarian

圖 5-15　虎門屋簷上的泥塑西洋人 Lady & Gentleman

TIPS

段成龍

　　機械研究所畢業後，因工作需求，1999 年移居臺南，從事電子製程相關工作。後來，因熱愛生態平衡與環境，致力推廣以徒步行走臺南特有的潟湖海岸線，並進而認識與親近臺南這塊土地。

　　2012 年荒野協會臺南分會第 6 期解說員結訓後即投入各個定觀點解說導覽工作。2014 年跟隨臺灣海洋環境教育協會帶領的徒步海之濱活動，展開 67 天順時針徒步環島，環島之後，每天面對海之濱的美麗與哀愁，發現需要花更多時間去認識這個寶島。

　　現為臺南市海洋精進教育講師、荒野協會臺南海洋環境教育講師（第 8 ～ 12 屆解說員訓練）、第 1 ～ 3 屆成大海洋生物暨鯨豚救援中心志工研討會總召及講師（圖 5-17）。

圖 5-17
段成龍老師。

案例　何良正老師的導覽解說－2

何老師也是資深日語導覽老師

何老師也是資深日語導覽老師，在進行日語導覽行程前，會針對建築特性及中日文術語做足功課。日本當代建築大師伊東豐雄參訪大龍峒保安宮時，就是由何老師負責導覽，大師對何老師解說的建築概念與壁畫、斗拱、藻井、交趾陶（日文：交趾燒 Koji Yaki）、木雕、石刻、彩繪、剪黏等雕刻藝術（圖 5-16），都相當認真聆聽並觀察入微，大師更是對宮內 36 尊雕工細緻、栩栩如生的官將神像駐足欣賞許久。

交趾陶

交趾陶

木雕

石刻

圖 5-16　保安宮的各式雕刻藝術。

二、環境生態導覽解說員

　　國際生態旅遊學會對生態旅遊的定義是：「生態旅遊是一種負責任的旅遊，顧及環境保育，並維護地方住民的福利。」

　　環境生態導覽解說員不僅要具備動植物及昆蟲辨識、天文星象觀察、生態資源、特殊景觀介紹、特有生物自然生態史等相關專業知識。同時還肩負教育遊客尊重自然生態環境，提供遊客直接參與環境保育的行動，希望遊客從互動過程中得到喜悅、知識與啓發。

案例　親海小旅行臺南潟湖體驗趣

以徒步旅行兼生態導覽的方式認識臺南潟湖外海沙洲之濱海，其範圍北從嘉義交界的雙春、新北港汕、馬沙溝、青鯤鯓扇弧、青山港汕、頂頭額汕、尖仔尾沙洲（臺灣本島極西點）、南至鹿耳門溪南沙灘。

扇形鹽田為臺灣獨一無二的鹽田景觀，位於扇柄處的鹽工宿舍，好似控制中心，可隨時觀望近 90 度的曬鹽工作與環境監控，在電解精研技術大量普及前，鹽糖乃高級經濟作物，以鹽工宿舍為核心向外發散成扇形鹽田，為臺灣製鹽總廠在戰後唯一填平內海和沙洲開闢而成，可說是唯一且最優美的鹽田。

2002 年停止曬鹽業務，自產曬鹽從此走入歷史，由給水溝、排水溝、給鹵溝及產業道路向外延伸所架構出扇形的鹽塭樣貌，恰巧形成潮間帶生物的歡喜地，苔魚蝦貝蟹，增添了不同的色彩。

青鯤鯓扇弧海濱之旅，沿著岸際而行，雙腳踏上這扇弧海濱，從靜謐的青鯤鯓至現代化的將軍港，20 年來，連綿的護沙工程阻擋不了犀利的浪潮，在沙源不足的狀況下，一層一層剝離原有的沙丘成峭壁，外圍沙丘持續流失，一波波浪頭所帶來的海廢前仆後繼般就在眼前，在享受扇形鹽田濱海的同時，回程順道淨灘，歡迎熱血的各位一起加入我們的行列。

導覽路線

08：00 將軍漁港管理站集合→接駁至青鯤鯓北堤（緯：N23.183736 度，經：E120.070740 度）→ 08：30 臺南潟湖海岸線簡介 → 13：00 扇形鹽田濱海體驗行（享受海岸線之旅，4hrs）；將軍港南堤（緯：N23.211169 度，經：E120.083148 度）→ 13：30 回程順道淨灘 → 13：30 賦歸

1. 臺灣本島的極西點在哪裡？
2. 潟湖外側的沙洲為何生態豐富？
3. 臺南潟湖海岸線是否面臨「全球性海洋廢棄物」的問題？

三、中外語博物館導覽

歷史、考古文化和自然科學等大型博物館，因傳遞非常專門而且廣泛的知識，而且還要服務來自國外的觀光客，因此常態性設置外語解說員，提供解說服務。（圖 5-18）

例如故宮博物院為將中華文物推廣至全世界，除了建置包含 12 國語文的故宮全球資訊網外，語音導覽系統，也有華、臺、客、英、日、韓、西、法、德、粵、泰、越、印尼、手語等語言別，並定期招募、培訓中外語導覽志工，提供現場導覽服務。

國外觀光客因為觀光的目的、時間以及背景不同等特性，導覽時要特別注意以下各點：

1. **時間彈性不同**：有些跟團體的觀光客參觀時間受限，所以導覽行程須考量時間，提供解說內容，而自由行的觀光客因時間彈性大，可以進行較深度的解說。

2. **路線規劃隨時改變**：團體觀光客受限於時間或是娛樂性，或許只想挑選較為精華的內容，或者是較不花時間的導覽路線進行。

3. **沒有臺灣歷史的背景**：國外觀光客對臺灣歷史背景並不十分清楚，所以需要先規劃一套能讓國外遊客清楚簡易認識臺灣歷史背景的先備內容。

4. **地理位置概念模糊**：同樣地，在解說臺灣相關地理位置時，同樣需要進行補充。

5. **國情不同避免誤解**：使用外語講解時應注意因為國情不同而有誤解，也避免談論民族禁忌等的事項。

圖 5-18　博物館的導覽員要服務來自國外的觀光客，因此常態性設置外語解說員

四、風景區導覽解說員

　　目前臺灣針對具有豐富景觀資源的地方設立特定風景區，並且依照組織規則設立風景區管理機構，並且會編制許多導覽解說員以提供導覽解說服務。

　　除此之外，臺灣許多地方社區因社會經濟結構歷經歷史的轉變，許多具有特色的地域文化，如糖業文化、原住民文化、農漁業文化等都面臨到與發展的衝突，為有效維繫文化的傳承，透過社區力量的凝結，加強社區文化意識的提升，落實文化資產的動態保存。

　　由於社區擁有許多傳統聚落具有發展文化旅遊的潛力，藉由社區義工的培訓計畫，培訓出具有當地導覽解說能力的在地觀光文化導覽解說員，地方的文化和歷史一定要由在地人的口中說出，才會有感情、有力量。這種口述歷史對地方文化的傳承非常眾要。

　　在地觀光文化導覽解說員的主要功能：

1. 由地方文化解說員講解自己的歷史文化，推廣文化資產保存觀念。

2. 動員地方民眾參與文化保存傳承工作，落實文化紮根與地域文化動態保存

3. 促進多元文化的交流，增進觀光休閒的品質。

4. 可以宣揚在地文化，繁榮地方，吸引青年回流服務。

案例　新竹縣尖石鄉獵人學校－體驗教學式的導覽解說

新竹縣尖石鄉這幾年透過地方產業發展基金計畫，全力發展地方特色產業。除了穩定尖石鄉原住民就業情況，也吸引優秀青年返鄉服務，提升觀光旅遊人數，進而增加當地原住民業者經濟收入。

在專業獵人教官帶領下，體驗早期泰雅族人利用竹子作生活用品，並帶您認識及體驗傳統原住民的狩獵文化，與自然共存的生活智慧，最後在傳統獵場上，感受到泰雅族獵人在原始山林中的狩獵活動，例如體驗泰雅族獵人陷阱體驗、射箭體驗、簡易獵具 DIY 等技能（圖 5-19）。

在山容潤澤的生態環境下，遊客可切身感受泰雅族文化讓大朋友、小朋友在自然環境中一同玩樂、學習、成長。

獵人學校的一日行程

有機農場體驗→竹製餐具 DIY →午餐→狩獵陷阱解說及體驗→射獵體驗→賦歸

獵人學校教官需要聘請長期居住在當地，熟悉傳統原住民生活的原住民，全程是以現身說法的方式，將泰雅族的自然生態以及人文景觀進行解說，讓參加的民眾來體驗泰雅族原住民的生活。獵人學校活動承辦單位是新竹縣梅嘎蒗文化觀光暨農業運銷合作社，當然獵人學校教官是需要接受導覽解說的培訓。

圖 5-19　新竹縣尖石鄉全力發展地方特色產業，成立獵人學校、各式特色體驗遊程

第三節　導覽解說員的工作要求

一、如何當一個稱職的導覽解說員

　　如果參加一場導覽，遊客都到齊了，導覽員才姍姍來遲，當下你對導覽員的第一印象一定會有所存疑；又導覽員腳程很快，只顧自己一直往前走，你卻落在後面氣喘吁吁趕不上，不管解說講得多精彩，難免還是要抱怨幾句和給予負評。

　　碰到一場好的解說，聽 3 小時都可以意猶未盡，有的導覽解說員講起故事，抑揚頓挫就像個指揮家，讓聽者如走入時光機般沉浸在故事裏。到底如何才能當一個稱職的導覽解說員呢？解說技巧可以日積月累慢慢練功，但導覽解說員的基本守則則是必備的基本功。

（一）導覽解說員的基本禮儀

1. 守時：提前到場，先了解參觀者背景。

2. 合宜的穿著：輕便好走的鞋子、襪子、遮陽帽、斜背包或後背包。

3. 儀表：面帶笑容。

（二）解說的位置

1. 讓參觀者站在最舒適的位置（如樹蔭下）。

2. 行進時走在最前方，定點時站在中心。

3. 上樓時在隊伍後，下樓時要走在隊伍前（圖 5-20）。

（三）解說的過程

1. 忌諱的話題不要談：政治、宗教、不知道的事

2. 音量控制得宜，並隨時注意觀眾是否能接收到解說的訊息。

3. 聲音高低起伏需掌握得宜，切忌平淡無味。

圖 5-20　導覽解說人員行進時，要走在隊伍的最前方。

TIPS

解說技巧

一般認為，一個人記憶的程度，來自其聽到的只占 10%，來自其讀到的占 30%，來自其目賭實情實物的占 50%，若是其親自做過的，則 90% 都會記下來。若人們所獲取的經驗與自己在時空上關係密切時，學習效果較好。

解說技巧：

1. 有組織的介紹、表達，將比散慢無章更易於記憶。
2. 同一事情藉由不同角度讓遊客體會，更可助於其推演其中意義。
3. 有效的運用問題回答，可幫助遊客了解其意。
4. 在解說活動開始前，如果讓遊客有所期待，則有助於遊客集中注意力，並增進學習效果。
5. 解說員對於解說對象的反應與回答的態度，都會影響其學習結果。

4. 說話咬字清楚，少用綴詞。
5. 專有名詞應解釋清楚，避免使用雙關語。
6. 避免拿錯誤的事當做笑話。
7. 視人群、場所來調整適當的音量大小，勿影響他人的參觀品質。
8. 注意活動的節奏，勿移動太快。
9. 隨時注意隊伍的安全。
10. 引導參觀者發問。
11. 製造參觀者親身體驗的機會。

（四）其他注意事項

1. 目光要照顧每位遊客，並及時掌握遊客的反應及情緒。
2. 面對遊客，切勿以背對著遊客進行解說。
3. 保持端莊健康儀態，勿倚靠在展示品上，或表現出手插口袋等隨意行肢體行為。
4. 開場及結束時都須輔以溫馨的語言及肢體表達。
5. 清楚各種場合的狀況與時間，以適時掌握服務遊客的時機。

第四節 導覽解說員的工作內容

解說員是遊客與管理單位之間的媒介，將資源知識傳遞給遊客以外，尚需與遊客作雙向互動，並且將遊客的意見反應給管理單位。所以，解說員除了帶團解說，更須進一步規範遊客。其工作內容視不同性質的單位而有所差異。例如博物館內的解說員，除定點與隨團解說外，其解說的主題多具有特定性或專業性；動、植物園以戶外實體解說為主；國家公園或遊憩區的解說人員，因解說的內容複雜性較高，除須了解每種資源的特性，也須了解資源間相互的影響或牽動關係。解說員的具體工作內容如下：

1. **帶隊解說**：帶隊解說又稱「活動引導解說」（Conducted Activities），是最基本也最直接的解說方式。大部分都以由遊客團體事先預約報名向單位申請安排解說員，依遊客團體所停留時間需要安排行程或解說；另外也有由解說員依據特定對象、特定內容，設計活動內容，如知性之旅或生態研習營，設計環境教育活動等方式，直接帶領遊客作解說導覽服務。

   （1）主動的帶團解說：是由解說員依據特定對象、特定內容，主動設計活動內容以及規畫行程。如「臺北城市散步」和「高年級 104」規劃各種知性之旅或研習營，傳達解說員欲傳達的理念，其功能較為直接且有效（圖 5-21）。

圖 5-21　帶隊解說。

TIPS

解說內容的解說方式及基本配備

解說方式

1. 由人們自己去發掘事物的真相，會產生特別的，鮮活的興奮與滿足。

2. 需要學習者親自參與活動的解說型態效果更高。

3. 友善的競爭方式可以激發學習。

4. 來自第一手直接經驗的學習教果更好。

5. 使用不同的方法可增進其學習效果。

基本配備（小撇步）

1. 資料夾或夾板、小卡片、Ipad。

2. 麥克風。

3. 指示棒。

4. 輔助解說的小道具（生態：種子、葉子、木頭等）。

5. 自製的小禮物（與遊客互動獎勵用）。

（2）**被動的帶隊解說**：是由各團體遊客向解說單位預約申請解說員，解說單位再按照團體停留的時間安排行程。例如 20 ～ 120 人的團體到國家森林遊樂區旅遊，須於入園前 15 天向國家森林遊樂區提出預約解說志工的申請（圖 5-22）。

圖 5-22　林務局官網（https://recreation.forest.gov.tw/volunteer）可預約申請解說員服務。

2. **據點解說**：針對遊客聚集較多的地點或景觀代表，例如國立傳統藝術中心宜蘭傳藝園區的孔廟、製糖工場觀景點、眺望臺、停車場等地點，進行定時、定點的現場解說導覽服務（圖 5-23）。這種服務須大量的解說人員協助，平日較少提供；通常於假日期間，視實際需要設置，並要有明確的解說主旨。例如「玉山國家公園塔塔加大草園廣場的據點解說」，提供解說時間為假日上下午各 1 場，解說的內容為塔塔加動物、步道狀況、獼猴生態或花況…等，每場採輪流解說。

圖 5-23　宜蘭傳藝園區中心入口大簡介區

3. **遊客中心或展示館內值勤**：遊客中心或展示館通常為遊客進入特定範圍後第一個接觸的地方。「遊客中心」會將解說人員安排於特殊且明顯的地點，以提供遊客諮詢。解說員於值勤時，除了被動的接受諮詢外，也可以配合廣播系統，主動地宣傳館內的設施及需要遊客配合的事項，以達宣傳及服務的目的。

大部分遊客多需要諮詢服務，如索取各項宣導資料、旅遊相關訊息或其他餐飲資訊等（圖 5-24），然而因為遊客停留的時間較短，也較少有進一步傳達解說理念的機會。

圖 5-24　遊客中心提供各項解說宣導資料索取與諮詢。

4. **視聽器材多媒體的操作放映**：為使解說更生動、清楚易懂，目前許多管理單位會運用多種視聽設備與媒體，製作各種生態影片或幻燈片以強化解說服務之功效。解說員要花時間熟悉操作視聽器材及多媒體的技巧，並了解其特性與簡易的保養維護方法。若有時間，盡可能學習視聽節目及多媒體的基礎製作方法。

5. **解說出版品的編撰**：並不是每個遊憩地點都能配置解說員，提供面對面的解說服務，所以製作解說出版品輔助，可以讓解說資訊傳達發揮最大的功能。解說出版品種類多樣，有些是提供旅遊相關資訊，有些是針對特定資源或活動做介紹，有些是全區性的介紹，還有一些則是環境解說教育活動的編製。解說出版品包括文字的撰寫、美編及攝影等的工作，解說員都必須了解或參與，若能由解說人員親自參與出版品的編撰，更能專業的領域以及實際工作經驗的累積，也能了解遊客實際需要的資訊，如此才能提供更詳盡、更值得參考的資訊給遊客。

6. **展示品的收集及整修維護**：各展示館要發揮其功能，除了原有的設計外，並需要持續充實或不定期的更換展示主題，以持續其功能。解說員在向遊客解說之餘，對於展示館內的各種展示文物、照片、模型、圖示等，亦須注意整修與維護，並適時將切合解說主題的收藏品展示出來。

7. **區外解說**：解說並不限於風景區內或是特定的遊客，有時可和鄰近學校教育單位、社區或者是特定的保育團體合作，將環境理念或保育的觀念延伸擴展到社會上每個角落。如解說人員到區外進行解說，以宣導文化史蹟保存的共識。

8. **研究發展**：解說人員除了擔任例行性的工作外，更須不斷的充實自己及研究發展，以擴展解說功能，提高服務品質。

二、導覽的具體工作項目及流程

導覽的具體工作可分為導覽前的工作以及執行導覽時的工作項目。

（一）導覽前的準備

1. **行程設計**：解說員要了解自己本身的角色及任務、解說對象、路線與範圍，熟悉各種解說資料及設備，掌握可運用之資源。協助參觀者了解及融入解說地區的事物及歷史以完成導覽的目標；將遊客和外物引離敏感地區，使資源不利的衝擊降到最低，讓遊客了解管理單位的特性並共同維護自然環境。

（1）行程設計的程序。

（2）訂定解說的方向與目標。

（3）蒐集分析遊客資料。

（4）蒐集與分析解說資源。

（5）選擇適當之解說方案、媒體與地點。

（6）各項行動方案之綜合。

（7）解說計畫評估。

2. 路線勘察：在行程設計中要注意路線的勘察，其中包括了沿途的交通狀況、洗手間的位置、設定導覽解說路線以及停留點、選定導覽解說題材與導覽解說方式、確認移動到各導覽解說點所需的時間、確認各導覽解說點間的距離、行動路線的安排，以及景點開放時間與休館時間等，都必須確實調查、記錄。

簡單地說，現場近況與導覽解說內容，要實地走過、模擬，遇到突發現況時才不至於手忙腳亂，也方便掌握現場可利用的資源。

3. 準備工作：行程表設計完成後，即可開始進行帶隊的準備工作。

（1）報名：藉由海報、臉書、網站等各管道招受遊客報名。

（2）辦理交通、保險等相關事宜。

（3）寄發通知：集合的時間、地點，解散的時間、地點，行程中應配合及注意的事項等。

（4）編寫資料：編寫成解說稿或解說手冊，並進行模擬的解說。

（5）準備輔助用具：如解說用相片、圖鑑、實物、雷射筆、擴音器、手提麥克風、背包、小獎品、垃圾袋等，做好準備以完成完美的導覽解說活動。

（二）導覽時的工作項目及流程

在整個知性之旅的活動進行中，導覽解說員便扮演著非常重要的角色，因為通常會參加專項活動的遊客大多對此主題有興趣，所以如何帶動氣氛，讓遊客能夠盡情的享受導覽解說服務，是所有導覽解說員的期盼。在活動進行中有些要點或技巧需要導覽解說員加以注意的：

1. 提前到達集合地點：比預定集合時間提早 10 分鐘抵達，可以預先調整個人情緒，保持愉快的身心，做好迎接遊客的準備。

2. 解說途中的安排

（1）了解遊客的本質，依族群、年齡、教育程度和特殊屬性調整解說內容。了解觀眾的背景資料，提供最適切的程度資訊，自然就生良好的互動效果，增進親切感。

（2）確認遊客在導覽解說過程中是否感受到輕鬆、歡樂的氣氛。

（3）確認導覽解說內容，是否滿足遊客的需求。

（4）確認遊客是否能接受和了導覽解說內容。

（5）給遊客留下好印象，一開始就吸引他，使遊客樂於聆聽整個導覽解說行程。

（6）按時間多寡及主題事先分配導覽時間，時間到了見好就收，如遊客仍意猶未盡，可在結束後或另約時間私下請教。

3. 活動當中應注意事項

（1）配合活動的方式，如果採分組方式進行，則由導覽解說員分組帶領；或者在每組推選小組長，幫忙在集合時間清點人數及協助活動之進行。若沒有採取分組的方式，則須前後各派一位導覽解說員，以控制整個隊伍的進行；碰到轉彎的地方須留意後面隊伍是否有跟上，避免隊伍拖太長。

（2）在據點解說時，必須要等到所有團員到達時再進行解說，避免只跟少部分的團員講解。

（3）導覽解說活動當中，可以引導遊客提出問題，並預留遊客自觀察與體驗的時間。

（4）解說過程，須盡量運用各種解說技巧，表現出導覽解說員的信心、熱忱與專業。

4. 結束的安排

（1）若觀眾表示謝意，應適當回禮，例如：握手禮、欠身。

（2）遊客有時會要求合影留念或留下電話，代表對導覽解說活動的滿意度高，可欣然接受。若家中電話不方便時，可以留單位電話。

（3）思考當天的導覽解說是否有提供遊客專業知識、熱忱、樂趣，並滿足觀眾要求。

導覽解說員是說故事的人，如何讓你的故事精彩可期，除了了解導覽解說員基本的工作內容、說話的藝術、具備積極的工作態度，更要積極多元蒐集、內化導覽解說知識。

第五節　導覽解說員的培訓

　　人員解說的優點在於具有互動性與彈性，比非人員解說更能吸引遊客的注意力，傳達更多的訊息，顯示人員解說的成效顯著高於非人員解說者。

　　國內在導覽解說培訓制度上，國家公園及博物館法規及政策較為完善，近年來隨著旅遊發展趨勢，導覽解說人才需求殷切，因此休閒農場、茶莊及民間社區也都常態性的甄選及培訓導覽解說人才。

　　解說人員培訓的目的在提升解說效果，增進解說的溝通技巧與人際關係，加強了解遊客的特性，熟稔各項解說資源強化解說技巧。

一、國家公園

　　國家公園導覽解說員之基礎專業知能，乃是導覽解說員在國家公園職領域中不可或缺的知識（Knowledge）、技巧（Skills）與能力（Abilities），對導覽解說員的表現影響很大。

　　導覽解說員培訓的課程可分為入門課程和進階課程，介紹如表 5-1：

表 5-1　國家公園導覽解說員培訓課程

課程	主要內容	課程目標	開課方式
入門課程	1. 整體環境整體介紹 2. 各解說點的特性認識 3. 解說工作原則、技巧	1. 主題與可解說方向 2. 解說的理念、方法、技術	1. 請學者專家授課 2. 安排到其他地方觀摩 3. 共同開設解說員專業課程
進階課程	較深入的課程	1. 增加解說員的相關知識 2. 提高解說人員的素質 3. 臨場應變能力	

（一）入門課程

　　屬於較基礎性、普遍性的知識，內容包括整個大環境的認識課程，例如地質史、生態史、人文史等，即背景環境的整體介紹；其次是各解說站的特性說明，例如該站的主題、可以解說的方向等。除此之外，解說的理念、方法、技術等，也都是初步訓練課程中必需列入課程的要項。

（二）進階課程

屬於較深入的課程，由於導覽解說資源很多，不可能一個人全部吸收與運用，可選擇本身較有興趣的範圍，深入的觀察和認識。

（三）進修管道和開課方式

課程的設計可以依參與人員的特性、需求等，安排合適的課程。開課方式可請學者專家來授課、安排到其他地方觀摩或共同開設導覽解說員專業課程。社區參與者可以搜集各地區的演講、參觀活動，或是公私立單位開辦的課程，選擇並安排需要的或有興趣的活動，編排成為社區導覽解說人員進修之課程，不但可以省去不少租借場地、聘請講師等行政上的麻煩，更可以拓展大家的學習活動領域，並增加相關同好交流的機會。

二、社區協會、區公所

社區旅遊主要是以發展地區特色為主，無論是地景、文化民俗、農特產品或特殊資源，經過完整的規劃，並整合相關的旅遊發展配套措施，以達到社區整體發展為目標。

目前政府相關部會及民間均積極推動，包括：農委會推動的農村再生計畫和休閒農業區發展、經濟部推動地方特色產業、交通部推動的觀光小鎮等等，加上各地區多有成立相關的社區發展協會或相關組織積極發展。

社區旅遊導覽解說人員的工作，是在引導人們認識、了解該社區的自然景觀、生態資源或是步道。基本上，導覽解說人員應是社區的居民，可能是社區中各類型的義工，或是對社區環境特別有心的人，對於有想要了解社區的人，提供社區介紹的導覽解說。為了使這些居民有更多的解說資源，以及加強他們的導覽解說能力，可以規劃讓大家參與一些導覽解說課程或工作坊活動等，使導覽解說更趨於完善，也增加導覽解說員間的交流。

三、各觀光旅遊協會志工／民間機構

　　基於導覽解說任務之需要，管理單位招募社會上的熱心人士，施以短期之專業訓練，或就社會各專業層面招訓，並依相關服勤規定安排於假日或平常日擔任解說服務工作之人員，稱義務導覽解說員。

　　臺灣許多民間設立的博物館、觀光廟宇或各類型文史協會，都會自己培訓導覽解說志工，協助史蹟景點的解說。目前臺灣社會已經普遍能接受參加深度導覽解說活動，藉以全面了解各地方社區的文史景觀相關知識，也促使深度導覽解說公司的數量逐漸增加。深度導覽解說公司主要提供多樣化的收費導覽解說行程，例如 2012 年成立的「臺北城市散步」（島內散步）。

　　要成為一個專業稱職的導覽解說員，除了上述所述的要件外，更要了解自己的個性是否能勝任，平常還需要多讀、多看、多說、多觀察、多分析，觀察自然、感受自然、熟悉動植物及大自然生態中各種用語，並多涉獵閱讀相關書籍，並藉由實際帶隊導覽解說獲取經驗，與其他導覽解說員經驗交流分享。

案例　　　　　坪林鄉社區導覽解說人員培訓

坪林鄉是北部著名的茶業故鄉，其所生產的包種茶和南投鹿谷的烏龍茶為臺灣最著名的茶葉。坪林鄉茶園遍布境內各地，結合茶葉體驗與生態景觀，休閒農業發展資源豐富。但坪林地區年輕人外流嚴重，許多休閒農場據點的經營者年齡大，導覽解說人員嚴重缺乏，透過專業解說導覽人員培訓後，目前有 25 位合格的解說員，以當地居民為主，並且分布在各村落中。
坪林鄉公所於 2004 年 7 月，委託世新大學觀光研究所進行導覽解說人員的培訓，9 天的課程，共 45 位報名參加，最後有 25 位取得證書，成為坪林鄉的導覽解說人員，並將資料公布在坪林鄉資訊網頁上，供遊客聯繫。培訓課程分為三階段，室內課程、戶外導覽模擬、結束後的考評。室內課程是以坪林的自然、人文、產業生態、各據點之特色規劃導覽解說技巧課程，以及整合行銷企劃能力的培養等。

室內課程　　→　　戶外實地模擬導導覽　　→　　結束後考評

未來在人力的運用與再訓練，就由這些人員建立一套完整的服務體系，以發揮人員解說最大的效用。

06

導覽解說原則與技巧

導覽解說層級 →
- ↗ 單向
- → 雙向
- ↘ 多向互動

導覽解說技巧 →
- ↗ 心流學習法
- ↗ 事物背後靈魂真理
- ↗ 解說態度
- → 口說技巧、手勢
- ↘ 第一手體驗
- ↘ 不同對向調整
- ↘ 知識研究後盾

導覽解說原則
- ↗ 費門提爾頓－6 大解說原則
- ↘ 賴瑞貝克與泰德卡指－15 項解說指導原則

導覽解說據點
- ↗ 景點
- ↗ 城市
- ↘ 博物館
- ↘ 國家公園

領團導覽解說 →
- ↗ 定位
- ↗ 動線
- → 集合報到
- ↘ 帶領階段
- ↘ 結束階段

第一節　導覽解說原則

　　導覽解說之父費門提爾頓《解說我們的襲產（Interpreting Our Heritage）》的「導覽解說的六大原則」，至今仍被世界各國從事導覽解說工作的人奉為圭臬。

一、費門提爾頓6大解說原則

第一原則

任何的導覽解說活動都應根據遊客的性格和經驗來敘述。

第二原則

資訊不是導覽解說，導覽解說確實是根據資訊演譯而形成，但兩者完全不同，所有的導覽解說服務都應包含資訊。

第三原則

導覽解說是一種結合現代科學、人文歷史、古蹟、建築…等多種學門的藝術。

第四原則

導覽解說的主要目的不是教導，而是啓發遊客的觀察力與思考力。

第五原則

導覽解說必須針對整體來描述，避免斷章取義或片面介紹。

第六原則

對 12 歲以下的兒童做導覽解說時，不可稀釋成人導覽解說的內容，而是應該依據年齡層的需求，另設計一套合適的導覽解說內容。

二、賴瑞貝克與泰德卡柏的15項導覽解說指導原則

是由美國學者賴瑞‧貝克（Larry Beck）與泰德‧卡柏（Ted Cable）兩位教授，於 1998 年根據費門‧提爾頓所提出的六大原則加以擴充，提出「導覽解說自然與文化的15項指導原則」，詳述了更多導覽解說者應思考的方向，成爲導覽解說 15 項指導原則。

1. 爲了引起遊客興趣，導覽解說員應將題材和遊客的生活相結合，才能引起遊客注意力與關心。

2. 導覽解說的目的不應只是提供資訊，而是應揭示更深層的意義與眞理，訊息不是導覽解說，導覽解說是根據資訊而形成的啓示。

3. 導覽解說內容可透過故事化，變得更具深度且生動。故事必須合乎主題，最好與遊客的生活相關。導覽解說的呈現如同一件藝術品，設計上應像故事一樣有告知、取悅及教化的作用。

4. 導覽解說的目的是激勵和啓發人們擴展自己的視野，鼓勵人們去感受，並自我愛惜、自我尊重與肯定自我價值。

5. 導覽解說應呈現整體而非片斷，必須具有一個完整的主旨或論點，並滿足全人類的需求。

6. 爲兒童、青少年及老年人的團體做導覽解說時，應採用完全不同的方式。

   （1） 對兒童的導覽解說：具備開放的、有耐心、有創造力、講故事、引起冒險精神的角度規劃導覽解說行程；

   （2） 對青少年的導覽解說：強調互相尊重與責任感，重心應放在未來而非過去，但可安排與過去歷史事蹟有關聯的內容，以凸顯現在與未來相互對應、啓發的重要性。

   （3） 對老年人的導覽解說：老年人對於過去的主題較有興趣，且喜歡導覽解說內容與親身經歷、所學知識結合。因此，針對老年人之導覽解說活動，應使參與者能相互分享經驗。

7. 每個地方都有歷史，導覽解說員把過去的歷史活生生地呈現出來，就能將現在變得更加歡樂，將未來變得更有意義。

8. 現代科技能將世界以一種令人興奮的方式呈現出來，然而將科技和導覽解說相結合時，必須愼重與小心查證，使導覽解說的呈現是可靠的、有價值的內容。

9. 導覽解說員必須考慮導覽解說內容的質與量（選擇性與正確性）。切中主題且經過審慎研究的導覽解說，比冗長的贅述更加有力度。

10. 運用導覽解說技術前，導覽解說員必須熟悉基本的溝通技巧。導覽解說品質的確保，須依靠導覽解說員不斷地充實知識與技能。

11. 導覽解說內容的撰寫應考慮讀者之需求，並以智慧、謙遜和關懷為出發點，引述要正確，內容要幽默，簡短扼要為好文章的關鍵要素。

12. 成功的導覽解說活動須獲得經費財務的奧援、志工等人力的共襄盛舉、政治上及管理單位行政上的支持，以及遊客友善的回饋。

13. 導覽解說應灌輸遊客感受周遭環境之美的能力與渴望，以振奮心靈並鼓勵資源保育。

14. 透過導覽解說員精心設計的活動與設施，遊客將可獲得最佳的遊憩體驗。

15. 對資源以及前來被啓發的遊客付出熱誠，將是有效導覽解說的必要條件，包括對解說資源的熱情及對人的熱情。

第二節　導覽解說技巧

　　導覽解說技巧須經過不斷的練習、觀摩、訓練、與常識，從錯誤中修正，從挫折中調整，從失敗中學習。導覽解說員必須找出自己的優勢，形塑自己的魅力，然後不斷地累積經驗，透過請益、評鑑、進修，逐漸奠定個人導覽解說的功力。以下介紹常用的導覽解說方法，可以衡量使用或交叉使用：

一、導覽解說方法

1. 分段解說法

　　導覽解說行程範圍大、景點豐富，因此提綱挈領採分段、排序，依順序進行導覽講解，這樣的講解可使旅客有層次分明、環環相扣的感受。例如：導覽解說行程安排曲冰遺址、奧萬大國家森林遊樂區、埔里（美人腿、埔里酒廠、食用玫瑰），因景點距離與幅員較大，因此採用分段解說，導覽解說行程一開始，應先大概介紹行程景點背景與參觀要點，接著依照景點細部一步一步講解。

2. 引喻法

　　引用一段話或舉例刺激遊客聯想，以產生興趣或達到共鳴，例如：導覽解說地下溫泉，介紹北投溫泉時，以大地為鍋燒煮熱水，這個水溫大概可……。

3. 觸景生情法

　　導覽解說採用移情效應，用生動的語言「寓情於景、借景抒情、情景交融」，製造引人入勝的情境。例如：921 地震教育園區，除了親眼目擊地震後的景物，還可透過科技體驗地震的威力。

4. 重點強調法

　　重點法指導覽解說內容有輕重搭配的區別，可用以下幾種方式區隔景點的特色：

（1）強調具有代表性的景觀，例如：曾是世界第一高的臺北 101 大樓。

（2）強調景點的特徵及與眾不同之處，例如：世界三大海底溫泉之一的臺東綠島朝日溫泉。

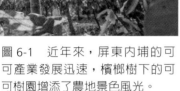
圖 6-1　近年來，屏東內埔的可可產業發展迅速，檳榔樹下的可可樹園增添了農地景色風光。

圖 6-2　臺東多良車站，號稱全臺最美火車站。

（3）強調旅客會感興趣的內容，例如：以屏東內埔種植的可可豆（圖 6-1），製成的「臺灣一號屏東黑巧克力 62％」，曾於 2019 年 ICA 世界巧克力大賽總決賽，獲得 3 項金牌。

（4）強調景觀之最，如最大、最小、最高、最漂亮…等，例如：臺東多良車站（圖 6-2），有「全臺最美火車站」的稱號。

5. 同類比較法

對建築物、風土文物，以遊客熟知的臺灣為比較的基礎點，遊客才能感同身受。適用於以熟悉的事物介紹及比喻參觀的事物，方便旅客理解、引起共鳴，進而達到事半功倍的導覽解說效果。運用事物的大小、形狀、顏色等差異，形成鮮明的對比，使得景物更容易分辨；以性質相同的事物來類比，讓人更了解其特色。例如：

臺灣 vs. 日本、玉山 vs. 富士山，巴黎 vs. 臺北、塞納河 vs. 淡水河。

臺灣最高峰的玉山比日本的富士山高出約 176 公尺。

6. 問答法

講解時可採用向遊客提問的作法，激發遊客的想像力，讓遊客產生參與感。導覽解說員先暗示、明示、提示，不立即提供解答，讓遊客思考、判斷後再解答，適用於求知型團體及層次較高之群眾。

7. 虛實搭配法

虛實結合就是要在講解中講故事。實的部分指的是史實、歷史意義。虛的部分指的是傳說、趣聞、民間故事。透過導覽解說、重構當時發生的人、事、物，讓遊客有彷彿回到發生當時的感受。例如：故宮的導覽解說行程，觀賞「古畫動漫－清明上河圖」，透過科技讓藝術活起來。

TIPS

導覽解說員應具備的應變能力

1. 事前周詳準備。
2. 認真、熱情加上信心就是成功的基礎。
   （1）具備遊客需求敏感度，注意每位旅客的安全及需要。
   （2）工作組織化、科學化。
   （3）隨時記錄現況及特殊事件和問題。
3. 保持頭腦冷靜，沉著解決問題。
   （1）遇突發狀況，找出問題、沉著面對，具臨機應變能力。
   （2）妥善處理抱怨等負面情緒。
   （3）及時將狀況呈報相關單位，尋求支援。
4. 把握時效，當機立斷，適當的溝通。
   （1）溝通有單向溝通及雙向溝通。
   （2）解決溝通不良之因素。

8. 知識傳遞法

講解景物或事件時，可以介紹一些歷史或是地理的因果關係，使遊客更能理解景觀的內涵，例如：導覽解說臺東池上富興濕地生態，介紹已絕跡 40 多年，又重新被發現的赤箭莎草，進而引導認識生態保育的重要性。

9. 引人入勝法

令人覺得有趣的話題會使遊客產生興趣，導覽解說員可以營造氣氛，利用遊客想知道真相的迫切心理，引而不發，再適時以實質獎勵鼓勵遊客思考。例如：導覽解說高美溼地，請遊客尋找跳彈塗魚。

10. 畫龍點睛法

運用簡單貼切的語句，點出景點的獨特與精采處，以加深遊客印象，並由點擴及到面與整體。例如：導覽解說金門戰地坑道，走入昏暗、狹窄的坑道，更能感受當時避難的緊張氣氛。

11. 科學介紹法

利用地理與氣象、水文等科學角度講解風景，讓旅客了解該地的特色，並產生全面性的認識。例如：導覽解說馬祖藍眼淚，認識形成的原因。

二、導覽解說的層級

導覽解說教育的發展過程，導覽解說員與遊客互動時，導覽解說表達方式約可區分為 3 個層次，分別為：單向（傳統演講式）導覽解說、雙向導覽解說、多向互動式導覽解說。

（一）單向（傳統演講式）導覽解說

單向導覽解說屬於傳統演講式解說，內容屬於較為固定的標的，可利用標示牌、展示設施、解說出版

圖 6-3　臺南臺江虛擬圖書館行動導覽解說
員的「友善黑琵濕地計畫」，透過影片解說
黑面琵鷺生態保護區七股潟湖的生態。

圖 6-4　有記茗茶在茶廠設有專人負責導覽解說從茶
的分類、製造和歷史及廠房。

品、網路影片、電子書等進行導覽解說，例如：透過觀賞館藏影片認識景點（圖
6-3）。

（二）雙向導覽解說

　　解說內容為固定標的加上移動路線，導覽解說員事先需設計好一些問
題，適時的融入解說當中，並運用技巧控制討論的方向。這種方式導覽解說
員必須具備豐富的專業知識、廣博的常識及靈活的導覽技巧，再搭配有動態
諮詢服務、網路地圖與商家景點資訊、導覽解說資訊 APP、手機遊戲等解說
媒體，例如：製茶場的導覽（圖 6-4）。

（三）多向互動導覽解說

　　多向互動導覽解說除了導覽員與遊客之間的我說、你問、他問與回答，
更進一步思考和啓發，運用的解說媒體有人員解說、現場討論、網路直播、
虛擬實境等。

　　例如花蓮縣水產培育所位於花蓮縣壽豐鄉池南村，是臺灣淡水原生魚
種的婦產科兼產房，為激發民眾對自然的好奇心及體驗式交流，推出互動式
教學導覽，由導覽員引導帶頭摸魚，再以問題問遊客，例如：「牠為什麼叫
珍珠魚，牠小的時候跟一般的魚一樣，是一片一片的魚鱗，但是長大之後牠
的魚鱗會特化，會捲曲，捲曲之後就像米粒像珍珠一樣，摸摸看這些都是珍
珠。」在導覽解說員的引導下，遊客親手觸摸和體會，藉由這樣新奇的體驗，
可更了解臺灣的魚類生態，這就是一種互動式導覽（圖 6-5）。

為什麼叫珍珠魚？

牠小的時候跟一般的魚一樣，是一片一片的魚鱗，但是長大之後牠的魚鱗會特化，會捲曲，捲曲之後就像米粒像珍珠一樣，摸摸看這些都是珍珠。

圖 6-5　互動式導覽。

　　臺南奇美博物館的採用 720 度虛擬實境導覽，民眾只要進入官網，點選「參觀」頁面裡的「720 度虛擬實境導覽」，就可以置身在博物館空間裡，隨個人喜好查看解說內容，奇美博物館特別製作 1 支合法授權拍攝的官方空拍影片「看見奇美」，藉由空中俯看整個博物館，美景盡收眼底。

如果想欣賞「看見奇美」的優美影片，可以連結下面的網址喔！
720 度虛擬實境導覽：https://goo.gl/mOllqS
空拍影片「看見奇美」：https://goo.gl/8tFPcG

三、導覽解說技巧

　　導覽解說的技巧與運用透過不斷尋找解說機會、不斷地練習、不斷地吸收新知，才能成為一名稱職的解說員。以下提供幾種演練技巧：

（一）心流學習（Flow Learning）法

　　美國自然教育學家約瑟夫柯內爾（Joseph Cornell）提出的導覽解說技巧，以自然為基礎的教導方法－心流學習法（Flow Learning），提倡體驗自然活動，以啟發參與者覺知自然（Nature Awareness）為目的。許多環境教育者、

導覽解說員都採用這個學習法，帶領學生或遊客體驗大自然。環境與生態導覽解說以體驗自然遊戲與自然融合，點燃遊客內心的感動，當導覽解說傳遞的訊息在遊客內心萌芽、發酵時，也是保護環境、守護大地理念的拓展。心流學習法有 4 個階段：

1. **喚醒熱忱**：屬於暖身活動，目的是讓每個參與者產生興趣、獲取體驗。比如生態導覽解說行程，可以請參與者扮演 1 棵樹，感受樹與自然環境的關係，透過多元的導覽形式，提升參與者不同感受，具有喚醒熱忱的作用。

2. **集中注意力**：熱忱被喚醒後，透過特別設計的活動引導，使參與者全神貫注於導覽解說的事物中，可集中聽覺、視覺、嗅覺、觸覺等感官注意力，提高對環境觀察與欣賞的本能。

3. **直接體驗**：運用 5 種感官本能體驗自然，比如環抱千年大樹，利用觸感感受大樹的生長；運用聽覺，聆聽樹梢的鳥鳴，感受千年大樹與周遭生態的互動……。

4. **分享啟示**：體驗後，彼此交換心得與感受，透過心得分享使內在對自然的愛與熱望可以外放，讓人真正學會與大自然和諧相處，並使人類與自然融合的本能再展現，感受能量的流動和與大自然的連結。

（二）導覽解說事物背後的靈魂、真理

美國環境解說之父費門‧提爾頓（Freeman Tilden）提出「解說最重要的是解說事物背後的靈魂、真理」，將專有名詞與資訊轉化為引人入勝的解說內容。

導覽解說員透過本身對事物之研究與理解，將解說內容與遊客的需求相結合。解說的過程不能只介紹專有名詞，因為名詞本身對遊客不具意義，解說不只是告訴遊客這是什麼，而是要想辦法促使遊客去探索及了解所見事物背後所代表的含意，例如解說動植物時，不能只是介紹花、樹、鳥、蟲的名稱、物種名，可以進一步透過精彩的生活故事、生態解說，提高遊客認知的興趣，進而得到不同的體驗。

（三）必須提供遊客第一手的體驗

如果解說員不認識解說的對象，如何向遊客做介紹？

口語解說

口語解說呈現的語言，可分為三大類型：

1. 誠實的語言

   口語解說要言之有據，講解實事求是，即使是傳說、神話等虛構的事實，也要有所出處，經得起旅客的推敲。

2. 友好的語言

   用詞、語調、表情表現出友好，且言之有禮。多注意語言的禮貌，使用敬語與尊稱。

3. 美好的語言

   口語解說要言之悅人，使聽者能感到舒服、無壓力。而且要言之暢達：表達有架構、講話有邏輯，言之溫文、雅正。

例如導覽解說員沒有參與過雞籠中元祭、宜蘭放水燈、頭城搶孤、平溪天燈、臺東炸寒單爺、臺南鹽水蜂炮、青山王宮遶境、迎佛祖遶境…等具代表性祭典，如何向遊客闡述祭典開福門、夯枷、查夜暗訪、遶境賑孤…等特有意義？或為了解導覽解說資料，親自拜訪地方學者專家、訪談當地耆老、文史專家……。

又如環境生態導覽解說員如果曾經親自徒步走過臺灣海岸線，對未知的海洋必存在著憐憫與探索之心，心靈感受必定激盪深刻，面對臺灣海之濱，有更深刻體會。

擁有第一手的經驗，才能使導覽解說內容言之有物，讓導覽解說情節歷歷在目，甚至有感情、有溫度、有共鳴，而非二手消息的傳遞。

（四）視對象不同調整導覽解說方法

遊客常因地區、語言、種族及文化的差異，而有不同的生活體驗。對不同生活體驗的遊客，導覽解說員要有不同的解說方法，例如兒童與成人對事物現象的關心與注意力是有差異的，兒童較不具成見、好奇強，想像力也比成人豐富，偏好冒險、高活動度的行程，所以設計兒童的導覽解說行程時，應針對兒童特質做考量，而不是將成人的導覽解說內容簡化。

（五）導覽解說需要知識及研究做後盾

導覽解說員展現自己專業知識與技巧前，須具備正確的「態度」與「反省能力」，導覽解說內容須依據實際狀況不斷修正、更新，並持續深究或閱讀研究成果，才能使導覽解說行程更吸引人。

例如：玉山國家公園解說員印莉敏能成為一名專業解說員，是透過長期觀察、記錄山羌、黑長尾雉…等保育類野生動物的生態習性，因為有紮實的研究做基礎，所以解說功力深厚、活潑、生動。

圖 6-6　目光要照顧每位遊客，及時掌握遊客興趣、反應及情緒。

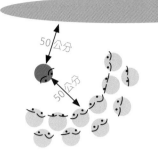
展品　　●導覽解說員　　遊客

圖 6-7　導覽解說進行時，展品、導覽解說員與遊客的對應位置。

　　例如：島內散步 walk in taiwan 的華、日語深度史蹟導覽解說員釋照勝，為精進導覽解說專業知識，透過不斷深入、廣搜、研讀中日臺灣文史文獻資料，大量研究、分析史料收藏與圖片影像及民俗古物，並透過豐富、多元的實地踩線導覽活動經歷，讓導覽解說實務更吸引人。

（六）導覽解說時的態度

　　導覽解說員在導覽解說時，須注意自己的儀態禮貌，其要點有：

1. 目光要照顧每位遊客（圖 6-6），及時掌握遊客興趣、反應及情緒。
2. 面對遊客，切勿背對觀眾。一般而言導覽解說最佳位置是距離展品 50 公分，並與展品正面呈 45 度角的地方，解說人員站立介紹，觀眾與解說人員距離 50 公分、圍一弧形（圖 6-7）。
3. 保持端莊健康儀態，勿倚靠展示品，手插口袋等隨性的舉動。
4. 音量控制得宜，並隨時注意觀眾是否能接收到解說的訊息。
5. 開場前及結束時都須輔以溫馨的語言及肢體表達。

　　回答問題時應有禮貌，並且遵循下列的原則：

1. 仔細聽完問題，以示尊重，並給自己思考的時間。
2. 一定要充分了解問題後始作答。
3. 不要用對方提問的問題來反問對方。
4. 每一個問題都要當成第一個回答般保持專注態度。
5. 即使可笑或愚笨的問題，都要莊重地回答，不可抱以嘲笑之言語或態度。
6. 很多人發問時，應盡量注意先後次序，並對其他等候的遊客示意致歉。

（七）導覽解說的口說技巧及手勢

其他需要注意事項，還有解說的口說技巧及手勢。口說技巧的要點有：

1. 聲音表達有高低起伏、抑揚頓挫，避免語調平淡無味。講話時宜面向觀眾，放慢速度，注意調整音量，讓全部遊客都可以清楚聽到解說員的聲音。導覽人員因樂於將知識分享，所以解說時音韻就自然流露出喜樂愉悅的音調。

2. 每分鐘約 180 ～ 200 個字的解說音速，遊客較易了解而且沒有壓力。

3. 解說過程中，與群體溝通內容應該目標明確，淺顯易懂。

4. 在有限的時間下，有主題、單元以及層次分明的解說方式，最能讓遊客易懂且印象深刻。

5. 說話咬字清楚，口齒清晰、內容充實，盡量不要有重覆上一句話的部分字眼，例如：「這個」、「然後」、「所以說」等等的贅詞表現方式。

6. 盡量少用專有名詞，若使用專有名詞要解釋清楚，將專業的內容，以口語化的方式讓遊客能理解。

7. 聲音大小應視人群、場所隨時做調整，不要影響他人參觀的品質。

8. 解說包含語言（核心）、知識（手段）、服務（條件）3 種基本要素。

而非語言的解說要點有：

1. 肢體語言：對可運用的資源要很清楚，以肢體語言表達豐富的情感和想法，使解說更具說服力、更有人性化，例如：肢體語言中以「手勢動作」最能表達某些訊息，手勢中的手指各有其不同的意思，例如以拇指與食指作 OK 手勢、以拇指作垂直上翹作好的手勢、以食指與中指垂直上翹作 V 型手勢。

2. 臉部表情：一般以身體語言輔助言語的解說介紹以眼睛的訓練為最首要。愉悅表情易產生親和力，抗拒表情則易產生負面效果，中間表情易令人感到高深莫測，面無表情易給人冷漠感覺。

3. 務必比預定時間提早到達，準時開始與結束。

4. 出發前要告知洗手間的位置。出發前說明行程及終點或是否回至原處，出發時清點人數，沿途也要再次清點，隨時掌握人員動態。

5. 出發前說明配合展品，解說後讓觀眾拍照，請觀眾配合不要任意離隊。

6. 隊伍行進中勿做某些單一展品之介紹，宜等所有觀眾都到齊，才開始另一項新展品。

第三節 據點（定點）導覽解說

　　一般遊客在定點解說地點的停留時間都比較短，解說員要完整傳達解說的理念與宗旨，就必須主動出擊，例如主動接觸遊客將周圍的特色、設施及需要遊客注意或配合的事項告知，以達宣傳及服務的目的，而非僅是被動地接受遊客的詢問。

一、國家公園、博物館或紀念館

　　國家公園遊客中心或展示館通常爲遊客進入園區範圍內第一個接觸的地方。遊客多需要諮詢的服務，從索取各項解說資料、旅遊相關訊息乃至餐飲服務等等。然而遊客在此停留的時間較短，較少有進一步傳達解說理念的機會。解說員於值勤時除了被動接受諮詢外，亦可配合廣播系統主動將館內的設施及需要遊客配合的事項播報放送，以達宣傳及服務的目的。平時應加強服務人員及解說志工的旅遊服務專業知能，以提供民眾專業的旅遊諮詢服務，強化遊憩吸引力，提高遊客參加深度觀光的機會。

　　而博物館、紀念館內的特展導覽，除了自由參觀搭配館內展示定點導覽之外，假日亦有專人做定時團體導覽。不過博物館、紀念館內的特展導覽，若只安排定點導覽或自由參觀時，館內應提供適當的參觀資訊，例如博物館應提供完整的館內介紹文宣摺頁、展區空間配置圖、參觀動線規劃圖、導覽場次時間表等訊息。

　　臺灣各大學或公家機關也會設立具特色的小型博物館，遇團體客人預約參觀時，也會派專人進行團體導覽。

二、城市、景點

　　各地城市、或觀光景點爲了推展深度觀光，會特地培訓具特殊導覽目的的解說員。例如臺北市政府觀光傳播局爲了深度推展城市之美，自 2009 年起舉辦城市導覽員訓練課程，藉由課程增進景點導覽志工、專業導遊人員與臺北市旅遊服務中心人員的導覽知能，希望透過他們精彩的解說，讓到訪臺北的國內外旅客充分感受迷人的城市魅力。

TIPS

城市導覽員訓練課程

臺北市政府觀光傳播局城市導覽員訓練課程

課程內容除將臺北市自然生態、人文古蹟、歷史、文化、美食、設計文創發展等多元城市特色風貌以實務面進行解說介紹外,更加強實地導覽解說技能及加深對臺北市重要、具代表性觀光景點認知的深度及廣度。訓練對象為臺北市重要景點導覽人員、領有專業證照的導遊及旅遊服務中心人員。

臺北賓館網站
https://www.mofa.gov.tw

案例　臺北賓館 據點解說

臺北賓館原為日治時期的臺灣總督官邸,1899 年開始策劃總督官邸的建設,由第四任總督兒玉源太郎下令興建,由日本建築師福田東吾、野村一郎設計。完工的總督官邸外觀樣式為文藝復興的風格,主體為凹字型、左右不對稱的形式,屬於磚造與石材混合使用的兩層樓建築(圖 6-8)。

圖 6-8　做為日治時期統治臺灣最高行政長官的官邸,參觀臺北賓館時,可以介紹的歷史、事蹟、典故與建築風格等等內容實在太豐富了,所以來到臺北賓館不要走馬看花喔,不妨參加一趟深度導覽之旅。

總督官邸興建十幾年後因空間不敷使用,且原本木製的屋頂已經遭到白蟻蛀蝕、腐壞,於是在 1911 年開始改建,預算為 15 萬日幣,總司營繕的建築師是森山松之助。建築樣式也從文藝復興樣式變成華麗的巴洛克形式(圖 6-9),屋頂換成馬薩式屋頂(英語:Mansard Roof),木屋架已經換成鋼骨。內部改建如櫸木拼花地板、維多利亞磁磚和壁爐(英國進口)、毛絨地毯跟絲織窗門簾,以及巴洛克式花葉雕飾,金箔纏繞細腳紋路的垂吊水晶燈(圖 6-10),所到之處皆是華麗的灰泥雕塑及裝飾。

臺北賓館在總督官邸時期為迎接日本皇族及國內外來賓的場所。1946 年 2 月 1 日改稱臺北賓館，接待國內外貴賓，迎賓功能顯著。1998 年內政部指定臺北賓館為國定古蹟，2006 年 6 月 4 日重新整修完成並正式對外開放。因此，臺北賓館除為我國外交儀典之舉行場所外，更具有親近歷史場景、民眾休閒遊憩之附加價值，其建築的美與歷史意義也將更為彰顯。

目前，配合總統府假日開放的日期，每月開放 1 次。開放參觀時，有提供導覽志工做定時定點導覽，1 場 40 分鐘，民眾想要參觀只要在開放時間直接進入臺北賓館參觀即可。

圖 6-9　臺北賓館為臺灣總督官邸，巴洛克風格建築，1988 年被訂為國定古蹟。

圖 6-10　臺北賓館大廳的水晶吊飾燈精緻華麗，有百年以上的歷史。

國立傳統藝術中心－據點導覽

國立傳統藝術中心，為文化部所屬三級附屬機構，創立於 2002 年，其中宜蘭傳藝園區結合了傳統與近代的建築及景觀的特色，占地 24 公頃。保存臺灣傳統文化及藝術，2016 年由全聯善美的文化藝術基金會接手經營後，重新整建，以傳薪創藝立地紮根，串聯這塊土地的善美精神及傳統價值，期許讓宜蘭傳藝園區成為本土藝術家與傳統技藝人才的展現空間。

宜蘭傳藝園區在入口大地圖簡介區以及文昌祠配置常駐據點導覽解說員，意在為遊客串起園區特色以及文化教育的功能，主要是由正職人員輪流駐點（圖 6-11）。

圖 6-11　在大地圖區輪值解說的資深導覽員陳豐文，推薦遊客遊園路線體驗「三館、三街、三建築」。

大地圖區

大地圖區（圖 6-12）位在入口售票口旁，駐點導覽員會視遊客需要介紹園區各區的規劃特色，主要讓遊客對園區有概括性了解傳藝園區有三館三街三建築，串連園區傳統工藝、民藝與展演。三館為曲藝館、展示館和演藝廳，可以體驗傳承之粹；三街為臨水街、文昌街、魯班街可以體驗街區之趣；三建築為黃舉人宅、文昌祠及廣孝堂可欣賞建築之美。

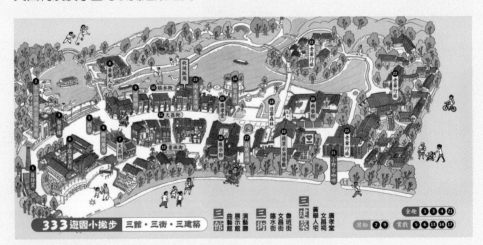

圖 6-12　宜蘭傳藝園區園區地圖。導覽員介紹魯班街的特色，許多臺灣生活工藝店鋪提供職人手作，如布藝手作 DIY、金工體驗或半寶石手作體驗。

文昌祠

文昌祠為宜蘭傳藝園區重要核心信仰中心，採定時導覽，解說重點是從 5 種元素欣賞廟宇與信仰文化之美的解說。

每天的上午 10：15 、 下午 3：15 各有 1 場，1 場 45 分。

文昌祠是信仰中心，透過導覽解說員的介紹，教遊客從石雕、木雕、彩繪、交趾陶、錫藝、粧佛等工藝欣賞廟宇的建築風格與特色（圖 6-13）。

圖 6-13　來到傳藝中心的文昌祠，一定要體驗做一個專屬自己的文昌符哦！

文昌祠殿前擺放的石鼓，是由青斗石所製成。左青龍、右白虎的方位象徵，進入廟祠必須左進右出，提醒遊客要從吉利的「龍」邊進廟（圖 6-14），若從右進就會被老虎給吃掉，就枉費來此拜拜囉！左右兩側門神畫像都配戴玉佩，左右各 2 扇門，總共是 4 扇門，代表著事事如意。中門門神為封神榜的 1 對武將兄弟（武門神），稱為「神荼」和「鬱壘」，是降伏邪魔之鬼王，栩栩如生的門神彷彿有生命，當你與門神對眼相視，不管從哪個角度，祂的雙眼彷彿一直直視著你，此稱之為「四顧眼」畫法，這便是文昌祠最具代表性的彩繪作品，由第 10 屆全球中華文化藝術薪傳獎得主潘岳雄老師所繪製。

正殿供奉的主神為文昌帝君、五聖文昌（文昌帝君、關聖帝君、孚佑帝君、魁斗星君、朱衣神君），文昌帝君為讀書人的守護神，祈求國家文明昌盛人才濟濟。左右配祀戲曲祖師：西秦王爺、田都元帥、孟府郎君；工藝祖師：魯班先師、爐公先師、荷葉先師。祀奉戲曲、工藝祖師則期望臺灣傳統藝術的技藝能夠傳承發揚。

圖 6-14
左青龍、右白虎的方位象徵，進入廟祠必須左進右出，提醒遊客要從吉利的「龍」口進廟。

第四節　領團（帶隊）導覽解說

領團導覽解說與據點解說工作任務不同，主要為執行行進活動中的導覽解說以及沿途照料旅客、維護旅客安全及緊急事故處理，因此除了解說技巧外，還更需要具備團員照顧的細心與耐心。

一、領團導覽解說重點

領團導覽解說分為集合報到、帶領階段以及結束階段的解說重點，分述如下：

（一）集合報到

出發前說明行程及終點，出發時清點人數，沿途也要再次清點，隨時掌握人員動態。

1. 先以閒話家常的方式消除遊客的不安和焦慮感，可取得初見面的熟悉感和信任度。
2. 先關心遊客方便，喝水、天氣、旅途、勞累…等問題。
3. 自我介紹。
4. 介紹所屬團體。
5. 預告解說路線、所花時間、沿途路況、結束時間、終點和上車地點。
6. 約法三章，堅決婉轉宣布禁止事項，鄭重提醒安全事項。

（二）帶領階段

帶隊解說活動開始後，解說員要注意行進的速度，行進時解說員要走在隊伍的前面，盡量避免在行進中解說，以免隊伍後的遊客無法聽到。不要為少數團員占用太多服務大家的時間。行進間解說時要關注每位團員，語言簡潔明快。掌握旅客的注意力，敏銳地觀察遊客的行為來決定解說時機（圖6-15）。

圖 6-15　針對導覽青少年團體時，要站在青少年的立場來看待史蹟景點的導覽，盡量掌握重點介紹不要貪多。也可以導入同學有興趣的事情，例如年青人特別有興趣來桃園神社拍攝日式和風照片，不妨補充可以拍照的好景點。

1. 要掌握全體遊客人數，關心最老、最小、行動不便、行動緩慢者。

2. 遇岔路、轉彎、上下樓梯處，要等到全體到齊再前進。

3. 導覽解說員要率先至導覽解說點時停留，等到全員到齊時再進行解說。

4. 到導覽解說點找一個高點站立，以便讓全體遊客都能聽到看到你。

5. 非不得已，盡量不要一邊走一邊導覽解說。

6. 導覽解說時多利用遊客的六感去感受。（眼、耳、鼻、舌、身、意）

7. 回答問題時，面向全體遊客說明。（通常回答一個問題，也可能轉變成另一篇導覽解說的素材）

8. 尊重遊客的答案與內容，每個人都有其價值觀，不要去爭論對錯，更不要嘲笑和批判。

9. 好的觀景位置不要被少數人霸占，可用蹲下或輪流觀賞等方式。要注意讓大家都有參與觀察的機會。

10. 導覽解說時機是沿途看到什麼、聽到什麼、聞到什麼時，都可適時停下來導覽解說。

11. 察言觀色，掌握氣氛，帶動情緒。（適時展現幽默感）

12. 導覽解說活動靈活運用，與遊客互動讓遊客有參與感。

13. 導入與主題相關的團康活動，唱歌、遊戲、講笑話均可。

14. 特殊團體的解說技巧。（兒童、年長或殘障者等相對弱勢族群）

15. 隨時注意安全與時間的控制。

（三）結束階段

1. 為當天的解說主題，做一個總結整理。

2. 感謝遊客的參與與合作，歡迎再度光臨。

3. 請遊客為當天的服務或園區的事務提出意見或建議。

二、動線安排及定位考量

　　領團導覽解說尤其是在歷史老街區進行導覽解說時，特別要注意整個動線的安排，以求遊客的安全。

1. 考量「無障礙的空間」動線，尤應注意遊客之安全。

　　在解說工作中，注意安全是工作順利成功的重要因素之一，也是專業的要求與表現，要追求安全的行程，預防是必備的。適時要求遊客遵守各遊憩的各項規定與注意事項，這是大部分遊客都會接受的。惟在執行時，解說員仍要注意技巧，使遊客心悅誠服，以期意外事故降至最低。

2. 配合時間及展品設計、事前模擬、確實掌握動線之流暢。尤其是屬於解說員新人，請務必在行前親自採線自己進行預演，以降低導覽解說活動當天突發狀況的產生。

3. 參觀隊形之安排，視觀眾人數多寡，適時調整遊客與展品之間的距離。

4. 隊伍太長、展品太多或時間較長之導覽，可選定特定展品或地點作彈性駐留。

三、領團解說案例

　　領團導覽解說，除了要掌握集合報到、行進中的帶隊解說以及結束三階段的解說重點，不同的移動交通工具，更須要注意遊客的安全。在此舉幾個不同的領團導覽解說案例。

案例　外國移工的史蹟導覽 -1

用徒步的方式帶領一群來自越南與印尼等的外國移工，依照規劃行程，途中拜訪了富岡火車站、呂家聲洋樓、百年古樸富岡老街、大井頭伯公廟、集義祠、桃園地景藝術節水漾飛機，接著再到富岡天主堂、桃園地景藝術節白鷺鷥、老碾米廠之後結束行程。此次徒步導覽的時間約 2.5 小時，盡力將這個客家小鎮之美介紹給 30 多位外國朋友。

富岡老街導覽路線（行程約 2.5 小時）

富岡火車站（圖 6-16）→呂家聲洋樓（圖 6-17）→十連棟老宅→大井頭伯公廟→桃園地景藝術節水漾飛機（圖 6-18）→照明宮土地公廟→富岡天主堂→三連陂桃園地景藝術節巨型白鷺鷥（圖 6-19）→富岡火車站倉庫→富岡火車站

圖 6-16　富岡火車站。

圖 6-17　呂家聲洋樓。

▲圖 6-18　地景藝術節水漾飛機。

▶ 圖 6-19　地景藝術節白鷺鷥。

導覽路線介紹

富岡火車站位於桃園市楊梅區，日進出旅客數只達桃園站的八分之一，是個僅停靠區間車的三等車站。日據時代，因車站與地方香火鼎盛之土地公廟（當地稱伯公）只相距 150 公尺，故站名稱為「伯公岡站」，民國 44 年才更名為「富岡站」，惟當地耆老仍習慣稱呼伯公岡站。

案例 外國移工的史蹟導覽 -2

導覽路線介紹

富岡火車站位於桃園市楊梅區，日進出旅客數只達桃園站的八分之一，是個僅停靠區間車的三等車站。日治時代，因車站與地方香火鼎盛之土地公廟（當地稱伯公）只相距 150 公尺，故站名稱為「伯公岡站」，民國 44 年才更名為「富岡站」，惟當地耆老仍習慣稱呼伯公岡站。

富岡地區以農業為主，早期以鐵路運送米糧，車站附近廣設碾米廠，農忙時農民及搬運工川流不息，攤販商賈聚集，車站旁形成了當時楊梅地區最早的市街，如今雖已沒落，部分街上的店屋依稀可見當年繁榮時期的樣貌。

火車站前的中正路，就可看到老街上最著名的呂家洋宅。這戶橫跨 5 間店面的歐式磚造二層街屋，是 87 年前擔任楊梅壢區庄長的呂家聲所建。日本明治維新後，在建築方面深受西方建築思潮的影響，講到二樓外凸窗，羅馬列柱，希臘三角形山牆，巴洛克式的貝殼鮑魚紋飾等等，均是吸收西方建築元素的結果。

導覽解說重點

1. 移工較少參與戶外走讀，有些人中文不熟稔，適合以簡單中文進行解說，讓他們較容易了解富岡老街。另外，帶他們到兩個埤塘參觀，增加文化學習及休閒育樂。

2. 導覽解說前，先以提問方式作為開場白，引起興趣，例如「埤塘上的抽水機」，可以問他們「這是什麼？」、「誰會使用？」。而水井的對街，還保留 1 間廢棄的碾米廠，讓大家回想見證 60、70 年代的臺灣社會發展狀況。

3. 大井頭福德祠、客家集義祠、照明宮（土地公廟）及富岡天主堂，這些建築對篤信回教的移工而言，比較難有太多情感上的連結，但是卻能夠讓他們了解臺灣宗教的現狀。

4. 用類比方式詢問移工家鄉的喪葬習慣，即便與臺灣宗教信仰不同，但土葬祭拜慎終追遠的習俗卻是相同的，移工聽了也覺得份外親切。

5. 介紹祠堂外的石馬、石獅，牆上的龍鳳彩繪，因為有明顯的文化差異，能吸引他們高度興趣，可以讓他拍照留影，增加行程的樂趣與回憶。

案例　火車小旅行「八斗子、深澳鐵道自行車」

八斗子車站屬於臺灣鐵路管理局平溪／深澳線上的鐵路車站，位處瑞芳區與基隆市中正區交界，有「北臺灣多良車站」的美譽，還可欣賞八斗子濱海公園石砌墙。

深澳「鐵道自行車」為全臺第 2 處設置 Rail Bike 鐵道，瑞芳地段沿用深澳線閒置的 1.3 公里舊軌道。八斗子站至深澳站路段，在既有軌道架設自行車系統，可飽覽依山傍海的美景。深澳線火車起於 1931 年日本礦業株式會社運礦需求，當時稱金瓜石線；1936 完工水南洞到八斗門線；1960 因應深澳火力發電廠投 ，由八斗子接軌到瑞芳，幾番曲折。

導覽路線

瑞芳火車站第三月臺集合→搭火車往八斗子站→八斗子濱海公園石砌墙→體驗深澳「鐵道自行車 Rail Bike」八斗子站（圖 6-20、圖 6-21）→深澳站→深澳歷史導覽解說（了解煤礦在深澳、八斗子的重要性，解說深澳火力發電電廠）→到深澳漁港漫遊（圖 6-22、圖 6-23）→深澳海天步道→搭臺灣好行 T99 龍宮尋寶東岸線→瑞芳火車站→解散。

圖 6-20　深澳「鐵道自行車」為全臺第 2 處 Rail Bike 鐵道自行車，從八斗子到深澳。
圖 6-21　深澳「鐵道自行車」沿途飽覽依山傍海的美景。
圖 6-22　深澳漁港為國內海釣船最多的漁港。
圖 6-23　擁有絕美的海景與薑狀岩海岸、海蝕地形。

導覽解說重點

1. 移動交通工具為深澳線火車、臺灣好行以及 Rail Bike 鐵道自行車，集合及帶隊過程須一再確認。
2. 到深澳車站開始使用導覽機，方便團眾行進間能清楚聽到解說內容。
3. 因為活動區域在漁港，要隨時注意團員安全。

07

導覽解說規劃作業程序

意義 →
- 協助參訪者了解解說主題
- 宣傳目標
- 爭取理念認同

規劃實務要點
- 主要差異
- 成員差異
- 動機差異
- 參與程度差異
- 需求差異
- 期望差異

導覽規劃原則
- WHO 人
- WHEN 時
- WHERE 地
- WHAT 物

規劃程序 →
- 需求
- 目標
- 遊客
- 資源
- 路線
- 解說媒體
- 檢討

第一節　導覽解說規劃的意義與原則

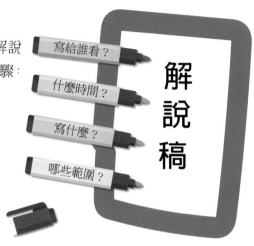

根據美國國家公園署所訂定的《解說規劃手冊》，導覽解說計畫擬定有3個步驟：

步驟 1. 擬定解說計畫的目的

步驟 2. 擬定解說計畫的原則

步驟 3. 擬定解說計畫的程序

一、導覽解說規劃的意義

主要在協助參觀者了解及融入解說地區景點的事物及歷史，並使環境資源不利的衝擊降到最低，讓遊客共同維護自然環境，並清楚認識地區景點的史蹟文化。而導覽解說的原則，即掌握人、時、地、物4個要領。

（一）協助參觀者了解及融入解說地區景事物及歷史

透過導覽解說員的解說，能夠協助遊客快速地了解，解說地區景因應不同旅客行程的需求，對於景點導覽解說不再只是介紹當地的山川景色，須深入的針對特殊地理景觀、環境生態、地方寧靜老街、熱鬧的夜市與地方美食、人文寺廟祠堂建築…等作介紹。

（二）完成管理機關營運的宣導目標

例如有些國家公園以及公立博物館等等，提供免費導覽解說的非營利管理機關，期望達到營運的宣導目標，如提高旅客對文化資產保護的概念，或是教導海內外旅客，遠離敏感保育地區與保育類動植物，達成環境保護的目標，將對生態資源不利的衝擊降到最低點。透過解說員的導覽解說，引導旅客遠離保育地區，將對生態資源不利的衝擊降到最低（圖7-1）。

圖 7-1　景美人權園區安排專業導覽員介紹園區，讓大家了解臺灣爭取人權的苦難歷史，讓參觀的人印象深刻。

（三）　爭取遊客對理念認同，達到共同維護自然環境的訴求

　　透過管理機關的解說活動，讓遊客了解管理機關經營理念，爭取遊客對理念的認同，達到共同維護自然環境的訴求。或是詳細介紹各地鄉土文化，進而讓民眾能夠認識家鄉文化，進而大家共同愛護家鄉文化的目標。例如北美館派遣志工從事據點解說王大閎故居，傳達讓民眾認識名建築師現代主義建築作品之美的官方美育訴求（圖 7-2）。

圖 7-2　北美館派遣志工王大閎故居，傳達名建築師現代主義建築作品之美的訴求。

二、導覽解說規劃的原則

美國國家公園署曾對導覽解說規劃，整理出一個解說方程式：

$$(Kr+Ka) \times AT = IO$$

結合提供對解說資源的專業知識、適當的解說技巧與明確了解聽眾的解說需求，始得完成一場成功的解說工作。

Kr（Knowledge of Resource）：提供對解說資源（景點）的專業知識

Ka（Know your Audience）：明確了解觀眾的解說需求

AT（Appropriate Technical）：代表適當的解說技巧

IO（Interpretation Opportunity）：代表導覽解說（成功）的機會

也就是說，導覽解說規劃需要提供對解說資源（景點）的知識，要明確了解觀眾的解說需求，能夠做適度的調整。導覽解說時需要掌握適當的解說技巧，如此才有可能產生一場成功的導覽解說。

解說導覽的規劃也可以有許多不同的切入點，針對其規劃原則可以從 4 個 W 角度來思考，而 4 個 W 也就是 Who、When、Where、What，亦即人、時、地、物。

（一）Who（人）：對象，人數

1. **對象**：不同導覽解說的對象因為屬性、不同社團、不同需求，所以需「因人而異」進行導覽解說規畫，例如針對一般大眾設計常態的導覽行程外，與婦幼團體、教授團體、身心障礙人士或是外國人團體等，應該考量不同解說需求，針對導覽解說做彈性調整。

2. **人數**：導覽員除了能預估學習效果，也須掌控活動安排與安全的規劃，及考量參加人數。以戶外解說活動的效果而言，一個解說員以帶 15 位成年人為原則；幼稚園或國小學生，則以 10 位以下為宜；國中、高中生，則可增加至 12～15 人；1 個導覽員即使運用無線導覽器材，盡量不要帶團超過20～25人，超過須有助理在隊伍最後掌控狀況。也可將遊客分組，由助理協助掌控狀況。人數愈少的團體導覽解說，導覽解說員愈方便針對遊客的需求，彈性調整導覽行程。

（二）When（時）：日期，時間

1. 日期

（1）**季節**：桐花節、飛魚季；春夏秋冬。同一個區域的史蹟景點，可能隨著四季的變化，二十四節氣的到來、山川地景植物盛開、當季物產盛產不同樣貌。

（2）**節慶活動**：元宵燈節、媽祖遶境、王爺暗訪、豐年祭。例如大甲媽祖遶境，造成大批的信徒陪同的特殊景象，臺北萬華青山宮王爺暗訪的陣頭隊伍，還有花蓮原住民阿美族豐年祭…等的活動，吸引大批旅客與外國觀光客前來

（3）**其他**：晴天、雨天、下雨時的備案。例如颱風季節、梅雨季節，或是下雨天無法進行既定行程，需要有備案行程，如改到室內參觀。

2. 時間

（1）抵達時間的確認

（2）活動時間：參加特殊季節祭典可能須有 2 天以上行程，停留時間視狀況安排 30 分～ 3 小時，戶外徒步導覽以 2 小時左右居多。例如受限於主管機關的經費、解說景點的多寡或是團體旅客停留時間長短，導覽解說時間需要進行彈性調整（圖 7-3）。

圖 7-3　導覽員在帶領解說行程時必須有備案行程。

（三）Where（地）：範圍，路線

1. 範圍

（1）事先踩線踏勘確認，留意並排除施工等危險地帶、無障礙設施，並注意景點當天是否開館或營業，以免撲空。

（2）限定導覽解說範圍，考量旅客需求及時間解說範圍可進行調整。例如臺南或是新竹等具有悠久歷史的老城鎮，不可能 1 次徒步導覽逛完，必須衡量旅客的體力，規劃約 2 小時左右可以在徒步走讀完畢的路線才行。例如新竹老市區可以依照導覽時間規劃，縱貫鐵路以西老城區可以規劃一條路線，至於縱貫鐵路以東的區域，則可以另行規劃一條新竹東區走讀路線。如果因為時間上的限制，必要時新竹北門周邊區域也可以另外規劃一條路線，以免行程規劃上過於匆忙趕時間，

2. 路線

（1）導覽解說主題規劃路線，可因應旅客需求做調整，規劃不同特色的行程。以萬華為例，可規劃寺廟宗教之旅或介紹傳統行業與美食的人文產業之旅；或介紹萬華日治時期的西洋建築的史蹟景點之旅。以大稻埕為例，可規劃導覽大稻埕北街區域，或是大稻埕南街區域。

（2）動線規劃：出發地點同或不同定點、隨隊行進或隨車等等。採分組方式或是定點闖關、整隊帶領行程動線規劃都不同。

（四）What（物）

1. 重點解說項目

平時發掘蒐集史蹟景點的特色，盡力掌握景點的文化歷史及其文化資產價值所在，事先確認參觀者的需求與意向，可以對解說內容與行程進行調整。例如社區大學史蹟導覽班學員已退休的社會人士居多，所以規劃導覽行程時不要過度要求體能與腳程的行程，而以具有休閒、教育功能的行程較受大家的歡迎。

2. 地景變化

隨時注意地景變化，除了導覽員平時觀察外，可以跟主管單位密切聯繫，或是跟其他導覽員意見交流。老舊建築被拆毀或是都市更新，或者是廟

宇因爲要翻修重建，隨時都會產生變化。即使是自然景觀，因爲人爲破壞、或是氣候極端變化，使得地景或是人文景觀產生變化，這也是導覽解說員平時要注意的事情。

例如桃園具有悠久歷史的西廟，因爲廟與管理單位想要擴建廟宇，而將舊有廟宇建築拆除；如苗栗地區的保育類動物石虎，因爲地區政府進行道路拓寬工程，導致破壞保育類動物石虎的棲息地，使得數量大幅下降，面臨滅絕的危機，這些都是人文地景與自然景觀的變化。

第二節 導覽解說規劃實務

　　導覽解說規劃是導覽解說必要的基礎能力，不管是現成的導覽解說路線，或是客製化的導覽解說專案，都需要先規劃，導覽解說行程才會周全。

一、導覽解說作業程序

　　導覽解說規劃作業流程從最開始的確認需求階段，到導覽行程結束後的檢討與修正階段，共可分為 7 個步驟：

①　確認需求

導覽解說規劃首先需要了解遊客的需求，因為遊客可能在不同的季節或日期，會有不同的解說需求，也會有人數多寡與導覽解說主題的偏好，導覽解說規劃時，要針對顧客的需求規劃導覽解說的內容與行程。

②　訂定解說內容的方向與目標

導覽解說內容根據遊客的需求訂定解說內容大方向與目標。也就是說，分類解說行程的主題類型，如史蹟景點解說、宗教信仰解說、人文產業解說等類型。不同類型的導覽解說，有不同的解說內容與重點。

③　蒐集分析遊客基本資料

導覽解說員盡可能在行程規畫前獲得旅客的基本資料，因為事前蒐集分析遊客基本資料、年齡層、喜好等才能較精準的掌握規劃解說行程的方向，對解說內容的大方向與目標進行彈性調整。

4 解說資源蒐集與分析

盡可能地從文獻、實地訪談與實地探線等多方蒐集與分析解說資源（景點），例如從文化、產業、生態、歷史等領域中尋找內涵，並考量前面幾項條件，才能製作出合適的導覽解說內容。

5 導覽解說路線

充分了解各景點的實際內容與導覽重點，擬訂初步行程的路徑，並透過實地踩線選定最適當的解說地點、停留時間長短、行程起屹點、抵達時間或者是導覽順序，做為導覽解說活動行前的修正。

6 選擇適當之解說媒體與工具

選擇適當的解說媒體與工具，例如小蜜蜂、導覽機或是無線接收器等器材等，並製作解說輔助解說器材及小道具，如摺頁、解說圖片、Ipad，呈現資料的輔助運用。

7 檢討與修正

導覽解說行程結束後，要進行解說行程的檢討，對於反應不佳的部分要及時修正，調整日後的導覽行程，作為下次導覽解說的參考。

二、導覽解說規劃實務

　　客製化導覽（Guide On Demand）是因應個人、團體的特殊需求，特別規劃的導覽行程，此類導覽解說規劃明確掌握旅客要求，才能安排合適的解說景點、解說員、導覽解說行程等，是一趟客製化導覽解說活動的成敗要點。

　　首先要針對旅客特性的差異性需求進行理解，了解預約導覽解說對象的屬性、族群、人數、參訪目的、停留的時間、此行程的前一個行程與下一個行程活動時間都需要掌握，以對預約規劃行程的可用時間彈性進行掌握。其重點如下：

1. 基本屬性之差異性

　　如果主辦單位已經設定深度導覽的主題時，解說員便要規劃做好符合主題的導覽解說內容，並規劃符合主題的導覽路線，規劃要符合基本屬性。

　　以臺北市中正區為例，中正區轄內擁有國內密度最高的古蹟群及博物館，人文薈萃，堪稱為國內文藝氣息最濃厚的行政區，每年都會舉辦歷史復活節，並藉由舉辦深度導覽活動，讓區民跟著導覽解說老師親近史蹟景點，更深度了解轄區內的文化史蹟（圖 7-4）。

圖 7-4　中正區公所每年舉辦歷史復活節會規畫特定主題臺北城史蹟導覽

　　每年設定的基本屬性不同所規劃導覽的解說內容就不同，如以杜鵑花季活動延伸的「公館古蹟巡禮導覽」，則導覽路線會引導到臺灣大學、公館商圈及自來水園區等，讓民眾認識在地歷史文化特色，並體驗隱身於公館商圈、中正區古蹟、聚落風情及欣賞杜鵑花。若以「重現風華古蹟導覽」，則導覽解說內容會從北門看清代歷史的臺北城。

2. 成員身分之差異性

　　解說對象的身分及學經歷、文化背景差異及宗教信仰不同，對古蹟廟宇的認知感受度都會不同，因此解說規劃時需要針對成員的不同調整解說內容，並尊重不同民族性的差異和禁忌。

主辦單位承接深度導覽的團體，其對象具有特定身分，解說員需要了解解說對象並依身分進行行程調整，例如對象是社會婦幼團體、公教人員團體、高中畢業旅行自由行、外國家族團體等，解說的內容需求就會不同，例如為獅子會會員或是扶輪社團體導覽時，因為成員都是企業家，所以對於導覽解說的內容很專注，也會發問或是想表達自己一些看法，所以行程要加入較多 Q&A 的時間。

不同學經歷的團體，如國中小學生團體、外國移工團體、外國觀光客團體等，解說技巧會有不同，所以解說員須適度調整解說內容的難易度，例如雇主為了讓外籍移工更了解在地文化，幫他們規劃史蹟景點導覽活動，導覽解說時應考量對象調整解說內容與解說技巧。

在臺灣進行導覽解說之時，除了服務臺灣本國民之外，為外國人、大陸人進行導覽解說的情況也很多，所以也要衡量外國旅客對本國文史並不熟悉，需要將整個導覽解說內容進行精簡，也要顧慮到外國民族在認知感受的差異。

臺灣的寺廟祠堂可以說是文化的殿堂，始終是臺灣文化導覽解說很重要的觀光景點，但是有些宗教信仰強的外國基督教徒或是回教徒，對於臺灣佛教與道教寺廟則沒有過高的興趣，或者是某些臺灣的美食也有所避諱，這也是導覽解說員需要知道的，也就是說有些行程，可以先詢問旅客有無禁忌的地方。

3. 動機高低之差異性

動機是一種個人內在驅動力，主動學習的能力和行動力。例如承接的團體可能是國內外的教授團體、國外旅行相關業前來規劃旅遊行程踩線團，或是研究歷史、民俗文物、建築等專業人士團體，這些動機高的團體，則是要加深導覽解說的內容，以符合對方專業的需求。

圖 7-5　對於參加日語導覽課程的同學，當然解說程度要深還要廣，並且能夠要求同學進行重點導覽。

例如來自日本各大學的教授們，利用寒暑假前來臺灣

進行田野調查，或是帶領研究生一起來臺灣進行戶外導覽行程，所以導覽解說行程需要客製化規畫，相關不足的專業知識更要即時地補充（圖7-5）。

4. 參與程度之差異性

參與程度是指旅客對導覽行程能投入參與的時間，如同樣街區，觀光團趕行程，只能停留 1 小時；自由行旅客想做半日的深度體驗，行程規劃就不同。例如 1 小時行程只能導覽解說大稻埕發展歷史以及參觀臺茶焙茗間介紹解說；半日深度體驗就可安排品茗文化課程體驗（圖7-6）。

圖 7-6　解說清末大稻埕史蹟景點或是臺灣茶葉興盛歷史，始終是熱門的導覽解說行程。

5. 需求多寡之差異性

解說對象對導覽解說內容的需求有多寡的差異性，有的對植物興趣濃厚，希望講解更深入；有的偏愛歷史故事；有的希望輕鬆休閒一點，有些參加深度導覽的團體，也會要求深度導覽的行程不要太過匆促，希望保留可以跟解說員進行詢問與 Q&A 互動時間，或是在熱門景點解說結束之後，保留 5 ～ 10 分鐘讓團員自由活動時間後，再前往下一個解說景點的需求，這些因素在規畫時都需要考量，而解說員需要進行彈性調整（圖7-7）。

圖 7-7　大同區雙連打鐵街之旅，除掌握住導覽主題之外，還要適度地講些有趣的事情，讓專注聽講的氣氛有些許緩和一下。

例如許多公家機關舉辦的許多導覽活動，設定參加民眾基本上是親子闔家參加的活動，所以行程不要安排得很緊迫，解說內容也不要過於深度，必要時有些大景點在解說完畢之後，不妨讓大家自由活動，以免整個導覽行程或者是時間都由導覽員掌控，而讓團員無法稍微放鬆。另外一般導覽行程中，也要安排考量幾個可以上廁所的時間，也讓團員心情可以鬆緩的時間。

6. 期望程度的差異性

如果期望被滿足，則顧客滿意度高、服務品質將被稱讚推崇。旅客參加導覽解說行程，大多數的旅客都期待能從導覽解說中獲得更多的文史知識，有些非營利單位以及各級機關團體提供的免費導覽解說的行程，參加民眾則很有可能對導覽解說的行程所抱的期望程度各有不同，這一點導覽解說員必須了解。

一個解說員一定要有這樣的心理準備，其導覽解說內容有時需要調整為更大眾化的解說內容，或是增加許多文史上的小故事以吸引大家。社會上有些基金會也會舉辦老少咸宜、適合全家參加的導覽解說活動，特別要注意婦幼客層解說，需要通俗有趣才能持續吸引興趣（圖 7-8）。

圖 7-8　撫臺街洋樓營運單位舉辦的親子團導覽團。

　　規劃一條學校或臨近社區的導覽解說行程，請參考 **QUIZ TIME!**
本章導覽解說規劃作業程序：
（同學可分組 5 ～ 6 人 1 組）
1. 時間：2 小時
2. 15 人團
3. 主題選擇：對生態環境、文創、人文史蹟（請擇一）

案例　外國移工的富岡老街導覽解說

1 確認需求

雇主希望外籍移工能夠在臺灣安心工作，因此藉由假日走讀的導覽解說活動，讓外籍移工更了解在地文化。

2 訂定解說內容的方向與目標

1. 讓移工了解臺灣本地文化，進而認同與融入臺灣生活
2. 以淺顯易懂的語言調整解說內容的難易度及導覽解說技巧。

3 蒐集分析遊客基本資料

1. 對象為在桃園工作，來自印尼與越南的移工及新住民，篤信回教。
2. 均齡 30 歲，人數約 30 人。
3. 對象假日在華語班進修，能用中文簡單溝通。

4 解說資源蒐集與分析

富岡老街的解說資源有呂家聲洋樓、十連棟老宅、大井頭伯公廟、照明宮土地公廟、天主堂、三連陂桃園地景藝術節巨型白鷺鷥等。

5 導覽解說路線

1. 富岡老街導覽路線（行程約 2.5 小時）。
2. 起迄點為富岡火車站，方便移工結束後返回桃園。

6 選擇適當之解說媒體與工具

1. 採每人 1 臺導覽機，方便行進間聽取導覽老師的解說。
2. 引導布旗，容易辨識。
3. 主題布條，拍團體照具紀念性。

7 檢討與修正

1. 中文老師將行程與內容，先在課堂上跟移工朋友說明，並教他們認識一些專有名詞，介紹行程內容，雙方先做足功課。
2. 有中文老師帶隊和協助。
3. 準備問答互動獎品(伯朗咖啡包)增加參與度。

memo

date

PART3

08 案例解析與實作演練

08

導覽解說案例實作

導覽解說操作流程 →
- 確認導覽解說行程的主題與範圍
- 蒐集與分析導覽解說資源
- 導覽解說路線規劃
- 導覽解說行程
- 導覽解說行程檢討與修正

案例一

地質考古類型導覽解說──
芝山岩地質考古導覽解說

　　芝山岩遺址包括古老地層的岩層、化石、節理、結核等地質景觀，低海拔少見的黃葉，海岸林植物，纏勒植物等生態現象，多文化層的史前遺址，多元的歷史變遷和人文遺跡，是首座國家文化史蹟公園。

一、確認主題與範圍

　　芝山岩在數百萬年前與臺北同是海底礁石，後來因地殼活動使臺北盆地成為一淡水鹹水交接湖，而芝山岩也隆起成為湖中的一座小島嶼，再隨著河川的侵蝕，臺北湖水洩除，演變成目前的地貌。芝山岩受地層活動影響，不斷演化也擁有許多特殊的地質景觀，走一趟芝山岩的山稜線，可以發現非常豐富的生態及地質景觀，全域為 2 千多萬年前形成的大寮層砂岩，屬於海相地層，而地質景觀有風化窗、洋蔥石、海相化石、太陽石…等。

二、蒐集與分析解說資源

（一）地質文化特殊性

　　1896 年日本教師「栗野傳之丞」發現芝山岩遺址，這是臺灣考古史上最早發現的史前遺址。芝山岩已被列為為國家二級古蹟，也是國家首座文化史蹟公園（圖 8-1）。芝山岩的地質屬於易風化的砂岩，地表亦有珍貴的貝類化石及生痕化石，導覽路線的棧道就是為避免遊客踩踏損及地表所架設。

圖 8-1　芝山岩位於臺北盆地西北方的盆地邊緣，是陽明山山腳下的一座孤立小山丘，海拔最高處僅約 52 公尺。

（二）歷史文化古蹟

　　日本佔領臺灣之初，曾發生震動殖民政府的「芝山岩事件」，使芝山岩成為日式精神教育聖地；國民政府來臺後，因為地理、地勢而成為拱衛士林官邸的軍事基地，而使芝山岩又多了軍營、砲陣地的作用（圖 8-2），種種的經歷使芝山岩擁有豐厚的歷史及考古遺址。芝山岩全區由第 3 世紀的砂岩組成，有芝山岩文化遺址、芝山巖隘門、惠濟宮等 3 個古蹟。

圖 8-2　芝山岩居高臨下，歷代都是重要的軍事據點。

（三）傳統聚落的軌跡

　　當年為了防備民變或械鬥的侵擾，防禦土匪或盜賊的劫掠，常在村落或市街的險要處，設置如牆門或堡門的防禦設施，以控制出入，稱為「隘門」，從現存的隘門可探究歷史軌跡。

三、導覽解說路線規畫

　　研究芝山岩的自然資源及歷史背景後，規劃各景點的實際內容與導覽重點，擬訂初步行程的路徑，並透過實地踩線選定最適當的解說地點、停留時間長短、行程起屹點、抵達時間或者是導覽順序，做為導覽解說活動行前的修正。

　　導覽路線會因應遊客的人數、年齡、屬性…等，而有不同需求，須調整解說內容與方式。此外，即使同一導覽路線，因季節或時間不同，解說的重點也可能有所差異。

（一）導覽路線

1. 考古探坑展示館→ 2. 石頭公廟與石獅→ 3. 生痕化石→ 4. 蛇蛙石→ 5. 洞天福地→ 6. 惠濟宮→ 7. 大石象、柱洞遺跡、洋蔥石、豆腐岩→ 8. 八芝蘭竹→ 9. 樟樹爺爺→ 10. 蝙蝠洞與太陽石→ 11. 舊神社表參道（解散點）（圖 8-3）

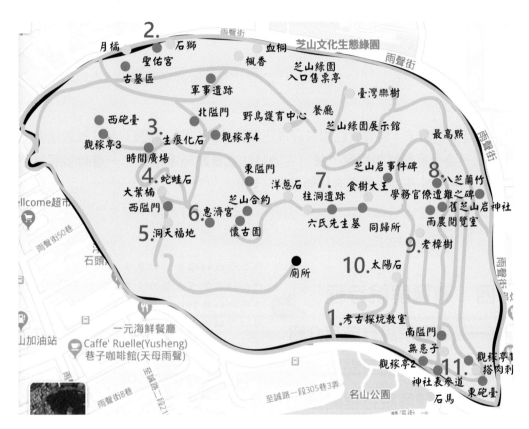

圖 8-3　芝山岩平面圖及景點標示。

行程提醒：

1. 這次的導覽行程因為樹林、草地多，須注意蚊蟲叮咬及地面濕滑，並記得攜帶遮陽帽、水壺、防蚊液。
2. 建議遊客攜帶放大鏡、望遠鏡、照相機、筆記本等物品。

（二）導覽時間

1. 導覽時間 2 小時
2. 各展示點須先確認開放時間，行前須再確認時間是否有異動，以免撲空。

（三）導覽活動設計

　　芝山岩地質導覽解說可針對不同對象發揮創意，設計的活動以趣味性方式將地質知識融入遊戲活動中。

1. 問答法：講解時可採用向遊客提問的作法，激發遊客的想像力，讓遊客產生參與感，解說員先給暗示、明示、提示，但不立即說出解答，讓遊客思考、判斷後再解答。如：

　　解說「芝山岩石頭公」時，提問「石頭公廟的聖石有哪些？」

　　解說「蛇蛙石」時，提問「蛇蛙石到底是什麼？」

2. 互動遊戲卡：將導覽路線設計成跑關路線圖，每一關設計尋找解題線索，一邊引導觀察和解說，讓遊客隨時注意景點周遭環境，一邊動腦解謎，再搭配小禮物鼓勵遊客積極互動。如：

　　芝山岩史蹟尋寶遊戲：製作道具或尋寶卡，帶遊客一邊導覽解說，一邊尋找芝山岩有哪些地質特徵？

四、導覽解說行程

（一）導覽解說員自我介紹

別忘了以好臉色、好氣色、好口氣……增加好人氣喔！另外，盡可能提早到，除了可以和早到的遊客互動、活絡關係，也可以了解他們的行程需求，並適時於行程中滿足遊客需求，增加彼此的良性互動。

（二）導覽解說景點概述

針對今天的行程花幾分鐘概略介紹，並針對有特殊規範的景點先初步叮嚀。

（三）導覽解說行程開始

第 1 站　考古探坑展示館

　　結合芝山岩的自然生態、地質景觀、地層展示模型，探坑內可清楚看到地層的紋路與變化（圖 8-4 ～圖 8-6）。芝山岩遺址為臺灣地區罕見的多文化層遺址，透過展示可以發現狩獵、農耕等時期的地質及動植物生態等，也可看到 1 個歷史文化 — 漢人文化（清

圖 8-4　芝山岩考古探坑展示館。

文化），及 5 個史前文化文化層 — 植物園文化、圓山文化，芝山岩文化、訊塘埔文化與大坌坑文化等。

你知道國內有多少地質或化石考古展示館嗎？上網或實地走訪，分享你查到的資訊或親身體驗的感受。

圖 8-5　松山層頂層大樹頭。　　圖 8-6　圓山文化層墓葬展示。

第 2 站　石頭公廟與石獅

　　清朝時期，芝山岩地區為了防守村落，於險要處設置牆門或堡壘等防禦用的隘門，主要有東、西、南、北四大隘門。北隘門下方有巨石散落，最大顆的狀似石獅，鄉民稱「石頭公」，另外散落於石頭公廟到雨農國小間的五大巨石石筆、石硯、石墨、石紙和石印組成「芝山岩文房五寶」，又稱「五寶石」，後人蓋廟（圖 8-7 ～圖 8-10）供人膜拜求財。石頭公廟的所有建材、

圖 8-7　位於石頭公廟外側的石硯、石墨、石印。

圖 8-8　位於石頭公旁的石筆、石紙。　圖 8-9　石頭公(石獅)位於聖祐宮後側。　圖 8-10　芝山岩聖祐宮前側。

屋頂瓦片、廟裡神像、廟前龍柱與石獅、廟旁的石碑、金亭，都是由石材一體成型雕成。石頭公廟右前側的大石碑，記錄著芝山史蹟的沿革和重要記事。

圖 8-11　北隘中右側步道展示海底生物化石。

第 3 站　生痕化石

北隘門右側步棧道上展示大寮層岩塊上的化石，透過近距離的觀察，可發現當時海相的沉積環境（圖 8-11）。另外，也有地層受壓力或張力形成平行裂面，即為節理（圖 8-12），若又受到第 2、3……不同方向的壓力或張力，即可能產生第 2、3……組節理。

圖 8-12　節理地質景觀。

第 4 站　蛇蛙石

蛇蛙石是芝山岩特殊的地質景觀——一整塊崩落的岩石。由兩塊大石頭相疊而成，如同大蛇頭一般，蛇頭前面距離不遠之處，還有一個較小塊的岩石，形狀有如一隻伏地的青蛙（圖 8-13）。蛇蛙石是芝山岩西隘門的守護神，相傳石蛇是受開漳聖王的命令守護西隘門，蛇頭朝向西隘門，守護西隘門不給惡魔侵入。

圖 8-13　蛇蛙石由兩塊大石頭相疊而成，形似大蛇頭，蛇頭前有一塊體積較小的岩石，形似一隻伏地的青蛙。

圖 8-14　西隘門的大樹楠與 老樟樹、食樹大王有「芝山岩三大樹」之稱，圖為第二大樹與大樹楠開花狀。

　　蛇蛙石附近有顆大葉楠（圖 8-14）為芝山岩三大樹的第二大樹，屬於樟科，為潮溼山谷重要的闊葉樹種。在伐木業盛行的年代，因清朝、日治時期的禁伐及民國後成為軍事要地，故而得以留存。

第 5 站　洞天福地

　　芝山岩西隘門上方有座惠濟宮，惠濟宮牌樓入口的階梯稍微往上爬就可看見當地著名的「洞天福地」及「仙泉聖蹟」，洞天福地是在士林開基人物潘永清所提（圖 8-15）。1859 年（咸豐九年），士林舊街（芝蘭街）發生嚴重漳泉械鬥，歷時多年後，在潘永清帶領下打敗泉民，結束漳泉械鬥。1928（民國 17 年），洞天福地下側湧出山泉，因有治萬病的傳言，有「仙泉」之稱，古士林人稱之為仙水，並建造仙泉聖蹟小牌樓頌揚神效。

8-15　巨石上刻字「洞天福地」，是由士林士紳潘永清題字。

第 6 站　惠濟宮

　　漳州人移居八芝蘭時，有感圓山仔地理環境與漳州芝山相似，便命名為「芝山」，同時在山上建立供奉開漳聖王廟宇「惠濟宮」。

　　惠濟宮建於 1752 年（圖 8-16），由兩座南向的建築組成，一在東畔，廟中崇祀觀音佛祖，以「芝山岩」為名；一在西畔，崇祀開漳聖王（唐代陳元光將軍）。

圖 8-16　左圖日治時期惠濟宮後殿文昌祠的老照片，右現今的惠濟宮。

　　1840 年(道光九年)，鄉紳潘定民於惠濟宮後建文昌祠。1859 年(咸豐九年)漳泉大械鬥，漳州人大敗，退守此地。1868 年（同治七年），士紳潘永清重修惠濟宮，將芝山巖寺、文昌帝君祠合建，成為芝山巖惠濟宮（圖 8-17）。

　　日治時期，日本總督府學務部原定於大稻埕設立，但是聽從李春生建議，移置文風鼎盛且較無戰禍的士林，芝山岩惠濟宮因此設立了推廣日語的國語傳習所。當時，惠濟宮左側林間小徑巨石遍布、枝葉茂盛，日本老師常在白天帶學生到此上課，夜晚就利用地理環境舉行試膽會，要求學生摸黑走過山路，藉以訓練膽量。

圖 8-17　位於惠濟宮右方的海膽化石，石頭上布滿化石遺跡。

第 7 站　大石象、柱洞遺跡、洋蔥石、豆腐岩

　　從惠濟宮後方的步棧道走到東隘門的叉路，再往下走下階梯，可以看到岩石經風化侵蝕形成的風化窗，形似垂著鼻子的大象，稱為大石象（圖 8-18）。而大象石頂部的柱洞遺跡（圖 8-19），因外觀成排、成群，推測是古時建築屋舍所遺留的支柱遺跡。

圖 8-18　大石象是厚層砂岩組成，因砂岩較軟處被侵蝕，產生像窗戶的「風化窗」破洞而成。

圖 8-19　大石象頂部的柱洞遺跡。

惠濟宮後方往同歸所的步棧道上，可以發現洋蔥石（圖 8-20）與豆腐岩（圖 8-21）。豆腐岩是兩組互相垂直的節理所構成，經長期風化、侵蝕，使裂縫變大。洋蔥石則是豆腐岩塊因經年累月風化，形成同心圓狀的剝離，形似剝落的洋蔥片。

圖 8-20　洋蔥石。

步棧道再往前走，可以看到一座「六氏先生之墓」，這座墓是為了紀念國語傳習所的 6 位日籍教師，這 6 名教師於 1896 年 1 月 1 日前往總督府參加元旦慶祝活動，但途中被義民殺害（芝山岩事件），日本政府便於現今的芝山岩閱覽室，興建芝山岩神社供奉 6 位日籍教師。但臺灣光復後，芝山岩神社遭拆除，便將骨灰遷葬至現址。

圖 8-21　六氏先生之墓旁的節理構造豆腐岩。

請遊客算算看豆腐岩有幾組節理。

過了六氏先生之墓，木棧道再往前就是「食樹大王」（圖 8-22）。食樹大王之所以有「食樹」之稱，是因為本身屬於榕屬熱帶植物，能利用榕屬植物特殊的生存方式，透過茂盛的氣根展現纏勒包樹能力，緊緊勒住原樹（宿主）的樹幹，使宿主無法爭取到陽光、水分而枯死。另外，芝山岩的砂

圖 8-22　食樹大王。

岩地層，表土沉積偏淺，植物要立地扎根須有更強大的生命力。而榕屬植物即使淺薄的表土仍有不錯的抓地力，加上榕屬植物生長快速的本質，根系能快速成長延伸到水源，以延續生命。

第 8 站　八芝蘭竹

　　八芝蘭竹是士林地區特有的珍稀植物，1916 年由日本植物學家早田文藏在芝山岩發現，因士林在清代有八芝蘭之稱，所以命名為八芝蘭竹。

　　八芝蘭竹特徵是枝葉交接處的籜耳有明顯長剛毛（圖 8-23），早年士林居民會用八芝蘭竹編製米篩，因此又稱「米篩竹」。八芝蘭竹儘管在植物界十分珍貴，但由於竹材細小，長成後的高度也頂多 2 ～ 3 公尺，因此經濟效益不大。

導覽解說員可以準備
幾種不同竹種的照片，
讓遊客清楚判別差異。

圖 8-23　八芝蘭竹為士林特有種的原生植物。

第 9 站　樟樹爺爺

從雨農民眾閱覽室往山下走，即可見到大名鼎鼎的芝山岩樟樹爺爺。這裡不少大樹都超過百來歲，其中大樹一哥首推樹齡超過 300 歲的樟樹爺爺。樟樹可製造樟腦、工業原料，日治時代全臺幾乎被砍伐殆盡，芝山岩這棵樟樹是僅存，也是臺北現存最老的一棵樟樹。（圖 8-24）

這棵 300 歲的樟樹爺爺，樹上生氣勃勃，請遊客一請找看看有哪些寄生植物。

圖 8-24　老樟樹爺爺樹幹上依附著各種蕨類植物，形成特別的寄生生態現象。

第 10 站　蝙蝠洞與太陽石

離開樟樹爺爺，順著階梯步道往下走，可以看到兩塊大岩石組成的一個小型岩洞，早期岩洞裡有許多蝙蝠，但隨著周遭人群的移入，蝙蝠早已不復見（圖 8-25）。蝙蝠洞上方有一傾斜裂開的岩石，岩石表面有著風化產生的同心圓曲線，最外圈還有放射狀的線條，產生太陽光放射光芒的圖像效果，因此有太陽石之稱（圖 8-26）。

圖 8-25　蝙蝠洞。

導覽解說員可以準備臺灣常見的蝙蝠品種照片，並介紹蝙蝠習性，與接觸蝙蝠的注意事項。

圖 8-26　太陽石。

第 11 站　舊神社表參道

　　順著階梯步道繼續往下走，在東砲附近有海濱植物搭肉刺（圖 8-27）跟海岸次生林的先鋒樹種蟲屎（圖 8-28），可以見證芝山岩的地層變化史。搭肉刺多刺的植身是爲了刺搭在其他植物上，以獲取足夠的生長光源，也具有保護作用，避免草食性動物取食。蟲屎的葉柄和葉面交接點，有類似像蟲屎般的腺點，因而得名。

圖 8-27　搭肉刺爲豆科植物，左圖搭肉刺的植株及扁平紡錘狀的莢果；右圖爲搭肉刺的花。

圖 8-28　蟲屎是大戟科植物，左圖紅框線標示處，有類似蟲屎般的腺體；右圖爲蟲屎開花結果中的植株，花期在春季。

　　認識了搭肉刺跟蟲屎後，繼續順著步棧道往下走，即可來到舊時芝山岩最重要的南隘門出入口「百二崁」（圖 8-29）。百二崁的說法，是因舊芝山神社從山腳下神社參道往上至神社正殿，共設有 120 崁石階，臺語稱之百二

崁。到神社參拜時，須踩著石階走上神社，參道的環境氣氛莊嚴而肅穆。走下了百二崁，入口處對面還有一塊長形的巨石，因形似趴臥的石馬（圖8-30）而得名。

（四）行程結束

行程來到解散點，導覽解說員與遊客聊聊今天的行程是否有不清楚，可在行程安排的時間內進行小討論，或請遊客透過方便聯絡的方式討論。另外，可依行程規劃進行訪談市調或問卷調查（表1），再將行程的解說用品整理、復原，即完成導覽解說行程。

行程結束之後，導覽解說員應針對遊客回覆的導覽解說行程問卷調查及整個行程進行評量檢討（表2），以作為之後行程的調整方向與改進參考。

圖8-29 舊芝山岩神社表參道。

圖8-30 石馬據傳是漳州人守護神開漳聖王的坐騎，石馬身上有許多鑿痕，相傳是漳泉械鬥時，泉州人以鐵釘夜襲石馬而來。

230

表 1　問卷市調表

解說服務滿意度調查表

親愛的貴賓您好：

　　感謝您撥冗填答這份問卷，希望透過您的填答，了解您對行程安排覽導解說服務的滿意程度，本資料僅供考評之用，絕不做其他用途，請您安心填答。您的填答將有助於導覽服務品質的提升，衷心感謝您的協助與合作。

順心如意　　　　　　　　　　　　　　　　　　　　　　　　　　　　敬啓

調查項目		滿意度				
		非常滿意	滿意	普通	不滿意	非常不滿意
解說員	1. 解說員口齒清晰					
	2. 解說員語調溫和，速度和音量適切					
	3. 解說員使用術語展現其豐富的專業知識					
	4. 解說員談吐風趣並且與遊客保持互動					
	5. 解說員懂得利用肢體語言來強化解說內容					
	6. 解說員能察覺旅客的反應來調整解說技巧					
	7. 解說員的解說方式讓遊客很容易了解、明白					
	8. 解說員的儀表整潔得宜					
	9. 解說員的態度認真、笑容親切可掬					
	10. 解說員表現出尊重與耐心解答我們的問題					
	11. 解說員能讓我們有一個愉快的參觀經驗					
導覽設備	1. 電腦設備內容豐富、清晰					
	2. 電腦設備內容難易度適中					
	3. 語音導覽內容難易度適中					
	4. 語音導覽聲音清晰					
	5. 影片、紀錄片內容充實度					
	6. 解說牌文字方便閱讀					
	7. 解說牌內容難易度適中					
	8. 導覽手冊容易閱讀					
展示環境	1. 展示動線規劃良好					
	2. 方向指引標示清晰					
	3. 展場光線明暗適中					
	4. 展示內容具吸引力					
	5. 文物擺設恰當					

其他建議事項：

評量者：＿＿＿＿＿＿＿＿＿＿＿＿＿＿

表 2　評量檢討表

項目	佔比	說明
導覽解說 內容規劃	20%	1. 導覽解說規劃具有完整性、創意性、有個人觀點和見解。 2. 傳達的訊息經過組織、包裝及重整，有系統的傳達給遊客理解。 3. 解說深入淺出、平易近人、架構清楚、條理分明。
當地資源 結合度	20%	結合當地觀光資源與資訊、安全教育。
服裝 儀容 肢體表現	20%	1. 服裝、儀容之合宜性。 2. 具備表達、溝通能力，口語清晰、表情生動、肢體活潑。 3. 引發遊客興趣、滿足好奇心，引導遊客認識環境、體驗自然，欣賞觀光資源之美。
導覽解說 媒體運用	20%	1. 導覽解說過程，運用現場設施、解說牌或標示。 2. 自製簡報、文宣或科技資訊運用。
啟發	20%	1. 除了介紹風景、習俗或物種名稱、生態習性，還傳達保護環境、保育生態的觀念。 2. 激勵遊客對所描述的環境產生新的見解與熱誠。 3. 使遊客感受到自然資源的珍貴與文化資產的重要，養成友善環境的態度、觀察力與反思力。

評量者：＿＿＿＿＿＿＿＿＿＿＿

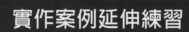

實作案例延伸練習

一、資源調查、編寫解說內容

　　導覽解說員必須先調查、記錄當地可供解說的資源，完成整個區域資源盤點、分類，依設計的行程主題特色對解說行程進行設計。

（一）解說演練一

　　解說員可以參考本章案例一「導覽路線規劃」，再加入自己的創意，調整成你的行程，如：

1. 考古資源景點：考古探坑展示館……

2. 自然生態資源景點：樟樹爺爺、著生植物、八芝蘭竹、纏勒植物……

3. 歷史史蹟資源景點：福地洞天、西隘門、惠濟宮、六氏先生之墓、神社表參道……

4. 地質資源景點：芝山岩石頭公、生痕化石、節理、蛇蛙石、大象石、豆腐石、洋蔥石、蝙蝠洞、太陽石……

（二）解說演練二

　　請同學依居住所在地或校園，自行找出和地質相關的標的做演練，例如：

1. 基隆和平島公園

2. 臺中新社地區

3. 高雄市杉林區集來里「火山」社區

二、製作解說輔助工具

1. 地質寶藏圖：參考圖 8-3 的地圖，設計 1 張芝山岩平面圖，依照解說行程的順序編號，可針對解說重點、地質資源、景點……設計成填空方式的寶藏圖。導覽行程前先發放給參加行程的遊客，讓遊客在聽導覽的行程中找答案，可增加互動性與參與感。

2. 地質景點尋寶卡：將行程中的解說重點、景點拍成照片，可製作成尋寶活動的小圖卡，讓遊客分組進行看圖尋寶的活動，增加學習印象及行程的趣味性。

3. 解說媒體：行程中，有些景物已不再，可以先準備補充用的老照片、圖片、補充資料，放入剪報夾或製成海報、手拿板……，導覽行程時可即時展示，讓遊客收穫更多、行程更豐富。

4. 趣味遊戲設計：地質考古導覽解說因應不同的對象，可以發揮創意設計小遊戲，以趣味性方式將地質知識融入遊戲活動中，例如：芝山岩史蹟尋寶卡……。

案例二 自然生態類型導覽解說──富陽自然生態公園生態導覽

原爲聯勤彈藥庫，因長久軍事管制隔絕人爲干擾之故，園內林相豐富、蟲鳴鳥叫，保留市內難得一見的低海拔森林及溪流等自然資源，長久以來皆爲生態保育團體、學校教師進行戶外教學的最佳場所。

一、確認主題與範圍

自然生態的導覽解說，是指在解說員的帶領下認識自然生態的場域、觀察動植物生態與自然環境，使遊客更了解當地的特殊自然景觀與生態環境，並在導覽過程導入環境教育概念，以提高遊客的環保意識，進而引發負責任的環保意識。

二、蒐集與分析解說資源

（一）自然生態

富陽自然生態公園（圖 8-31）保留了生物生態自然演替區、賞蝶區、大赤鼯鼠觀察區及臺北樹蛙觀察區；林相也相當豐富，共擁有香楠、相思樹、白匏子、血桐等 331 種植物，5,000 株喬木。2000 年，規劃爲生態公園，是臺北市第一座以生態保育與教育功能爲主的自然公園。

圖 8-31　臺北市的富陽自然生態公園。

自然生態導覽重點如下：

1. 園區植物；2. 園區生物探索；3. 溼地生態觀察；4. 河谷生態區

（二）軍事遺址

富陽自然生態公園原爲聯勤彈藥庫，公園入口軍事遺址區屬於日治時期的彈藥庫山洞，也保留了許多碉堡遺址。

三、導覽路線規劃

　　初步行程路徑可參考富陽公園的 Google 地圖，及富陽公園公告的生態參觀景點路徑，並透過實地踩線選定最適當的解說地點、停留時間長短、行程起屹點、抵達時間或者是導覽順序，做為導覽解說活動行前的修正。

　　導覽路線因應遊客的人數、年齡、屬性…等，而有不同需求，須調整解說內容與方式。即使同路線，因季節或時間不同，解說的重點也可能有所差異。

（一）導覽路線

麟光站一號出口（集合點）→沿麥當勞到加油站左轉富陽街→ 1. 富陽公園入口軍事遺址區→ 2. 河谷生態區→ 3. 自然生態演替區→ 4. 濕地生態觀察區→ 5. 碉堡遺址→ 6. 蟬類木棧道生態區→ 7. 蝴蝶次生林生態區→富陽公園入口（解散點）。（圖 8-32）

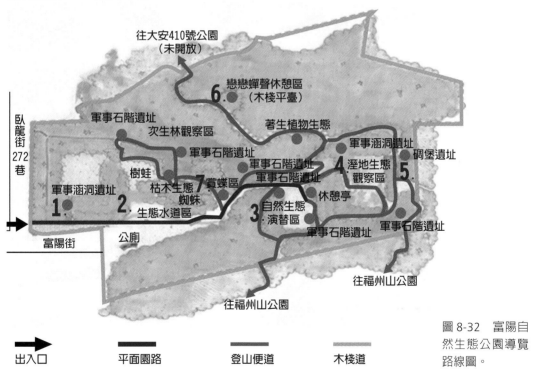

圖 8-32　富陽自然生態公園導覽路線圖。

行程提醒：

1. 自然生態導覽須防蚊蟲叮咬、注意地面濕滑，記得攜帶遮陽帽、水壺、防蚊液、小手電筒（也可以利用手機的手電筒功能 APP）。

2. 建議遊客攜帶放大鏡、望遠鏡、照相機、筆記本等物品。

3. 公園中的公廁只有在入口區設置，提醒遊客做好入園前的安排。

（二）導覽時間

1. 導覽時間 2 小時
2. 各展示點須先確認開放時間，行前須再確認時間是否有異動，以免撲空。

（三）導覽活動設計

　　生態導覽解說可針對不同對象發揮創意，設計的活動以趣味性方式將生態知識融入遊戲活動中。

活動設計一

我是昆蟲學家：手上的昆蟲圖卡，你認識哪幾種？找一找你能找到哪些呢？

活動設計二

我是植物學家：請利用手上的植物圖卡，你能找到哪些呢？

四、導覽解說行程

（一）導覽解說員自我介紹

 別忘了以好臉色、好氣色、好口氣⋯⋯增加好人氣喔！另外，盡可能提早到，除了可以和早到的遊客互動、活絡關係，也可以了解他們的行程需求，並適時於行程中滿足遊客需求，增加彼此的良性互動。

（二）導覽解說景點概述

針對今天的行程花幾分鐘概略介紹，並針對有特殊規範的景點先初步叮嚀。

（三）導覽解說行程開始

可以請遊客搶答「環繞富陽
公園是哪三山？」

第 1 站　富陽公園入口軍事遺址區

　　富陽自然生態公園又名「富陽公園」（大安 408 公園）。富陽公園位於三山環繞的溪谷，日治時期，富陽山山區因地處要塞且掩蔽良好，是軍方重要的軍事彈藥庫基地。光復後，聯勤於三張犁地區設置四四兵工廠（現今信義計畫區），因富陽山麓的山凹斜坡地，具有地利優勢，軍方整地成凸起假山和凹谷，作為彈藥庫房用地，並歸國軍聯勤單位管轄。1988 年，山頭的聯勤彈藥庫撤離，重新整頓、改建並改名富陽山，於 2006 年 10 月重新開放（圖 8-33），成為臺北市內唯一一處自然生態公園。

圖 8-33　軍事涵洞遺址，目前僅留下部分涵洞、石階步道、崗哨、牆垣等遺址。

圖 8-34　河谷生態區的林相茂盛，加上未受汙染的溪谷，提供動物、昆蟲良好的棲息地。

第 2 站　次生林相觀察區（河谷生態區）

　　富陽自然生態公園內最為稱道的是公園內豐富的動植物生態。目前富陽山與福州山交接的小溪谷，已規劃成以水生植物為主的生態觀賞區。而山谷間的林相，是已蓬勃發展的整片次生林，樹種多元、高大蓊鬱。（圖 8-34 ～圖 8-36）

如果一片森林裡多數的樹木樹齡都超過 50 年以上，則半徑 30 公尺以內的氣溫，會降低 2 ～ 3℃。

次生林是原始森林受到天災、人為砍伐、破壞後，經過多年自然復育，形成新的森林植被生態系統，又稱再生林。

圖 8-35　富陽自然生態公園特有昆蟲－渡邊長吻白蠟蟬。

引導遊客發現及介紹昆蟲的同時，別忘了叮嚀遊客注意自身安全與生態的維護。

圖 8-36　人面蜘蛛。母人面蜘蛛屬於體型巨大的蜘蛛，而公蜘蛛體型小很多，仔細找找蜘蛛網上有如米粒般大小的紅色小蜘蛛，就是公的人面蜘蛛，蜘蛛交配後，母蜘蛛會吃掉公蜘蛛，再到土裡產卵，完成傳宗接待的任務後，就會結束生命週期了。

第 3 站　自然生態演替區

1988 年彈藥庫撤走後，溪谷稜線間約百坪區域遭山下居民非法舖設水泥、設置兒童遊樂區。劃歸自然演替區後，開始回復草地狀態，並在解說牌上記錄及展示從 2006 年 8 月～ 2015 年 8 月，歷經 10 年的自然生態修復過程。（圖 8-37）這裡的解說牌說明先驅植物與周遭植物間奧妙關係等材相演替。

如想要更深入了解富陽公園自然生態，以作為行程解說參考，可以參考臺北市公園路燈管理處發行的『富陽自然生態公園導覽手冊』

圖 8-37　記錄阻斷人為侵擾後，裸地如何自然修復及恢復生機的解說牌。

第 4 站　濕地生態池

請遊客說說去過哪些濕地、螢火蟲復育地，聊聊
差異性，引導遊客搜尋目標物。

　　此地因地勢較低，形成一盆狀窪地，雨水自地勢高的地區順勢流入，匯
聚成濕地，濕地生態池有很多水生昆蟲，是觀察蜻蜓、豆娘及水生生物的場
域，也是臺北樹蛙的棲息地。（圖 8-38、圖 8-39）目前以生態工法讓溼地增
加盛水功能，作爲復育螢火蟲及樹蛙等動物的棲地。

圖 8-38　自然生態演替區的岔路附近有軍事涵洞，往左是戀戀蟬聲區，往右是休憩亭，再
直行爲濕地生態池，附近也有搬運彈藥的軍事石階。

圖 8-39　濕地生態池會放置白色蝦籠，目的要捕捉會破壞生態的外來種生物－螯蝦。

可以以螯蝦造成的生態問題，引導遊客思
考水族棄養的問題。

240

第 5 站　碉堡遺址

濕地生態池繼續上行可以看到軍事崗哨的遺址，是當時守衛彈藥庫營區的崗哨，設有出入口與出槍口。（圖 8-40）

圖 8-40　碉堡遺址。

第 6 站　蟬類木棧道生態區

此區擁有數量龐大的蟬類生態，除了草蟬、臺灣雄蟬、法師蟬之外，渡邊長吻白蠟蟬是富陽自然生態公園特有昆蟲，因此特別規劃蟬類生態區。蟬類生態區採用高架木棧道，讓生物可以從平臺下通行，提高蟬類幼蟲出土羽化、繁衍下一代的機會。而富陽公園步道上還有許多動植物生態，有時會遇到有毒的赤尾青竹絲（圖 8-41）、特有的臺北樹蛙（圖 8-42）…等。

圖 8-41　赤尾青竹絲尾巴為紅色，有毒的蛇，屬於小型蛇，最大體長約 90 公分。最愛的食物是蛙類，因此經常出現在水邊植物叢中。

第 7 站　蝴蝶次生林生態區

從蟬類生態區再爬一段木棧道階梯（圖 8-43），即可到達中埔山。可以前往中埔山東峰的觀景臺，透過不同角度觀看臺北盆地（圖 8-44）。如果往公園入口方向的步道走，很快便可到達蝴蝶生態區，這一區種植了許多食草與蜜源植物，所以可以很容易找到各類型的蝴蝶。

圖 8-42　臺北樹蛙為臺灣特種，冬天是繁殖期，才能聽見樹蛙求偶的鳴叫聲。

圖 8-43　左圖：往福州山的路主要是原始的土路和以樹根為階梯，可小體驗原始山徑之美。

圖 8-44　右圖：中埔山東峰的觀景臺，是中埔山視野最佳處，因可眺望臺北 101 大樓，成為臺北旅遊熱景之一。

可藉由有一點點坡度的登山步道，請問遊客平時是否有登山、健走等運動習慣，導覽解說員能進一步了解行程成員的身體狀況。

（四）行程結束

　　行程來到解散點，導覽解說員與遊客聊聊今天的行程是否有不清楚，可在行程安排的時間內進行小討論，或請遊客透過方便聯絡的方式討論。另外，可依行程規劃進行訪談市調或問卷調查（表 3），再將行程的解說用品整理、復原，即完成導覽解說行程。

　　行程結束之後，導覽解說員應針對遊客回覆的導覽解說行程問卷調查及整個行程進行評量檢討（表 4），以作為之後行程的調整方向與改進參考。

表 3　問卷市調表

解說服務滿意度調查表

親愛的貴賓您好：

　　感謝您撥冗填答這份問卷，希望透過您的填答，了解您對行程安排覽導解說服務的滿意程度，本資料僅供考評之用，絕不做其他用途，請您安心填答。您的填答將有助於導覽服務品質的提升，衷心感謝您的協助與合作。

順心如意　　　　　　　　　　　　　　　　　　　　　　　　　　　　敬啓

調查項目		滿意度				
		非常滿意	滿意	普通	不滿意	非常不滿意
解說員	1. 解說員口齒清晰					
	2. 解說員語調溫和，速度和音量適切					
	3. 解說員使用術語展現其豐富的專業知識					
	4. 解說員談吐風趣並且與遊客保持互動					
	5. 解說員懂得利用肢體語言來強化解說內容					
	6. 解說員能察覺旅客的反應來調整解說技巧					
	7. 解說員的解說方式讓遊客很容易了解、明白					
	8. 解說員的儀表整潔得宜					
	9. 解說員的態度認真、笑容親切可掬					
	10. 解說員表現出尊重與耐心解答我們的問題					
	11. 解說員能讓我們有一個愉快的參觀經驗					
導覽設備	1. 電腦設備內容豐富、清晰					
	2. 電腦設備內容難易度適中					
	3. 語音導覽內容難易度適中					
	4. 語音導覽聲音清晰					
	5. 影片、紀錄片內容充實度					
	6. 解說牌文字方便閱讀					
	7. 解說牌內容難易度適中					
	8. 導覽手冊容易閱讀					
展示環境	1. 展示動線規劃良好					
	2. 方向指引標示清晰					
	3. 展場光線明暗適中					
	4. 展示內容具吸引力					
	5. 文物擺設恰當					
其他建議事項：						

評量者：_____

表 4　評量檢討表

項目	佔比	說明
導覽解說 內容規劃	20%	1. 導覽解說規劃具有完整性、創意性、有個人觀點和見解。 2. 傳達的訊息經過組織、包裝及重整，有系統的傳達給遊客理解。 3. 解說深入淺出、平易近人、架構清楚、條理分明。
當地資源 結合度	20%	結合當地觀光資源與資訊、安全教育。
服裝 儀容 肢體表現	20%	1. 服裝、儀容之合宜性。 2. 具備表達、溝通能力，口語清晰、表情生動、肢體活潑。 3. 引發遊客興趣、滿足好奇心，引導遊客認識環境、體驗自然，欣賞觀光資源之美。
導覽解說 媒體運用	20%	1. 導覽解說過程，運用現場設施、解說牌或標示。 2. 自製簡報、文宣或科技資訊運用。
啓發	20%	1. 除了介紹風景、物種名稱、生態習性，還傳達保護環境、保育生態的觀念。 2. 激勵遊客對所描述的環境產生新的見解與熱誠。 3. 使遊客感受到自然資源的珍貴與文化資產的重要，養成友善環境的態度、觀察力與反思力。
		評量者：＿＿＿＿＿＿＿＿＿＿

實作案例延伸練習

　　富陽生態自然公園導覽屬於定點導覽解說，主要以現地的特色景點做為解說題材，所以解說設計目標是使解說內容更為清楚、簡潔、易懂，解說技巧說明如下：

一、資源調查、編寫解說內容

　　導覽解說員必須先對當地可供解說的資源予以調查、記錄，完成整個據點資源盤點工作後，將定點解說的內容整理完備。

（一）解說演練一

　　進行植物生態解說時，可根據植物與光照強度的關係，把植物分為陽性植物、先驅植物和耐陰植物 3 種生態類型。再蒐尋、記錄植物名稱及其生長特性，如：

1. 陽性植物：喜好強光環境，多生長在曠野、路邊。

2. 先驅植物：先驅植物是指林相遭破壞後，慢慢自然復育的過程中，最先長成的植物聚落，這些先驅植物多半具有耐旱、耐貧瘠、耐強光等特性，地衣、苔蘚、禾科草本植物或喜好陽光的陽性樹種都是常見的先驅植物，富陽生態自然公園代表性的先驅植物有血桐、構樹、山麻黃，有先驅三劍客的稱號。

3. 耐陰植物：這類植物的枝葉茂盛，含水分較多，多生長在潮濕、背陰的地方。如：草本植物的芒草、大花咸豐草…等。

（二）解說演練二

　　請同學依居住所在地或校園，自行找出和植物生態相關的標的做演練。

二、製作解說輔助工具

　　解說員可根據現場解說設施或資源進行設計、製作，編印解說手冊、摺頁、打油詩或手繪地圖等；設計與遊客互動的問答題，讓遊客產生參與感。

1. 植物名牌卡：將植物名稱製作成可懸掛名牌，同學分別懸掛，以角色扮演方式演繹植物特性。（圖 8-45）

圖 8-45　製作植物名牌卡。

2. 解說媒體：準備補充用的照片、圖片、補充資料，放入剪報夾或製成海報、手拿板，存入 iPAD……（圖 8-46），導覽行程時可即時展示，讓遊客收穫更多、行程更豐富。

圖 8-46　可將照片、圖片整理成冊，製作資料簡報夾，或製作海報、手拿板，可邊解說邊展示，提高遊客的學習興趣。

3. 實務樣本種子、動物：解說員可自備種子、動物樣本，邊解說邊展示。（圖 8-47）

圖 8-47　以實務樣本種子或動物輔助導覽解說。

4. 用手觸摸或搓聞：解說員可讓遊客親手觸摸或搓聞介紹的植物（圖 8-48），增加學習互動、學習興趣。

圖 8-48　解說員引導遊客用手觸摸或搓聞植物。

5. 利用植物辨識 App：解說員可請遊客安裝手機版動植物辨識軟體，利用鏡頭拍照辨識動植物（圖 8-49）。

圖 8-49　請遊客拿出手機，利用植物辨識 App 認識植物。

6. 趣味遊戲設計：因應不同的對象，可以發揮創意設計活動，以趣味性方式將生態知識、軍事遺址歷史融入遊戲活動中，例如：富陽生態自然公園尋寶卡……。

案例三 水文史蹟類型導覽解說——臺北自來水園區暨瑠公圳水文史蹟導覽

公館觀音山地區是日治時期最早引進自來水系統的地方，也是北臺灣相當重要的水文史蹟。藉由水文史蹟導覽讓大眾更積極認識自己居住的土地、重視舊文化，及了解水文發展的意義，包括美化環境景觀、保留歷史遺產價值、展現常民文化…等。

一、確認主題與範圍

人們依河流而生，生活所需與經濟發展都仰賴著水源，河流在人類的歷史文化起源中，扮演非常重要的角色。

臺北地區自來水水源 9 成來自新店溪水源，是臺北都會區民生用水的主要來源，而公館觀音山地區則是日治時期最早引進自來水系統的地方，也是北臺灣相當重要的水文史蹟。透過水文史蹟導覽，除了可以認識我們生活中的飲用水渠、農業灌溉溝圳、河口潮間帶等相關水文景觀，也可以更了解區域的歷史發展狀況。

二、蒐集與分析解說資源

（一）公館水源地的歷史背景

1. 18 世紀以來，淡水河及其支流因具有舟楫、民生灌溉與漁獲之利，吸引大陸福建、廣東移民，也發展出淡水河的沿岸聚落（圖 8-50），如：滬尾、艋舺、大稻埕、新莊與內陸的新店、大溪等城鎮的興起。1857 年英法

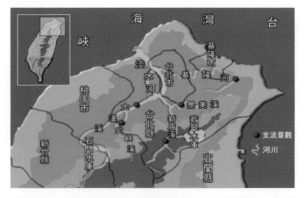

圖 8-50　淡水河的沿岸聚落發展，包括艋舺、大稻埕、新莊與內陸的新店、大溪等城鎮。

聯軍後，清廷被迫開放淡水、基隆等通商口岸之後，成為重要的國際商港，所以臺灣北部的政治經貿地位逐漸提高，移民也不斷地增加。當時臺北盆地多為漢移民的農耕地，設立林口庄（今水源地、公館一帶）、公館庄（今師大分部一帶）（圖 8-51）作為開墾及貿易之用，南側景美地區為平埔族秀朗社所在地，當時漢移民常與秀朗社民發生衝突。1736年，清廷為防範漢番衝突並方便納糧課稅，在蟾蜍山的 V 字型隘口設立廨署，也是公館地名之由來。

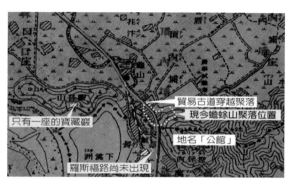

圖 8-51　現今水源地、公館一帶聚落關係圖。

圖 8-52　觀音山的水源地取水口老照片。

2. 日治初期，為了改善市民飲用水品質，依英籍顧問威廉·巴頓先生的建議，將觀音山設定為臺北水源地，所以在新店溪畔設置源水取水口（圖 8-52）、觀音山麓設置淨水場、觀音山上設置蓄水池。

圖 8-53　淡水河的航運路網是 18、19 世紀北臺灣相當重要的運輸通路。

3. 19 世紀，淡水河及其支流成為臺北盆地內陸茶葉、煤、樟腦、石磚…等產業的重要外銷交通輸運管道。（圖 8-53）

（二）瑠公圳

「瑠公圳」曾是臺北盆地最重要的灌溉水圳渠道之一，擁有近 280 年的歷史，清朝乾隆年間郭錫瑠父子於 1740 年起探勘興建而成，自大坪林築陂鑿石穿山，由新店溪上游的青潭口引水，灌溉臺北盆地東半部千餘甲農田，肩負農業灌溉及日常生活用水的重要功能，維繫早期臺北人的生業命脈。

目前大部分的瑠公圳皆改為暗溝，甚至已被填平，只在臺北市區、新北市新店區內仍殘留幾小段水道。踏查瑠公圳遺跡，可認識自己居住成長的環境及水文發展的軌跡，並了解水圳歷史廊道的歷史變遷。

二、導覽路線規劃

研究臺北自來水園區的水文史蹟及歷史背景後，規劃各景點的實際內容與導覽重點，擬訂初步行程的路徑，並透過實地踩線選定最適當的解說地點、停留時間長短、行程起訖點、抵達時間或者是導覽順序，做為導覽解說活動行前的修正。

導覽路線會因應遊客的人數、年齡、屬性…等，而有不同需求，須調整解說內容與方式。此外，即使同一導覽路線，因季節或時間不同，解說的重點也可能有所差異。

（一）導覽路線（圖 8-54）

A. 上午路線：民生必需自來水水文史蹟導覽

臺電訓練所門口（集合點）→ 1. 桂山發電廠→ 2 粗坑壩與香魚魚梯→ 3. 直潭攔水壩、直潭淨水廠→ 4. 青潭攔水壩→ 5. 公館水道水源地→ 6. 臺北水道水源地唧筒室→ 7. 觀音山蓄水池→ 8. 臺北水源地量水室→ 9. 渾水取水口。

B. 下午路線：歷史悠久的灌溉水圳瑠公圳水文史蹟導覽

1. 瑠公圳取水石硿→ 2. 碧潭瑠公圳取水口→ 3. 瑠公圳新店段幹線圳溝遺址→ 4. 大坪林圳過水橋→ 5. 瑠公圳大安支線古圳道（臺大校園）→ 6. 溫州街瑠公圳支流遺址（溫州街與辛亥路交叉口）（解散點）。

行程提醒：

1. 點與點的移動需要搭乘大眾運輸，須提醒學員自備悠遊卡或零錢

2. 選擇醒目的集合地點及候車站牌。

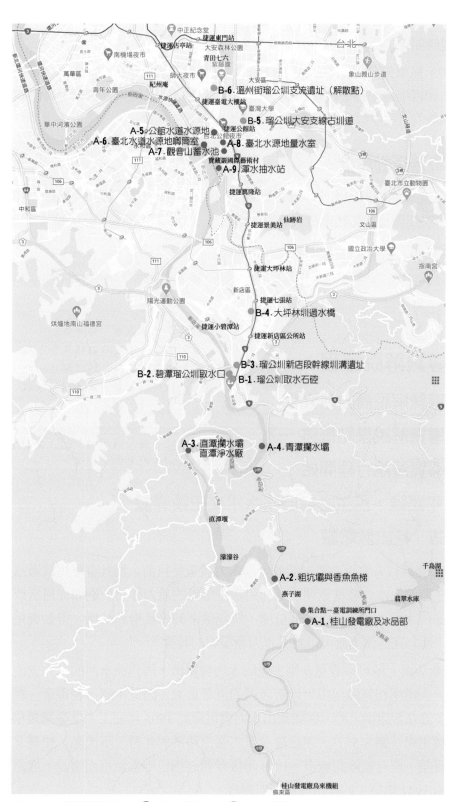

圖 8-54 導覽路線圖 表 A 路線 ● 表 B 路線。

（二）導覽時間

1. 導覽時間 4 小時

2. 各展示點須先確認開放時間，行前也要再確認時間是否有異動，以免撲空。如百年古蹟觀音山蓄水池，在 2019 年整修完畢後，負責單位採不定期開放的方式開放參觀，假日則安排園區導覽的活動。

（三）導覽活動設計

　　臺北自來水園區的水文導覽可針對不同對象發揮創意，設計的活動以趣味性將水文知識及人文歷史融入遊戲活動中。

1. 請遊客在地圖上標示老地名。

2. 踏查瑠公圳灌溉水圳，請遊客實地踏查時拍照作紀錄，以認識自己居住的環境及人文發展軌跡。

四、導覽解說行程

（一）導覽解說員自我介紹

別忘了以好臉色、好氣色、好口氣……增加好人氣喔！另外，盡可能提早到，除了可以和早到的遊客互動、活絡關係，也可以了解他們的行程需求，並適時於行程中滿足遊客需求，增加彼此的良性互動。

（二）導覽解說景點概述

針對今天的行程花幾分鐘概略介紹，並針對有特殊規範的景點先初步叮嚀。

（三）導覽解說行程開始

A. 上午路線：民生必需自來水水文史蹟導覽

第 1 站　桂山發電廠

　　電力是現代人生活必要的能源，而水力發電是目前人類社會應用最廣泛的可再生能源。水力發電原理，是利用水位落差的重力作用，例如從河流或水庫等高位水源，引水流至較低位處，快速落下的水流推動輪機，帶動發電機發電，所以在河流上游可以看見水力發電廠的設置。

　　在新店溪上游可以看見多座古老的水力發電廠，因為淡水河的三大支流新店溪、大漢溪和基隆河中，以新店溪的流量最大，因此水庫、發電廠、攔水壩大多設在新店溪上游。例如龜山水力發電廠於 1905 年完工，是臺灣最早的水力發電廠（圖 8-55），便設置在新店區南勢溪與北勢溪匯流處，使臺北成為全臺第一座有電燈的城市。1943 年因硬體結構已不敷使用而廢除，發電任務改由 1941 年完工的桂山發電廠所取代。

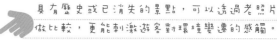
具有歷史或已消失的景點，可以透過老照片做比較，更能刺激遊客對環境變遷的感觸。

圖 8-55　龜山水力發電廠。

圖 8-56　小粗坑發電廠，是臺灣第二座水力發電廠。

　　1909 年，為因應電力需求，新店屈尺小粗坑發電廠興建啟用（圖 8-56），是臺灣第二座水力發電廠，也是目前臺灣現存最古老的發電廠。1949 年再設置烏來發電廠，充分運用新店溪充沛的水力發電。

　　發電廠雖然主要是築堤蓄水發電，但是也把寶貴的水資源蓄積起來，發完電後排出的水資源，可供下游繼續築堤蓄水以提供飲水、灌溉等用途。目前位在新店溪上的小粗坑、烏來、桂山電廠因精簡組織強化管理，由桂山發電廠遙控運轉小粗坑發電廠發電。

第 2 站　粗坑壩與香魚魚梯

考考遊客，除了香魚，還知道哪些魚屬於迴游魚類。

　　粗坑壩位於小粗坑發電廠的取水口，新店溪中游屈尺附近，因此又稱屈尺壩，也就是現在燕子湖下方的溪流處。目前粗坑壩的功能不只是將河水引到下游的小粗坑電廠發電，還配合直潭堰蓄水，供應大臺北地區的民生用水，並調節翡翠水庫與桂山電廠發電的尾水。

　　粗坑壩屬於小型攔水堰堤，是一座混凝土重力壩，採自由溢流方式，並設有排砂道。比較特殊的是日本人在興建粗坑壩堰堤時，為了保育迴游性魚種的生存環境，而設置階梯狀的魚道。（圖 8-57）

圖 8-57　粗坑壩設有提供迴游性魚類逆流而上的魚梯。

254

TIPS

香魚

　　新店溪早年盛產原生種香魚著名，原生種香魚屬於降海型的溯河洄游性魚類，喜好乾淨的清溪激流環境。香魚因會散發出一股香瓜氣味而受人喜愛。日治時期大家很喜歡香魚料理，但是日本政府有設置禁止漁獵的期間以保育魚類，如粗坑壩設置的魚道，就是避免水壩阻礙像香魚這種洄游性魚類逆流而上成長。但是戰後禁止漁獵管制不力，又加上河川汙染、盜採砂石破壞生態等緣故，原生種的香魚竟然快速消失蹤跡。1978 年，我國自日本琵琶湖引進陸封型香魚受精卵，放流新店溪，才讓香魚重返溪流。

圖 8-60　目前市場上販售的大多是養殖的香魚。

第 3 站　直潭攔水壩、直潭淨水廠

　　位於臺灣新北市新店磺窟溪和新店溪匯流口上游的直潭壩，又稱直潭堰，1978 年完工，隸屬於臺北自來水事業處管理的攔河堰，主要功能是將原水引至直潭淨水廠。原水經淨水處理後，透過管線供給臺北市和新北市民生用水，是大臺北地區的重要水源地。直潭壩除了引水淨化的作用，也具有調節翡翠電廠發電尾水的功能。

　　大臺北地區共有 5 座淨水場，分別是直潭、長興、公館、雙溪及陽明。直潭淨水場共有 5 座水處理設備，可提供大臺北地區 70% 以上的民生用水，是全臺規模最大的淨水場，也是東南亞第一大的淨水場（圖 8-58）。原水過濾淨水過程，首先經過沉砂溢流井、分水井的過程，一直到淨水場內的混凝池、沈澱池到快濾池，全部淨水流程都是經過電腦嚴密監控，層層把關。

　　直潭淨水廠和攔水壩，屬於禁止參觀的水源管制區，但仍可觀賞溪流上取水的直潭攔水壩。另外，新店溪因直潭壩攔截豐沛的溪水，也形成濛濛湖、燕子湖等遊憩景點。

圖 8-58　東南亞第一大的淨水廠，取水口設在直潭攔水壩。

第 4 站　青潭攔水壩

　　青潭堰是一座無閘門的攔水壩，位於新北市新店溪臺電公司粗坑電廠下游 800 公尺處，最大供水量達每日 115 萬立方公尺，主要功能與直潭壩同為大臺北地區家用與主要公共用水取水點（圖 8-59），所取的原水送蟾蜍山長興、公館淨水場處理。另外，也具有調節粗坑電廠發電尾水的功能。

　　1979 年 8 月曾遭歐敏颱風洪流沖毀，為紀念當時因搶修殉職的憲兵隊陳金龍隊長，於青潭堰旁立有紀念銅座。

與遊客聊聊興建水壩對民生有很大的作用，但水壩也可能改變河道的生態，為了興建水壩須不斷在民生與自然生態中找尋平衡點，所以我們應該更加珍惜水資源。

圖 8-59

青潭堰攔水壩。

第 5 站　公館水道水源地

　　西元 1907 年，臺灣總督府依照英籍顧問巴爾頓先生建議，在公館觀音山腳下的新店溪畔建造引取源水的取水口，在觀音山麓設置處理用水的淨水場，再將處理後的清水，以抽水機抽送至觀音山上的配水池，藉由重力方式自然流下，提供臺北地區住戶日常用水，對於當時飲用水的衛生條件有相當大的功效。

　　1908 年，取水口、唧筒室與設備裝置完工，1909 年輸配水管、淨水場及配水池全面完工，淨水場開始供水，出水量達 2 萬噸，可供應 12 萬的用水人口，是日治時期臺灣最早引進自來水系統的地方（圖 8-61）。

圖 8-61　公館水道水源地是日治
時期最早引進自來水系統的地方，
從老照片可以看出廠區的規模。

　　臺北自來水園區位於臺北盆地之南，公館商圈樞紐地帶，佔地面積約
20 公頃，自然環境依山傍水。除了運轉中的公館淨水場，還保存日治時期興
建的自來水設施臺北水道水源地唧筒室（今自來水博物館）、觀音山蓄水池、
量水室，及戰後新建的渾水抽水站等古蹟建築。園區內有古蹟建築、水資源
教育館、小觀音山生態步道。

第 6 站　臺北水道水源地唧筒室

　　臺北自來水博物館舊稱「臺北水道水源地唧筒室」，建於日治時期 1908
年（圖 8-62）。臺北水道水源地唧筒室是當時放置抽水機的機房，先從新店
溪取水口抽水至小觀音山麓的淨水場，然後用抽水機將淨化後的水抽至山頂
的蓄水池，藉由重力流方式供應臺北市的用水（圖 8-63）。1977 年，因新店
溪下游汙染日益嚴重，取水口移至上游的青潭堰，臺北水道水源地唧筒室就
此功成身退，才規劃為自來水博物館。

圖 8-62　臺北水道水源地唧筒室是由設計師森
山松之助建造，以半圓銅板瓦造型羅馬圓頂、
希臘愛奧尼克柱式、弧形迴廊，搭配圓拱窗與
方形窗、拱門、排氣花臺，使整個建築具有濃
濃的文藝復興建築特色。

圖 8-63　唧筒室內部放置抽水機組，地基
向下挖約一層樓深，所以內部感覺挑高很
多，機房設計大型方窗以達到通風。

1993 年，內政部將「唧筒室」列爲 3 級古蹟，2002 年 2 月臺北市政府再將「觀音山蓄水池」、「量水室」、「渾水抽水站」等建築體，連同唧筒室，擴大古蹟的指定範圍，臺灣第一個現代化的自來水設施，完成整體性的脈絡保存，並將這古蹟群正名爲「水道水源地」。

第 7 站　觀音山蓄水池

觀音山蓄水池設置於地下（圖 8-64），爲鋼筋混凝土加磚造，外觀漆上紅色漆料，旁邊設置配水井及水位測量室；蓄水池的水透過配水井分配清水後，即流向量水室進行水量計量，才可供應市區用水，而水位測量的方式是採用機械滾輪式的度盤水位計測量水位。蓄水池原是露天沒有頂蓋的建築，但爲了防灰塵、雨水、昆蟲等外物進入蓄水池，所以後來增蓋頂蓋變成密閉的水池。蓄水池建物上方舖設有 2 ～ 3 座籃球場大小的草皮，可避免陽光直接曝曬及隱蔽蓄水池的功效。

圖 8-64　隱藏在草皮底下的蓄水池為臺北最古老的蓄水池。

第 8 站　臺北水源地量水室

從羅斯福路四段 52 巷進入汀州路，再轉入汀州路 3 段 104 巷，是自來水園區西區圍牆外圍的巷道，再往前就是量水室（圖 8-65），量水室約 1913 年完工，

目前館方提供假日預約導覽方式，可以進入蓄水池內參觀

圖 8-65　臺北水源地量水室。

TIPS

淡水河鹽潮現象

所謂紅樹林一般印象是出現在淡水河口的一些潮間帶，但由於淡水河從上游設置大量水庫、電廠、攔水壩，把一些水資源攔截，導致從淡水河上游流入下游的水量不如以往。另外，因為海水潮汐的緣故，形成大量海水進入淡水河流域，也影響了原有的水文現象，例如下游沿岸因為淡水蓄水量不足，導致海水不斷灌入淡水河流域內，引起土壤嚴重鹽化的現象，進而改變河流沿岸、濕地動物植物生長的環境條件。又例如大稻埕地區淡水河沿岸，以往比較少看見紅樹林水筆仔，但是現在卻可以看見生活在半鹹水環境的植物，可見大稻埕地區淡水河沿岸河流含鹽程度，已經跟淡水河口潮間帶，或是關渡濕地的情況接近了，這是值得注意的事情。

為長寬各 9 公尺的磚造漆喰塗面建築，屋頂採雙坡設計，牆面以飾版及飾帶呈現出凹凸立體感，屬於當時特殊的日式建築風格，目前因應建築活化，已改為餐廳經營。

第 9 站　渾水抽水站

因臺北人口數開始大幅提升，也使自然流入的原水量不足，臺北市政府決定在公館新店溪旁建置渾水抽水站。1964 年渾水抽水站啟用，主要抽取新店溪原水，供給蟾蜍山淨水場（今日長興淨水場）及新店溪淨水場（今日公館淨水場）。但是，隨著城市的發展，新店溪畔水源不再清澈，便將取水口移至新店溪上游青潭攔水壩，目前的自來水事業處調整為古蹟再利用（圖 8-66），以促進公館地區發展，並規劃整修渾水抽水站為河濱景觀餐廳。

圖 8-66　上圖：渾水抽水站為臺北自來水園區的市定古蹟。下圖：渾水抽水站的臺北取水道口簡介說明。

B. 下午路線：歷史悠久的灌溉水圳瑠公圳水文史蹟導覽

第 1 站　瑠公圳引水石硿

早期移民臺灣的先民，為了肚子的溫飽，首要的工作便是開墾農田、種植稻米，解決食物的需求。1740 年，郭錫瑠父子歷經多重困難，自青潭口開鑿圳道，最後由大坪林五庄墾戶之首蕭妙興等人，於 1760 年完成瑠公圳及大坪林圳的共用水源及引水圳道。

瑠公圳主要水圳的開鑿是沿新店溪作業，開鑿到開天宮下方，遇堅硬岩石，以人工相當艱困在石壁開鑿石洞稱為「引水石硿」（圖 8-67），將新店溪水源引入圳道，灌溉臺北盆地 1,200 餘甲的水田，成為北部第一大水利工程。引水石硿是在沒有機械設備，直接在山崖岩石層上以人工穿鑿的取

圖 8-67　引水石硿以人工開鑿，展現先民的心血智慧。

目前引水石硿不對外開放。

水口，既無現代工程技術的援引，又無官方人力、財力的奧援，因此不論在水利開發、農業產業等，均佔有重要的地位。

瑠公圳引水石硿已被登錄為市定古蹟，引水石硿內高約 2 公尺，寬也約 2 公尺，原長約 98 公尺，目前前段因為豪雨崩塌，僅存約 30 公尺。

第 2 站　碧潭瑠公圳取水口

瑠公圳施工過程除了工程艱鉅，又常遭到原住民攻擊，因此花費十數年仍無法完成。五庄墾首蕭妙興等人接手後，另合股組成「金合興號」增資施工，並與郭錫瑠交換水權，郭錫瑠可自碧潭附近取水，而金合興也可通過郭錫瑠田地，鑿通的石硿圳路也成為金合興號與郭錫瑠公共用水源。金合興號修築渠道、給水路，灌溉新店大坪林地區，稱為「大坪林圳」；郭錫瑠另修

圖 8-68　位於碧潭的瑠
公圳取水口早期照片。

通過新店地區的渠道幹線,並築木梘導水跨景美溪,經過今景美、公館、大安區、信義區、松山等地,稱「瑠公圳」。

　　郭錫瑠病逝後,由其子郭元芬繼承父志,將該渠重建整修完成。仍以木梘跨過景美溪,但更換為尖底使人無法通行。到了 1773 年,更將取水口改至今碧潭現址(溪對岸是永豐圳取水口)(圖 8-68),再另築導水渠道通往景美溪梘成為「下埤大圳」。整修過後的瑠公圳,成為當時灌溉臺北市東側的重要水源。

　　後來隨著民生用水的需求大增及水利技術提升,碧潭瑠公圳取水口旁出現了抽水站,碧潭瑠公圳取水口的地位就被取代了,目前已整修成為浮雕牆(圖 8-69),作為紀念保存。

圖 8-69　碧潭瑠公圳
取水口旁抽水站。

第 3 站　瑠公圳新店段幹線圳溝遺址

　　瑠公圳由新店碧潭取水口引水，主幹道由新店經景美到公館，新店段的幹線現在還可以看到的水圳明渠，僅小部分加蓋或改爲地下箱涵。早期，渠、圳因沒有整治，成爲充滿垃圾、臭氣滿天的汙水排水圳溝，隨著環保意識的提升，政府與民間愈來愈重視水土整治與保育，目前部分渠道整治後，已經成爲小型親水公園，例如新店北新路一段 45 巷，從石階走下瑠公圳（圖 8-70），地面水道已經過整治，流水清澈可見水中自在悠游的魚群，兩旁設置有步道，已成爲附近居民散步、運動的好場所。

請問清澈見底的溝渠水水質如何？你知道如何查詢臺灣各地河川水質嗎？

圖 8-70　瑠公圳新店段幹線圳溝遺址。

第 4 站　大坪林圳過水橋

　　新店地區的水源除了瑠公圳，還有大坪林圳。早期，會在兩水圳圳道交會處搭建過水橋，讓兩個圳道呈立體交叉，例如跨越瑠公圳力行路 14 巷的過水橋（圖 8-71），目前因加蓋方便行人與機車通行的便橋，形成兩個水圳交叉的奇景。

262

TIPS

霧裡薛圳

霧裡薛圳是臺北盆地內最早有興建水圳的紀錄，灌溉臺北平原西側，因水源來自霧裡薛溪（今景美溪）而得名。為清朝雍正年間由墾戶集資興建，與引新店溪水的瑠公圳共同支撐起臺北盆地內水田的發展，奠定臺北經濟及社會發展的基礎，開啟清末臺北轉型為全臺政治中心之路。

霧裡薛圳圳於 1724 年由墾戶著手興建，乾隆初年完工，共灌溉 589 甲田地。同治年間，霧裡薛圳的灌溉範圍已擴大到古亭、三板橋、下埤頭、艋舺街，超過700 多甲田地。

圖 8-71　瑠公圳與大坪林圳交會處搭建的過水橋。

第 5 站　瑠公圳大安支線古圳道（臺大校園）

昔日，瑠公圳大安支線流經國立臺灣大學校園，流經區域有農場、生態池、舟山路、小椰林道及醉月湖；校地整建後，圳道幾乎被填平或加蓋。

大安支圳的水源穩定，當時對於公館、大安地區的農業發展有極大貢獻。二戰後，由於都市發展快速，迫使臺北市及公館地區的農地逐漸消失，水圳便喪失了灌溉作用。

舟山路以北的大安支線原始路線於 1950 年代逐漸消失；到了 1984 年，由於瑠公圳全面停止供水，校園內的圳道多已地下化。直到 2001 年，甘俊二教授等人提議「復育瑠公圳大安支線臺大段計畫」，並開始著手進行。首先找出舊址原地修復，依生態工法設計、施作，呈現不同的河道景觀，2004 年完成第一階段的瑠公圳水源池工程，也獲得不錯的成效，水源池常吸引不少鳥類駐足，諸如紅冠水雞、夜鶯、斑紋鳥、喜鵲以及小白鷺等，成為都市叢林中的生態自然教室。

　　2015 年，重啓瑠公圳的復育計畫，透過生態工法引入新店溪水，持續進行中的瑠公圳復育工程（圖 8-72），除了帶給臺大校園不一樣的景觀風貌，並具有很重要的教育層面意義。

除了臺大的河川復育工程，臺大附近的臺北科技大學，也有一項持續多年且目前仍進行中的「生態校園建構之發展歷程」，是另一種模式的生態復育與環境保育工程。請問遊客還聽過、體驗過哪些類似的案例？

圖 8-72　臺大校園瑠公圳復育計畫，在臺大的努力及外界的募款補助下，臺大校園內的瑠公圳現在已漸漸恢復往日樣貌。

第 6 站　溫州街 42 巷霧裡薛圳支線遺址

　　1940 年代起，隨著臺北市產業結構的改變與人口移入，農田大量改爲建地，不需要用水灌漑，圳道遭棄置塡平改爲道路、溝渠，甚至淪爲排水溝。

　　1972 年，新生南北路改爲埋於地下的水泥箱涵，很多人誤稱瑠公圳，但實際上日治時期興建的下水道排水溝，稱爲「特一號大排」，與灌漑溝渠「霧里薛圳」、「瑠公圳」是截然不同的系統。

　　而現在在臺北市區內，只能透過少數帶狀公園窺見以往水圳的足跡。例如在臺北溫州街九汴頭後方溫州街 42 巷內，有大學里設置一處（霧裡薛圳）景觀復原區，圳內養殖鯉魚、種植柳樹、造景，非常有味道的一處景觀。根據《走讀霧裡薛圳》記載，1724 ～ 1735 年，陳元利記與周合宜記在木柵引景美溪水灌漑木柵、景美、公館、古亭、大安、艋舺等近 589 甲農田，爲臺北有記錄的第一條水圳。（圖 8-73）

264

圖 8-73　霧裡薛圳支線。

請問遊客的住家附近
有沒有水源復育地或
河川？目前的復育狀
況如何？

（四）行程結束

　　行程來到解散點，導覽解說員與遊客聊聊今天的行程是否有不清楚，可在行程安排的時間內進行小討論，或請遊客透過方便聯絡的方式討論。另外，可依行程規劃進行訪談市調或問卷調查（表 5），再將行程的解說用品整理、復原，即完成導覽解說行程。

　　行程結束之後，導覽解說員應針對遊客回覆的導覽解說行程問卷調查及整個行程進行評量檢討（表 6），以作為之後行程的調整方向與改進參考。

表 5　問卷市調表

解說服務滿意度調查表

親愛的貴賓您好：

　　感謝您撥冗填答這份問卷，希望透過您的填答，了解您對行程安排覽導解說服務的滿意程度，本資料僅供考評之用，絕不做其他用途，請您安心填答。您的填答將有助於導覽服務品質的提升，衷心感謝您的協助與合作。

順心如意　　　　　　　　　　　　　　　　　　　　　　　　　　　敬啓

調查項目		滿意度				
		非常滿意	滿意	普通	不滿意	非常不滿意
解說員	1. 解說員口齒清晰					
	2. 解說員語調溫和，速度和音量適切					
	3. 解說員使用術語展現其豐富的專業知識					
	4. 解說員談吐風趣並且與遊客保持互動					
	5. 解說員懂得利用肢體語言來強化解說內容					
	6. 解說員能察覺旅客的反應來調整解說技巧					
	7. 解說員的解說方式讓遊客很容易了解、明白					
	8. 解說員的儀表整潔得宜					
	9. 解說員的態度認真、笑容親切可掬					
	10. 解說員表現出尊重與耐心解答我們的問題					
	11. 解說員能讓我們有一個愉快的參觀經驗					
導覽設備	1. 電腦設備內容豐富、清晰					
	2. 電腦設備內容難易度適中					
	3. 語音導覽內容難易度適中					
	4. 語音導覽聲音清晰					
	5. 影片、紀錄片內容充實度					
	6. 解說牌文字方便閱讀					
	7. 解說牌內容難易度適中					
	8. 導覽手冊容易閱讀					
展示環境	1. 展示動線規劃良好					
	2. 方向指引標示清晰					
	3. 展場光線明暗適中					
	4. 展示內容具吸引力					
	5. 文物擺設恰當					

其他建議事項：

評量者：＿＿＿＿＿＿＿＿＿＿＿

表 6　評量檢討表

項目	佔比	說明
導覽解說 內容規劃	20%	1. 導覽解說規劃具有完整性、創意性、有個人觀點和見解。 2. 傳達的訊息經過組織、包裝及重整，有系統的傳達給遊客理解。 3. 解說深入淺出、平易近人、架構清楚、條理分明。
當地資源 結合度	20%	結合當地觀光資源與資訊、安全教育。
服裝 儀容 肢體表現	20%	1. 服裝、儀容之合宜性。 2. 具備表達、溝通能力，口語清晰、表情生動、肢體活潑。 3. 引發遊客興趣、滿足好奇心，引導遊客認識環境、體驗自然，欣賞觀光資源之美。
導覽解說 媒體運用	20%	1. 導覽解說過程，運用現場設施、解說牌或標示。 2. 自製簡報、文宣或科技資訊運用。
啓發	20%	1. 除了介紹風景、習俗或物種名稱、生態習性，還傳達保護環境、保育生態的觀念。 2. 激勵遊客對所描述的環境產生新的見解與熱誠。 3. 使遊客感受到自然資源的珍貴與文化資產的重要，養成友善環境的態度、觀察力與反思力。

評量者：＿＿＿＿＿＿＿＿＿＿＿＿

實作案例延伸練習

一、資源調查、編寫解說內容

解說練習之前最好進行實地踏勘，參考博物館內的詳細水文解說，以確切了解以往臺北水源地取水、淨水、輸水的流程，並詳細尋找可供解說補充的資訊，並拍攝圖片，經過 PPT 簡報編排整理，將圖片列印、整理到簡報夾，作為現場解說時的備忘錄與解說資料。

解說演練

請同學依居住所在地或鄰近地區，自行找出相關標的做演練，如：

雲林－水源烏塗發電廠（濁水溪發電廠）

宜蘭－蘭陽發電廠天埤分廠

高雄－美濃竹仔門電廠

二、製作解說輔助工具

解說員可根據現場解說設施或資源進行設計、製作，編印解說手冊、摺頁、打油詩或手繪地圖等；設計與遊客互動的問答題，讓遊客產生參與感。

1. 利用 9 宮格，引導遊客找資料，有效消化、過濾和串聯導覽員講解的資訊。

○○○發展歷程	因何而建	意義 / 重要性
功能	建築風格	延伸關聯
設施	指定古蹟	心得

實作案例延伸練習

2. 瑠公圳灌溉水圳踏查：從下表條列的瑠公圳相關圖籍中，尋找瑠公圳的遺址與昔日水圳路線，追憶瑠公圳的昔日風華。

編號	圖名	圖幅數	比例尺	測製時間
1	瑠公水利組合水路圖	1	1/10,000	西元 1928 年 8 月
2	瑠公水利組合區域圖	1	1/12,000	西元 1939 年 6 月
3	郭錫瑠初創時瑠公圳路分布圖	1	－	西元 1762 年
4	郭錫瑠時代瑠公圳路分布圖	1	－	西元 1763 年
5	郭元芬時代瑠公圳路分布圖	1	－	西元 1769 年
6	瑠公水利組合時代瑠公圳路分布圖	1	－	西元 1939 年
7	民國五十一年時代瑠公圳路分布圖	1	1/75,000	西元 1962 年
8	民國七十一年時代瑠公圳路分布圖	1	1/75,000	西元 1982 年
9	臺北市瑠公農田水利會灌溉區域圖	1	1/75,000	西元 1962 年
10	臺北市瑠公農田水利會灌溉區域圖	1	1/75,000	西元 1982 年
11	瑠公水利組合概況	1	－	西元 1941 年
12	瑠公圳及大坪林圳圳路圖	1	1/20,000	西元 1918 年 5 月

3. 心智圖引導：解說員可針對聚落、歷史建築、特殊人文景觀、發展背景、地理位置、古今水文史蹟變化……各種面相繪製心智圖，製成手板，使遊客更容易理解其關連性。

案例四

建築古蹟類型導覽解說——
日治時期新竹老城區導覽解說

　　承載了 300 年來的歷史輪替與歲月更迭。舊城區之 1 平方公里內，爲全國古蹟群密度最高之區域。小小一方舊城街廓，存在著各式新舊共生的樣貌，與舊城區不同時期商業聚落變化。

一、確認主題與範圍

　　1733 年最早興建之竹塹城，是由莿竹圍起來的城堡（圖 8-74）。對照古今的地圖，最早開發的市區大約是在東前街和西門街上，城區東邊有武營和孔廟，西邊有關帝廟，北邊有衙門（今土地銀行），整個老城區的範圍還很小。

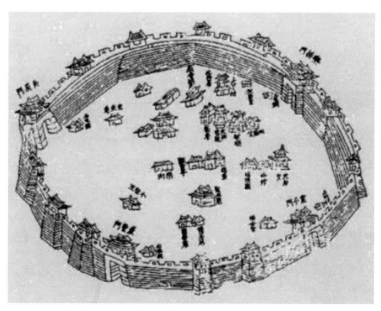

圖 8-74　新竹最早是用莿竹圍起來的城堡，所以就叫做竹塹城。

　　1806 年因蔡牽等盜匪侵擾而建起了土城（圖 8-75），讓竹塹城有更強的保護。淡水同知署的位置就在現在新竹武昌郵局，當時鄭用錫等文人建議建起磚石城，於是 1827 年開始蓋石磚城牆。石磚牆外還有一條護城河，圍繞在四城門外保護著竹塹城。1840 年鴉片戰爭期間，有英國軍艦侵擾附近大安港，故當時同知曹謹與仕紳在磚石城外加築一圈城廓，以加強防禦能力（圖 8-76）。

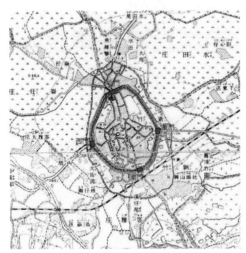

圖 8-75　1806 年因蔡牽等盜匪侵擾而建起了土城，接著於是 1827 年開始蓋石磚城牆。

圖 8-76　1711 年漢人王世傑移竹塹，在東前街 36 巷週邊開墾耕種，所以東前街又稱新竹第一街。

二、蒐集與分析解說資源

（一）歷史文化古蹟

　　「新竹老城區」主要是介紹日治時期新竹市區重要的政府機關、交通運輸、民生娛樂…等相關設施，以了解日治時期所遺留下來的史蹟景點。

（二）建築古蹟

　　竹塹城從清代的建築到日治時期的興修，有許多建築、古蹟、景點可深度探訪。

（三）傳統聚落的軌跡

　　新竹城隍廟是新竹市代表性的傳統大廟，而且廟前有許多美食攤販，販賣新竹肉圓、貢丸、竹塹餅…等的傳統美食。導覽解說員可提醒遊客行程解散後，自行參觀及品嚐傳統美食。

三、導覽解說路線規畫

考量交通的便利性，以新竹火車站做為導覽的集合地點，以徒步行進的方式設計路線，安排 2 ～ 3 個小時左右的深度導覽解說行程。

導覽路線會因應遊客的人數、年齡、屬性…等，而有不同需求，須調整解說內容與方式。此外，即使同一導覽路線，因季節或時間不同，解說的重點也可能有所差異。

（一）導覽路線

1. 新竹火車站（集合點）→ 2. 臺灣總督府專賣局新竹支局→ 3. 新竹中學校長宿舍→ 4. 新竹州圖書館→ 5. 東門護城河→ 6. 迎曦門→ 7. 新竹市有樂館→ 8. 新竹州廳→ 9. 新竹街役場→ 10. 新竹消防詰所→ 11. 新竹信用組合→ 12. 新竹城隍廟（解散點）。（圖 8-77）

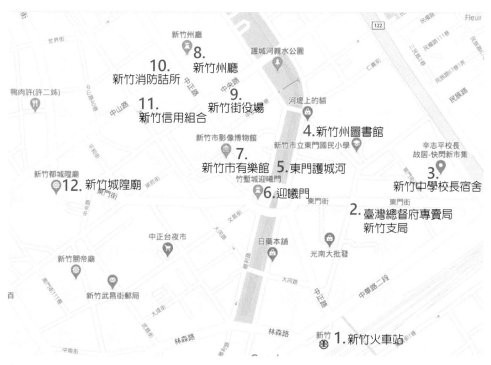

圖 8-77　導覽路線圖。

（二）導覽時間

1. 導覽時間 2 ～ 3 小時

2. 各展示點須先確認開放時間，行前須再確認時間是否有異動，以免撲空。

（三）導覽活動設計

　　規劃導覽路線最好有特色主題，而且主題明確。入門者規劃行程時，有時間一定要到現場實地踏勘，以理解每個景點，並整理出解說要點，而規劃行程草案完成之後，還要自己試走 1 次，以了解實地解說時，景點及動線是否有需要更動的地方，而且掌握解說現場是否有突發狀況產生。如史蹟景點進行整修或公休無法參觀，或是颱風豪雨、道路施工需要改道…等狀況，都是事前需要掌握的。

1. 問答法：講解時可採用向遊客提問的作法，激發遊客的想像力，讓遊客產生參與感，解說員先給暗示、明示、提示，但不立即說出解答，讓遊客思考、判斷後再解答。如：

　　解說「迎曦門」時，提問「你知道新竹城有多少城門嗎？」

2. 互動遊戲卡：將導覽路線設計成跑關路線圖，每一關設計尋找解題線索，一邊引導觀察和解說，讓遊客隨時注意景點周遭環境，一邊動腦解謎，再搭配小禮物鼓勵遊客積極互動。如：

　　建築古蹟尋寶遊戲：製作道具或尋寶卡，帶遊客一邊導覽解說一邊思考建築古蹟的特色？

四、導覽解說行程

（一）導覽解說員自我介紹

別忘了以好臉色、好氣色、好口氣……增加好人氣喔！另外，盡可能提早到，除了可以和早到的遊客互動、活絡關係，也可以了解他們的行程需求，並適時於行程中滿足遊客需求，增加彼此的良性互動。

（二）導覽解說景點概述

針對今天的行程花幾分鐘概略介紹，並針對有特殊規範的景點先初步叮嚀。

（三）導覽解說行程開始

第 1 站　新竹火車站

　　臺灣清代在劉銘傳主政時期開始興建鐵路，於 1893 年完成基隆到新竹路段。日治時期將劉銘傳時期原有的鐵路路線部分進行改線，同時將新竹車站遷移並改建為木造站房。而現今新竹火車站的站體於 1913 年（大正二年）完工，建築樣式結合了巴洛克建築風格與德國哥德式建築風格，具有馬薩氏陡斜的屋頂與鋸齒狀山牆，帶來優美典雅的異國情調，加上厚實的洗石子牆壁，讓設計繁複的建築結構更顯莊重，線條分明的設計點綴著細緻的裝飾，是臺灣最古老的現役站房，也是新竹市的地標，也是車站前放射型道路的中心點（圖 8-78）。火車站內可以看見希臘羅馬式列柱，月臺與車站川廊則可以看見古典的雕花鑄鐵欄杆，中央塔樓並設有標準報時的鐘塔設計。

考考遊客，目前全臺還有幾座現役日治時期建造的火車站。

圖 8-78　新竹火車站站體於 1913 年完工，是臺灣現役最古老的站房，也是新竹市地標。

第 2 站　臺灣總督府專賣局新竹支局

　　臺灣總督府專賣局新竹支局於 1935 年由梅澤捨次郎設計，屬於新竹市定古蹟。建築受現代主義風格影響，建築結構立面較少有花草裝飾修飾，而牆面採用暗綠色的面磚，注重水平線條，建築轉角處採用圓弧設計（圖 8-79）。一樓除了玄關，還有公共接待室、大廳、支局長室，二樓是事務室，三樓供會議使用。

　　建築物的入口設置在街道轉角，高度由兩側向中央逐層升高，使入口處的立面呈中央高塔狀，強化入口意象。在正門右側寫著「建設民防，鞏固國防」的舊標語，反映戰後國民政府主政時的氛圍。由於位於舊城區交通便利處，將來極具活化再利用的潛力。

為展現古蹟之美，目前新竹市政府特別將周邊電纜線地下化。透過舊照片比對，電纜線地下化的效果顯而易見。

圖 8-79　1935 年興建的臺灣總督府專賣局新竹支局，建築轉角處採用圓弧設計。

274

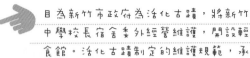
目前為新竹市政府為活化古蹟，將新竹中學校長宿舍委外經營維護，開設輕食館。活化古蹟制定的維護規範，承租業者、消費者都需確實遵守。

第 3 站　新竹中學校長宿舍

　　新竹中學校長宿舍是在首任校長大木俊九郎的任內完工，大約建於 1922 年（圖 8-80）。新竹中學校舍雖然 1925 年移往十八尖山附近的新校舍，但是校長宿舍並未跟著遷移。二次大戰後，由辛志平出任新竹中學校長，並長居於此棟校長宿舍，其任內對新竹中學有相當的貢獻，所以本宿舍又稱辛志平故居。

圖 8-80　辛志平故居是首任校長大木俊九郎任內興建的校長宿舍，屬日式風格的校宿。

第 4 站　新竹州圖書館

　　新竹州圖書館興建於 1925 年，因 1923 年裕仁皇太子訪臺時，曾經造訪新竹，新竹街以「行啓紀念」申請新竹州圖書館興建計畫，是全臺灣第二座地方公共圖書館。建築風格偏向近代文藝復興式建築風格，兼具古典與現代建築元素。此外新竹州圖書館位處護城河畔，連貫近鄰的迎曦門、新竹市役所與新竹州廳，呈現新竹市市區發展紋理與變遷，也是新竹市民的共同記憶。目前產權屬於新光人壽私人企業所有，1998 年已指定為市定古蹟（圖 8-81、圖 8-82）。因此由新竹市政府爭取中央的修復經費，已經於 2020 年完成整修活化工程，並開放參觀。

圖 8-81　宇敷糾夫建築師設計的新竹州圖書館，外部牆面以泥塑洗石裝飾圖樣。新竹市政府於建築古蹟的運用與修復上，採取原貌修復，盡可能保留舊設備並恢復其功能，再利用現代防火、防蟲等新技術做強化。

圖 8-82　新竹州圖書館的內部採高窗設計，採光佳。

第 5 站　東門護城河

東門護城河經過整治後結合現代建築，為具休憩功能的親水公園。護城河中有各種魚蝦悠遊水中，一旁的草地上也不時有文化藝術表演。城門為一幢二層樓的建築。城牆雉堞為燕子磚砌成，城樓下段為城座，以唐山石及條形花崗石石塊疊砌而成。東門周邊經過整治設計成沉降的廣場與前往迎

圖 8-83　迎曦門前仍留存的清代興建橋梁的船首型橋墩遺址。

曦門的連結通道，迎曦門前原有的護城河上，留存清代興建橋梁的船首型橋墩遺址（圖 8-83）。

第 6 站　迎曦門

現有的迎曦門是清代 1829 年興建完工的竹塹城東城門，樓高兩層為柱廊式石造結構建築，屋頂則是歇山重簷翹脊的形式。竹塹城因為在 1901 年北門大街金德美商號大火，將整個北門付之一炬，接著 1902 年臺灣總督府實施市區改正，為了拓寬道路拆掉城牆與城樓，南門跟西門也被拆除，只剩東門的迎曦門存留至今（圖

圖 8-84　迎曦門是清代興建的竹塹城東城門，也是竹塹城目前僅存的城門。

8-84）。城前廣場於 1999 年打造成沉降式的「新竹之心」，為結合傳統與現代科技的露天廣場，城門前還保存著「新建臺灣府淡水廳城碑記」舊碑。最近因為迎曦門建築風格類似韓國的老城門，所以著迷於韓國文化的人，會呼朋引伴穿著韓國傳統服裝來此取景拍照。

這個行程大多處於交通較繁忙的街道上，須不斷提醒遊客注意交通安全。

第 7 站　新竹市有樂館

新竹市有樂館於 1933 年啓用，為日治時期當時的新竹市營電影院，為當時新竹市首座擁有換氣設備的公共建築戲院。1944 年二戰期間，受到盟軍轟炸座位毀損，戰後重新整修改名為「國民大戲院」，並將原有的 500 個席次，擴充為 700 個席次，但 1991 年電影院已結束營業，直到 2000 年重新啓用，並定名為「新竹市文化局影像博物館」。其建築形式融合古

圖 8-85　新竹市有樂館為日治時期新竹市營電影院，2000 年重新啓用與定名新竹市文化局影像博物館。

羅馬與阿拉伯建築風味，大門入口三連拱的車寄，牆面採用洗石子工法，並運用幾何和花草圖紋的裝飾。顯得相當氣派，館中設備並已有防火巷、防火梯之設計，為日治時代全臺灣僅有三家現代化劇場之一（圖 8-85）。

第 8 站　新竹州廳

新竹設置政府機關治理的歷史，可以從 1723 年（雍正元年）配合北臺灣的開發，臺灣府在彰化成立淡水海防廳（淡防廳），負責管理虎尾溪以北區域的海防與治安算起，並在 1731 年時，將原本是分防廳等級的淡防廳升格成為屬廳，由淡水廳同知負責管理大甲溪以北的所有地方事務。1733 年淡水廳治從彰化沙轆（今沙鹿）移到竹塹，並以莿竹建城，又名竹塹城，成為北臺灣政經文化教育的中心（圖 8-86）。1826 年（道光 6 年），李愼彝擔任淡水同知，

圖 8-86

1733 年，清代淡水廳治從彰化沙轆（今沙鹿）移到竹塹，並以莿竹建城，而有竹塹城之稱。

擘劃北臺灣第一城政經中心，加上竹塹開臺進士鄭用錫等人奏請興建竹塹城獲准，於 1827 年興工，改以磚石建造城牆與 4 座城樓。1875 年，淡水廳廢除，竹塹改稱新竹並設治。

新竹州廳於 1927 年啓用，1932 年再擴建入口門廊部分。戰後 1945 年新竹市政府成立，沿用州廳廳舍辦公。新竹州廳採西洋建築風格，建築平面爲ㄇ字型的對稱配置，二層樓加強磚造建築物，地板與橫樑主要使用鐵筋混凝土，屋頂爲木造雙斜屋坡式設計，屋瓦爲日本黑瓦，正門入口採突出的車寄、兩個小塔樓及雙柱式門廊，以增加重要性。外牆以紅磚搭配灰色洗石子材質，整體建築莊嚴而典雅，呈現歐式簡約風格。

第 9 站　新竹街役場

日治時期 1920 年開始實施「市街庄制」的行政劃分，新竹屬於新竹州新竹郡新竹街。1920 年新竹成立地方自治機構新竹街役場；1930 年因人口成長升格爲新竹市役所（圖 8-87）。戰後由國民黨新竹縣黨部使用，2007 年定名爲新竹市美術館暨開拓館啓用。該館爲一棟二層樓的磚造建築，除了中央突出的門廊屬白色牆面外，其餘爲紅磚牆面，並以白色洗石子仿石滾邊石條修飾；窗型爲長方直立窗，屋頂採用日式黑瓦傳統建築屋頂，車寄陽台有花冠環設計，爲和洋折衷風格建築。

考考遊客「什麼是役場？」

圖 8-87　1920 年興建的新竹街役場，2007 年定名爲新竹市美術館暨開拓館啓用。

第 10 站　新竹消防詰所

　　日治時期新竹地區強烈季風不斷，火災發生時易受季風助長而防火困難，於是在 1918 年私人成立新竹消防組，當初僅以石綿瓦搭建一層平房並加設高台觀望，1937 年完成 6 層樓高的瞭望鐘樓及 2 層樓高的辦公室，在當時稱為「望樓」的瞭望塔為新竹市最高的建築物（圖 8-88）；望樓頂樓有傳聲筒和警鐘等裝置來傳遞火災訊息。2002 年消防局遷移他處後，改建成立消防博物館。

想要更了解新竹消防的歷史嗎？請參考新竹市消防博物館網站
https://www.hcfd.gov.tw/museum/

圖 8-88　新竹消防組從 1918 ～ 1937 年陸續興建完成的 6 層樓高瞭望鐘樓及 2 層樓高的辦公室，瞭望鐘樓為當時新竹市最高的建築物。

第 11 站　新竹信用組合

　　新竹信用組合的前身是 1909 年由新原龍太郎等 48 人成立的新竹貯金會。運作方式是以「每日儲蓄 5 錢」的方式累積資金。1913 年改制成新竹信用組合，於 1934 年遷入此大樓。大樓原本是由河村仙十所建造的 2 層樓建築，戰後再加蓋成 3 層樓，改名為新竹第一信用合作社。入口位於轉角處，一樓是營業大廳，二樓則是辦公室。轉角處立

圖 8-89　新竹信用組合大樓由河村仙十所建造，外牆採用土黃色色調的磁磚拼貼。

面使用圓拱造形，在一個大圓拱中又有三小圓拱窗。外牆則是使用接近地表面土黃色色調國防色面磚來拼貼（圖 8-89）。建築外牆利用雨疪花臺，創造出輕快的水平線條，搭配洗石子雕裝飾。

第 12 站　新竹城隍廟

　　新竹都城隍廟據歷史記載，初創於 1748 年（乾隆 13 年），其興建的緣起是西元 1747 年時，臺灣府淡水海防廳撫民同知曾曰瑛頗有治績，決意將淡水廳治從沙鹿改設在竹塹，於是開始建城隍廟，土地是由新竹墾首王世傑捐贈。1748 年完成（圖 8-90），比淡水廳的許多政府衙門還快興建完成。城隍廟位於清代竹塹城之城中心附近，坐東朝西，歷經幾次修建，至清末光緒年間大體上已經完成了三殿的規模。1889 年，保佑民眾脫離乾旱，奏請皇帝冊封為都城隍爺。

圖 8-90　新竹都城隍廟初創於清初乾隆 1748 年，歷史相當悠久，是 1920 年代寺廟藝術的一個高峰。

　　新竹城隍廟的現有建築雖為 1924 年改築後之結果，在臺灣寺廟史上具有多方面的價值，代表 1920 年代寺廟藝術的一個高峰（圖 8-91）。新竹城隍廟採三殿式廟身，格局方正，木作講究，龍柱是粵東石匠辛亞救作品；三川殿上方八卦藻井

圖 8-91　1748 年興建完成的城隍廟。

信仰中心是易聚集人潮之所在，因此也成就新竹城隍的廟口小吃。與遊客聊新竹城隍廟口有哪些在地重要的小吃，提醒遊客行程後也可以品嚐一下。

出自泉州惠安溪底派名匠王益順之設計與建造，這一派的寺廟在臺灣以臺北龍山寺與孔廟、鹿港天后宮及南鯤身代天府爲代表作。經過比較分析，我們發現新竹城隍廟具有諸多特色。大殿屋頂懸掛「金門保障」匾額，爲光緒帝所賜金匾。城隍廟入口兩側牆面的正直聰明 4 字，爲臺灣唯一的溥儀御筆，是臺灣出身之滿洲國首任外交總長謝介石請匾。理陰贊陽匾額則是新竹開臺進士鄭用錫所贈。

　　新竹市於農曆 7 月（鬼月）時有「都城隍放、地藏王收」的傳統，由新竹城隍廟開鬼門，新竹東寧宮封鬼門的習俗。風水位置是平洋龍結穴，所謂「平洋結穴靈氣，勝過千江水」，是不可多得的好風水。

（四）行程結束

　　行程來到解散點，導覽解說員與遊客聊聊今天的行程是否有不清楚，可在行程安排的時間內進行小討論，或請遊客透過方便聯絡的方式討論。另外，可依行程規劃進行訪談市調或問卷調查（表 7），再將行程的解說用品整理、復原，即完成導覽解說行程。

　　行程結束之後，導覽解說員應針對遊客回覆的導覽解說行程問卷調查及整個行程進行評量檢討（表 8），以作爲之後行程的調整方向與改進參考。

表 7　問卷市調表

解說服務滿意度調查表

親愛的貴賓您好：

　　感謝您撥冗填答這份問卷，希望透過您的填答，了解您對行程安排覽導解說服務的滿意程度，本資料僅供考評之用，絕不做其他用途，請您安心填答。您的填答將有助於導覽服務品質的提升，衷心感謝您的協助與合作。

順心如意　　　　　　　　　　　　　　　　　　　　　　　　　　敬啓

	調查項目	滿意度				
		非常滿意	滿意	普通	不滿意	非常不滿意
解說員	1. 解說員口齒清晰					
	2. 解說員語調溫和，速度和音量適切					
	3. 解說員使用術語展現其豐富的專業知識					
	4. 解說員談吐風趣並且與遊客保持互動					
	5. 解說員懂得利用肢體語言來強化解說內容					
	6. 解說員能察覺旅客的反應來調整解說技巧					
	7. 解說員的解說方式讓遊客很容易了解、明白					
	8. 解說員的儀表整潔得宜					
	9. 解說員的態度認真、笑容親切可掬					
	10. 解說員表現出尊重與耐心解答我們的問題					
	11. 解說員能讓我們有一個愉快的參觀經驗					
導覽設備	1. 電腦設備內容豐富、清晰					
	2. 電腦設備內容難易度適中					
	3. 語音導覽內容難易度適中					
	4. 語音導覽聲音清晰					
	5. 影片、紀錄片內容充實度					
	6. 解說牌文字方便閱讀					
	7. 解說牌內容難易度適中					
	8. 導覽手冊容易閱讀					
展示環境	1. 展示動線規劃良好					
	2. 方向指引標示清晰					
	3. 展場光線明暗適中					
	4. 展示內容具吸引力					
	5. 文物擺設恰當					

其他建議事項：

評量者：＿＿＿＿＿＿＿＿＿＿

表 8　評量檢討表

項目	佔比	說明
導覽解說內容規劃	20%	1. 導覽解說規劃具有完整性、創意性、有個人觀點和見解。 2. 傳達訊息經過組織、包裝及重整，有系統傳達給遊客。 3. 解說深入淺出、平易近人、架構清楚、條理分明。
當地資源結合度	20%	結合當地觀光資源與資訊、安全教育。
服裝儀容肢體表現	20%	1. 服裝、儀容之合宜性。 2. 具備表達、溝通能力，口語清晰、表情生動、肢體活潑。 3. 引發遊客興趣、滿足好奇心，引導遊客認識環境、體驗自然，欣賞觀光資源之美。
導覽解說媒體運用	20%	1. 導覽解說過程，運用現場設施、解說牌或標示。 2. 自製簡報、文宣或科技資訊運用。
啟發	20%	1. 除了介紹風景、習俗或物種名稱、生態習性，還傳達保護環境、文化傳承的觀念。 2. 激勵遊客對所描述的環境產生新的見解與熱誠。 3. 使遊客感受到自然資源的珍貴與文化資產的重要，養成友善環境的態度、觀察力與反思力。

評量者：＿＿＿＿＿＿＿＿＿＿＿

實作案例延伸練習

一、資料調查、編寫解說內容

1. 須了解地方性、區域性、國家性的歷史，以及史蹟文物保存、地方歷史源流還有地方民俗文化概論等相關知識。

2. 古老的城鎮，有著悠久的歷史古蹟，當然還有傳統美食以及地方民俗，在導覽時不妨加入介紹。

3. 每個史蹟景點都有豐富的史蹟可供介紹，而且可以從歷史沿革、建築藝術、人文逸事等許多不同角度切入介紹。

4. 了解建築物的規模、格局、景觀、構造與技術，建築裝飾題材，以及建築物的主人家族史與重要人物。對文化資產保護歷程和修護過程要了解，以及修護後再利用的情形。

5. 為提供遊客精確的資訊與廣泛的話題，需要不斷的研究和準備，如：經常閱讀有關人物留下的日記、旅行日誌、書信。

   （1）和地方耆老交談，了解事件發生的經過；

   （2）搜尋當時留下來的報導、著作、學術期刊和印刷品；

   （3）參加相關的研討會等。

   （4）對於同一件事，必須多元蒐集不同來源，並加以評估，而不要只陳述事實、日期。

6. 利用 google.map.com.tw 地圖製作方式，繪製導覽路線，有助於導覽行程的行走模擬和調整。

解說演練

1. 以被拆毀的新竹老城牆為導覽主題，尋找新竹老城牆遺跡、牌坊、廟宇、老宅、古道、傳統老商店……。

2. 廟內供奉城隍爺許多部屬，請大家試著記錄一下，除了七爺八爺之外，還有哪些部屬兵將？

實作案例延伸練習

二、製作解說輔助工具

1. 參考各景點內的詳細史蹟解說，特別要在網路上收集各景點的老照片，利用 PPT 簡報編排、整理，將圖片列印、整理到簡報夾，作爲現場解說時的備忘錄，以及今昔比較時的解說資料。

2. 由於此路線許多景點歷史悠久、建築雄偉，可以採取攝影比賽的方式，請參加朋友全程拍攝自己喜歡的景點，最後再請他們各自分享幾張喜歡的圖片。或者導覽行程之前，發給參加朋友圖畫紙與鉛筆，在幾個漂亮的景點例如新竹火車站、東城門、新竹城隍廟等地，給予一些時間停留，讓大家進行素描，以提升參加朋友的參與度。

案例五　宗教節慶類型導覽解說 ── 內門宋江陣慶典導覽解說

高雄內門宋江陣源於羅漢門迓佛祖遶境隨行護駕陣頭，迄今已有 2 百多年歷史，文武藝陣量多質精，是臺灣最大的藝陣節慶，具文化觀光景觀價值，每年表演主場地輪流在內門紫竹寺、順賢宮、南海紫竹寺的廟埕進行。

一、確認主題與範圍

宋江陣是一種結合古中國武術和藝術的民俗表演的武藝陣頭，最早出現於明末清初。清朝時期，因官府在治安上人力不足，各庄頭自組地方武力保衛鄉土，因此宋江陣才在民間廣為流傳。

宋江陣的發展常附著於寺廟，成為神佛駕前的藝陣，最具盛名的首推高雄市內門區的宋江陣，陣數超過 30 陣以上（圖 8-92）。內門宋江藝陣多成立於日治時期觀音佛祖平安遶境活動，活動時間以每年 3 月底～ 4 月初觀世音菩薩誕辰為準，並由南海紫竹寺、內門紫竹寺、內門順賢宮等三大廟宇輪流承辦。

圖 8-92　高雄內門宋江陣。宋江陣是臺灣傳統雜技的一種，原屬於國術團體的一種表演。

1993 年為慶祝臺 3 線公路通車，又適逢當地觀音佛祖聖誕，第一次以嘉年華的節慶活動舉辦文武藝陣活動，再加上 2001 年起，高雄市政府觀光局推展「高雄內門宋江陣」，成為年度節慶活動。之後結合「羅漢門迓佛祖活動」、「全國高中職暨大專院校創意宋江陣頭大賽」等，使活動愈辦

圖 8-93　內門宋江陣為臺灣最大的藝陣節慶。

愈盛大，並成為交通部觀光局指定的「臺灣12項大型地方節慶活動」之一（圖 8-93），2012 年已登錄為高雄市傳統藝術。

想多了解臺灣著名宗教慶典嗎？請參閱觀光局網頁 https://www.taiwan.net.tw/ml.aspx?sNo=0001022

二、蒐集與分析解說資源

　　宗教慶典導覽為一項非常專業的導覽，通常由當地文史工作室或達人負責導覽解說。解說內容包含信仰、宋江陣的由來、兵器、臉譜、藝陣文化，以及文史淵源和欣賞廟宇建築環境之美。

（一）羅漢門迓佛祖

　　「內門」古稱「羅漢門」，因清朝康熙年間，漢人徙居於此開始稱此地為羅漢門，此地名可能是由平埔族語 Ruohan，漢譯而來。

　　羅漢門迓佛祖遶境（圖 8-94）自主辦寺廟出發，依路線遠近，天數多安排在 4～5 天之間完成，信眾每天徒步行走 3、40 公里路程，跟隨觀音佛祖神轎出巡。遶境隊伍主要焦點為隨行護駕的陣頭多達數十陣，沿途表演吸引香客目光，神轎經過路線兩旁，均有店家民眾設置香案，並免費提供食物飲水熱情招待。

圖 8-94　2018 高雄內門宋江陣「羅漢門迓佛祖」。「羅漢門迎佛祖」係內門全區與田寮、旗山、臺南市龍崎等周邊部分庄頭的歲時信仰活動，已有 200 年歷史，原由「內門紫竹寺」（舊廟）主辦，以起駕入廟的「青刀巷」儀式、全程扛大轎遶巡山區各庄的「拜敬」儀式、入廟前的過火儀式，以及擁有龐雜的文武陣頭而聞名，全區民眾總動員，三轎、丁頭、隨香、掃香路者組成綿長香陣，蔚為高雄一俗。

（二）文武陣頭

各傳統陣頭皆由當地社區民眾組成團練、技術精湛。

1. 武陣：宋江陣、宋江獅陣、龍陣…等。
2. 文陣：太平清歌陣、跳鼓陣、青鑼鼓陣、桃花過渡陣、七里響陣、牛犁陣…等陣頭
3. 創意宋江陣：結合武陣、文陣的表演。

請參考「2020 內門紫竹寺洲界七里響陣實況記錄」https://www.youtube.com/watch?v=0-FT-wnVhrI

七里響陣為內門特有的文陣，屬音樂表演型態的樂陣，唱曲非常豐富，內容都是傳統戲曲濃縮版，保存傳統農業社會習俗與兩、三百年歷史民間藝陣「原音」，而顯得彌足珍貴。

（三）傳統宋江陣陣型

宋江陣的傳統陣型，相傳源自小說《水滸傳》裡的人物「宋江」所使用的攻城武陣，陣容人數不拘、男女皆可，通常以 36 人、72 人為主，相傳為「36 天罡，72 地煞」（古代道教天上星宿神名）的化身，也有超過百人的陣型。

請參考「聽見臺灣－內門宋江陣表演」https://www.youtube.com/watch? v=DODIqG7pRb8

（四）了解內門在地文化、體驗宋江精神。

內門的在地文化除了宋江陣還有總舖師和火鶴花產業等農村特色，除了觀賞宋江陣頭表演，也可以親自下場體驗、合影、大玩水滸傳奇英雄的Cosplay（角色扮演），體驗宋江精神。

三、導覽路線規劃

（一）導覽路線

欣賞宋江陣表演定點導覽：

1. 內門紫竹寺
2. 內門順賢宮
3. 南海紫竹寺及兵器展示館

（二）導覽時間

1. 導覽時間 2 ～ 3 小時
2. 各展示點須先確認開放時間，行前須再確認時間是否有異動，以免撲空。

（三）導覽活動設計

欣賞宋江陣表演也須注意禁忌，可以設計跟宋江陣表演相關活動的禁忌問答，讓遊客了解宋江陣、尊重文化差異。

請問：參觀宋江陣表演時，不可從行陣隊伍中穿越，也不可擋在陣頭與廟宇的大門之間，亦不可碰觸宋江陣頭的武器……為什麼？

請問：你認得哪些八家將臉譜？化臉譜有何禁忌？

四、導覽解說行程

（一）導覽解說員自我介紹

別忘了以好臉色、好氣色、好口氣……增加好人氣喔！另外，盡可能提早到，除了可以和早到的遊客互動、洛絡關係，也可以了解他們的行程需求，並適時於行程中滿足遊客需求，增加彼此的良性互動。

（二）導覽解說景點概述

針對今天的行程花幾分鐘概略介紹，並針對有特殊規範的景點先初步叮嚀。

（三）導覽解說行程開始

定點一、內門紫竹寺

漢人進入內門墾殖是在 1661 年（明鄭時期）後，內門紫竹寺建廟於 1732 年，至今約 300 年的歷史（圖 8-95），民間飛爐故事流傳，造就內門

紫竹寺的傳奇，主祀觀音佛祖，是全臺觀音信仰的中心寺廟。乾隆 7 年，水師提督吳必達路過入寺膜拜，賜「紫竹春生」匾額。每逢觀音佛祖聖誕、得道日、出家日均有祭典，尤以農曆 2 月 19 日佛祖誕辰為重大祭典，最盛大熱鬧，為觀音聖誕酬神表演。

圖 8-95　內門紫竹寺。

與遊客分享內門紫竹寺的神蹟傳說，考考遊客，紫竹寺的重要節日「得道日」、「出家日」分別是農曆哪一天？

定點二、內門順賢宮

內門順賢宮是清乾隆年間來臺經商的潮州黃姓商人，為祈求行程平安，恭迎媽祖隨行渡海來臺。由於媽祖有求必應，信眾群應於臺南建廟奉祀。民國 38 年，黃姓商人後代遷居高雄，請示媽祖後，同意南下於高雄苓雅建廟，移祀順天宮，後來因為空間不足，於 2000 年遷移至內門，更名順賢宮。

順賢宮遷入內門區後，2001 年成立「順賢宮宋江陣」（登記：順賢宮宋江文化技藝團），傳承臺灣宋江陣文化責任（圖 8-96），並以廟宇虎邊前殿供奉田都元帥的「田都元帥殿」為基地。田都元帥俗稱「戲神」或「宋江爺」，是中國傳統戲班祖師爺，相傳為宋江陣守護神，在臺灣凡有附屬宋江陣組織的廟宇，均設田都元帥殿「宋江館」。

圖 8-96

順賢宮宋江陣是結合宗教信仰與民間藝陣技藝的宋江陣，由廟方經費支持，並有固定的場所與時間團練，有「不謝館的宋江陣」之稱。

考考遊客「宋江陣」、「八家將」、「車鼓陣」、「桃花過渡」的不同

內門區共有數十個藝陣，宋江陣也多達 20 多隊，平日宋江陣多配合神明聖誕、廟會遶境才開館，結束後就謝館，順賢宮為將宋江陣文化發揚光大，供奉田都元帥全年不謝館，兵器即擺放在神龕兩旁，練習時需焚香禮拜田都元帥後才能出陣，以示尊崇並祈求操演團練平安。

定點三、南海紫竹寺及宋江兵器展示館

南海紫竹寺於 1976 年竣工，其建築是採中國傳統建築風格，雕刻十分精緻，整體給人感覺壯觀華麗。南海紫竹寺之下的藝陣有宋江陣、大旗陣、龍陣、跳鼓陣、獅陣、七里響、桃花過渡、南管、牛犁仔陣、太平歌、清心社等數十個陣頭（圖 8-97），是南海紫竹寺最大特色。

圖 8-97　內門南海紫竹寺羅漢門迎佛祖遶境。

廟中宋江兵器展示館陳列著各種宋江陣使用的兵器，各種不同的進攻及防守的兵器，還有展示著「水滸傳」108 條好漢的臉譜造型（圖 8-98）。流傳至今的宋江陣兵器，大部分仍仿效《水滸傳》裡角色所持兵器，歷經時代演進，宋江陣又演化出金獅陣及白鶴陣，並成為迎神賽會時護駕神明的陣頭，不論是上陣用的或是儀式中所需的各類器具，都在兵器館裡一一呈現，讓人深刻感受豐富的宋江陣內涵。

考考遊客神明遶境行程有什麼禁忌？
畫臉譜有什麼禁忌？

圖 8-98

宋江陣兵器展示
館,陳列著各種
宋江陣使用的兵
器,和「水滸傳」
108 條好漢的臉
譜創意。

(四) 行程結束

　　行程來到解散點,導覽解說員與遊客聊聊今天的行程是否有不清楚,可在行程安排的時間內進行小討論,或請遊客透過方便聯絡的方式討論。另外,可依行程規劃進行訪談市調或問卷調查(表 9),再將行程的解說用品整理、復原,即完成導覽解說行程。

　　行程結束之後,導覽解說員應針對遊客回覆的導覽解說行程問卷調查及整個行程進行評量檢討(表 10),以作為之後行程的調整方向與改進參考。

表 9　問卷市調表

解說服務滿意度調查表

親愛的貴賓您好：

　　感謝您撥冗填答這份問卷，希望透過您的填答，了解您對行程安排覽導解說服務的滿意程度，本資料僅供考評之用，絕不做其他用途，請您安心填答。您的填答將有助於導覽服務品質的提升，衷心感謝您的協助與合作。

順心如意　　　　　　　　　　　　　　　　　　　　　　　　　　　　敬啓

調查項目	滿意度				
	非常滿意	滿意	普通	不滿意	非常不滿意
解說員 1. 解說員口齒清晰					
2. 解說員語調溫和，速度和音量適切					
3. 解說員使用術語展現其豐富的專業知識					
4. 解說員談吐風趣並且與遊客保持互動					
5. 解說員懂得利用肢體語言來強化解說內容					
6. 解說員能察覺旅客的反應來調整解說技巧					
7. 解說員的解說方式讓遊客很容易了解、明白					
8. 解說員的儀表整潔得宜					
9. 解說員的態度認真、笑容親切可掬					
10. 解說員表現出尊重與耐心解答我們的問題					
11. 解說員能讓我們有一個愉快的參觀經驗					
導覽設備 1. 電腦設備內容豐富、清晰					
2. 電腦設備內容難易度適中					
3. 語音導覽內容難易度適中					
4. 語音導覽聲音清晰					
5. 影片、紀錄片內容充實度					
6. 解說牌文字方便閱讀					
7. 解說牌內容難易度適中					
8. 導覽手冊容易閱讀					
展示環境 1. 展示動線規劃良好					
2. 方向指引標示清晰					
3. 展場光線明暗適中					
4. 展示內容具吸引力					
5. 文物擺設恰當					

其他建議事項：

評量者：＿＿＿＿＿＿＿＿＿＿＿＿＿＿

表 10　評量檢討表

項目	佔比	說明
導覽解說 內容規劃	20%	1. 導覽解說規劃具有完整性、創意性、有個人觀點和見解。 2. 傳達的訊息經過組織、包裝及重整，有系統的傳達給遊客理解。 3. 解說深入淺出、平易近人、架構清楚、條理分明。
當地資源 結合度	20%	結合當地觀光資源與資訊、安全教育。
服裝 儀容 肢體表現	20%	1. 服裝、儀容之合宜性。 2. 具備表達、溝通能力，口語清晰、表情生動、肢體活潑。 3. 引發遊客興趣、滿足好奇心，引導遊客認識環境、體驗在地化，欣賞觀光資源之美。
導覽解說 媒體運用	20%	1. 導覽解說過程，運用現場設施、解說牌或標示。 2. 自製簡報、文宣或科技資訊運用。
啟發	20%	1. 除了介紹風土、習俗，還有文化傳承、發揚的觀念。 2. 激勵遊客對所描述的環境產生新的見解與熱誠。 3. 使遊客感受到文化資產的重要，養成友善環境的態度、觀察力與反思力。

評量者：＿＿＿＿＿＿＿＿＿＿＿

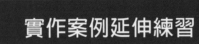

實作案例延伸練習

一、資源調查、編寫解說內容

　　節慶祭典是一種文化體驗，臺灣各個族群為祈求神靈降福或消災解厄，各自發展出獨特的祭典活動，一年四季終年不斷，伴隨活動的民俗表演，如民俗技藝、戲曲或陣頭等，如何從親身體驗中學習深入了解，祭典的緣由與背後意義才能分享，例如：歷史來源、儀式、特色、民俗意義、藝陣，以及祭典的特有意義，如開福門、夯枷、查夜暗訪、遶境賑孤…等，國內具代表性祭典如：

1. 元宵節：平溪天燈、臺東炸寒單爺、臺南鹽水蜂炮…等民俗慶典。
2. 宜蘭頭城搶孤：臺灣規模最大的搶孤活動，源自清代，中元節普渡後，將祭祀的供品放在搶孤棚，提供民眾搶奪，有一說是為了嚇退流連忘返的鬼魂，稱為「搶孤」。
3. 艋舺青山王遶境：萬華年度最大盛事，也是臺北三大祭典之一。每年歲末有兩晚暗訪遶境，其中 10 月 21 日會經過艋舺與西門町地區，沿途各宮廟會在路上搭起紅壇，將神明請至紅壇，迎接青山王與眾神將蒞臨。

（一）解說演練一

請親身體驗參加 1 個祭典，並以照片和文字紀錄體驗經過，發表心得。

（二）解說演練二

以同學居住城市實地踩線蒐集 1 個節慶祭典的時間，緣由、舉辦形式、意義。

二、製作解說輔助工具

1. 設計製作面具、服裝道具：收集並了解傳統藝陣「宋江陣」的內涵，並融入傳統元素與創意巧思，讓遊客透過製作道具的過程增加對節慶祭典的趣興，提高導覽解說的互動性。

2. 劇場式演繹：將角色臉譜畫在臉上，角色扮演，或穿戴上古裝帽飾、衣
   服，融入情境。

3. 趣味遊戲設計：解說導覽因應不同對象，將廟宇建築景點、臉譜特色知
   識、陣頭、音樂⋯等，融入遊戲活動中，增加學習的趣味性。

案例六 人文歷史類型導覽解說——基隆的人文歷史導覽

　　基隆是臺灣文化資產密度最高的都市之一，歷經一次次的占領、驅逐歷史，廣納戰爭防衛、航海運輸、多元族群等不同面向，這些歷史文化並不只呈現在空間上，也融入了在地生活，形成獨特的基隆歷史場景與文化場域。

一、確認主題與範圍

　　「雞籠」一詞的由來有許多種說法，一說源自 1870 年修訂的《淡水廳志》，因基隆港外的和平島形狀似雞籠，而有雞籠之名。另一說法是當地原住民為凱達格蘭族（Ketagalan），取其前尾音節 ketlan 而成。

　　17 世紀時，西班牙人因荷屬東印度公司佔領臺灣南部，威脅其商業利益，為牽制荷蘭人，西班牙人於 1626 年從呂宋島航行北上，由雞籠社寮島登陸，成為臺灣北部的殖民帝國，也是雞籠開發之始，隨即在島上西南端修築「聖薩爾瓦多城」。1642 年，荷蘭人北上攻佔社寮島，將西班牙人趕出臺灣，並將「聖薩爾瓦多城」改名「北荷蘭城」。1668 年，鄭經派軍擊退荷蘭人，荷人臨去前在社寮島岩洞內刻字留念，而使該地有「番字洞」之稱。近期，基隆和平島陸續有考古探勘行動，一些荷西時期的歷史軌跡逐漸浮現，因鄭氏王朝統治重心在臺南，基隆並無太大建設發展。

　　臺灣進入清領時代初期時，雞籠大部分地區還是蠻荒之地，只有今日的和平島有較多漢人及一些平埔族部落活動。1723 年（清雍正元年），福建漳州移民入墾雞籠港區並於南岸興建崁仔頂街，是今日基隆市街創建之始。

　　19 世紀，美國海軍勘查發現雞籠豐富的煤礦層及優質港灣，加上輪船是以燃煤產生動力，進而有攻佔的意圖，英國也於鴉片戰爭時前來叩關。清代中期，基隆隨著礦產的開發而迅速發展。1863 年，英法聯軍之役迫使清廷開放雞籠港，成為貿易港，也是淡水滬尾港的副港，為了因應國際貿易以及地方管理上的需要，1871 年清廷於雞籠設置海防同知，專辦海防及煤礦事務。1875 年雞籠設置臺北分府通判，並改名「基隆」取「基地昌隆」之意。除了煤礦，基隆河流域還發現沙金，使得基隆的發展更興盛。但也因為其重要性，1941 年太平洋戰事爆發時，基隆便首當其衝，成為美軍轟炸的首要目標。（圖 8-99）

圖 8-99　日治時期的基隆行政區域圖。

二、蒐集與分析解說資源

（一）人文史蹟發展

　　認識基隆這座城市的軌跡，基隆築港史、港區歷史建築、基隆火車站等鮮明的都市地景以及風華的過去，探尋從日治時期留下的建築遺跡以及豐富的人文產業。

（二）產業活動發展

　　崁仔頂是清領時期基隆最早發展的市街，從清代延續至今崁仔頂的魚市場可說是全臺灣最有活力、有趣的魚鮮拍賣交易場。

（三）宗教節慶活動

　　基隆廟口與在地人文、產業的互動、發展。

三、導覽解說路線規劃

　　基隆是北部港闊水深的良港，也是近代西方列強爭奪的軍事重地。所以基隆地區的史蹟導覽解說行程，還可以規劃砲臺、要塞、燈塔、獅球嶺火車

隧道等軍事設施的史蹟景點，或者是古戰場巡禮的蹟導覽解說行程。另外，
基隆的中元祭也是很有名，也可以規劃基隆年度盛事「雞籠中元祭」節慶活
動導覽。若考量路程、交通方便性，也可從車站周邊交通方便、景點密集的
基隆導街區開始。為方便徒步進行深度導覽基隆車站周遭老街區，進行路線
規劃。

（一）導覽路線

1. 臺鐵基隆火車站北口出口（集合點）→ 2. 基隆港西二西三碼頭倉庫→ 3. 海
港大樓→ 4. 陽明海洋文化藝術館→ 5. 基隆火車站→ 6. 基隆城隍廟→ 7. 基隆
慶安宮→ 8. 崁仔頂漁市→ 9. 仁愛市場→ 10. 基隆廟口夜市→ 11. 基隆開漳聖
王奠濟公→ 12. 許梓桑古厝（解散點）（圖 8-100）

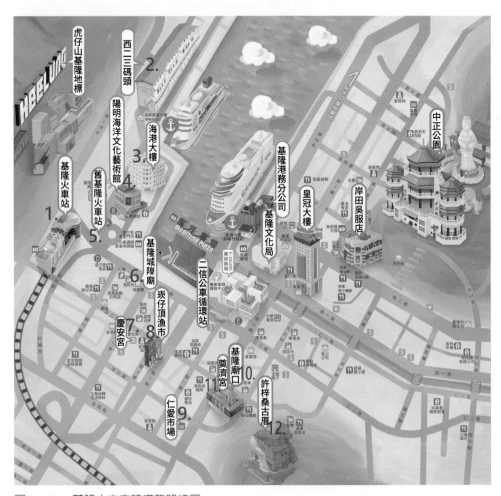

圖 8-100　基隆人文史蹟導覽路線圖。

（二）導覽時間

1. 導覽時間：2 ～ 3 小時

2. 各展示點須先確認開放時間，行前須再確認時間是否有異動，以免撲空。

（三）導覽活動設計

> 考量主題偏重地方美食，因此可以增加基隆廟口及仁愛市場解說時間。另外，須考量交通安全，景點與景點間的行程，必要時可以繞一點路。

人文歷史導覽解說可針對不同對象發揮創意，設計的活動以趣味性方式將地質知識融入遊戲活動中。

1. 問答法：講解時可採用向遊客提問的作法，激發遊客的想像力，讓遊客產生參與感，解說員先給暗示、明示、提示，但不立即說出解答，讓遊客思考、判斷後再解答。

2. 互動遊戲卡：將導覽路線設計成跑關路線圖，每一關設計尋找解題線索，一邊引導觀察和解說，讓遊客隨時注意景點周遭環境，一邊動腦解謎，再搭配小禮物鼓勵遊客積極互動。

3. 人物介紹圖片：以與基隆歷史有關的人物為主題，製作圖片卡，如：美國培里、法國孤拔、清朝劉銘傳。

四、導覽解說行程

（一）導覽解說員自我介紹

> 別忘了以好臉色、好氣色、好口氣……增加好人氣喔！另外，盡可能提早到，除了可以和早到的遊客互動、活絡關係，也可以了解他們的行程需求，並適時於行程中滿足遊客需求，增加彼此的良性互動。

（二）導覽解說景點概述

> 針對今天的行程花幾分鐘概略介紹，並針對有特殊規範的景點先初步叮嚀。

（三）導覽解說行程開始

第 1 站　臺鐵基隆火車站北口出口

基隆車站位於基隆市中山區（原基隆市仁愛區），為臺鐵現存最北端的車站，是縱貫鐵路與臺鐵西部幹線的起點站（圖 8-101）。基隆車站最早設立 1891 年，與初代縱貫線同時啟用，站體經過四次改建，於 2015 年 6 月 29 日啟用為半地下化設計的車站。

基隆車站為半地下化車站，建築分為南、北站兩部分，北站設於港西街郵局對面，為地上 1 層、地下 1 層的車站建築，惟地面層僅作為出入口使用，主要設施皆位於地下 1 樓，並可藉由月臺區與南站連通。基隆車站曾為基隆臨港線的端點站，港區內的各鐵路線皆由本站開始分歧至西岸各碼頭區，目前皆已全數拆除，僅預留一段尾軌可供軍港在未來興建聯絡道。

導覽解說員可製作基隆火車站的一系列歷史照，讓遊客更清楚了解基隆火車站的變化。

圖 8-101　臺鐵基隆火車站北口出口。為臺鐵現存最北端的車站，是縱貫鐵路與臺鐵西部幹線的起點站。

第 2 站　基隆港西二西三碼頭倉庫

日治時期臺灣的基隆港與日本的距離最近，日本人為強化臺灣與日本之聯繫以及日益頻繁的貿易下，不斷地進行基隆港的擴建。基隆港西岸碼頭倉庫是指臺灣基隆港西岸數座興建於日治時期的碼頭倉庫，主要興建於 1930 年代，最早有 8 座，至 1990 年代僅剩西二、西

圖 8-102　基隆港西二西三碼頭倉庫。

三碼頭 2 處（圖 8-102）。西二、西三碼頭倉庫於 2014 年 12 月列為歷史建築保護，目前同時做為基隆港的第二旅客郵輪中心。

　　這些倉庫的特色為上層為客運設施、下層則為貨運空間（圖 8-103）。西二西三碼頭倉庫與基隆車站之間在當時設有行人天橋連接，以方便旅客在

2015 年 4 月 10 日，基隆市政府推翻原都更決議，宣布西三碼頭倉庫全區保留，並規劃為文創產業專用區。都市發展如何兼顧古蹟保存與活化，是相當大的課題。

圖 8-103　基隆港西岸碼頭倉庫，倉庫具有上層為客運設施、下層為貨運空間的特色。

基隆港的客輪與通往臺灣各地的鐵路之間轉乘。從完工後至航空業興盛前，這裡是臺灣最重要的聯外客運門戶，因而被歷史學者稱為「臺灣的嘴巴」。

第 3 站　海港大樓

　　基隆海港大樓，是基隆市區最容易被看見的歷史建築，位於基隆火車站附近，興建於日治時代，原名「基隆港合同廳舍」，是由時任臺灣總督府交通局技師的鈴置良一所設計，並擔任監造施工，興建目的是要將當時散置於基隆港各處的 11 個港務機構集中以便利港務運作。海港大樓於美軍轟炸時，很不可思議地倖存至今，並於戰後 1947 年改稱「海港大樓」，目前仍有許多基隆港相關港務機構在此辦公。

　　1934 年（昭和 9 年）完工的海港大樓，主體為 3 層樓高，戰後加蓋為 4 樓，再加上中央塔樓使樓高拉至 5 層，旁邊的附屬建築則為 3 層樓高，採用鋼筋混凝土架構。外觀上，海港大樓的轉角處做成圓弧狀，並減少陽臺的配置，使建築帶有船舶的意象（圖 8-104），整體外觀以水平流線造型的現代主義風格為基調。2003 年由基隆市政府公告為基隆市歷史建築，曾與鄰近的陽明海運舊廈獲選為基隆市歷史建築十景之一。

圖 8-104　基隆海港大樓 1947 年改稱「海港大樓」，轉角處做成圓弧形，使建築帶有船舶的意象。

第 4 站　陽明海洋文化藝術館

　　陽明海洋文化藝術館是一棟具有尖塔圓拱的建築物，具有歷史樣式特徵，但是主體建築則是呈現折衷主義建築的特色，為基隆市十大歷史建築之一（圖 8-105）。該建物建於日治時代，於 1915 年 5 月 4 日完工，當時是由日本郵船籌建作為基隆分店（基隆出張所）所在，為經營日臺航路的大輪船公司。在該建築東側尚有大阪商船基隆分店，兩棟建物在同一街區相對並立。

原本爲兩棟對稱的建物，大阪商船基隆分店於第二次世界大戰期間被毀，之後部分用地成爲基隆市公車總站。

這個行程屬於產業觀光，讓遊客更了解我國海運業的發展。另外，常展區基隆港口模型全球貨櫃運輸展，及全國第一套開放一般民衆體驗模擬駕駛船艙設備、運行電動感，都能讓遊客實際體會。

圖 8-105　陽明海洋文化藝術館。

　　而日本郵船基隆出張所在美軍轟炸中受損，在戰後修建屋頂時便將炸毀的尖塔拆除。二戰結束後，餘留之建築物由招商局接管。1972 年招商局轉投資成立陽明海運後，接手作爲辦公大樓。2003 年起，陽明海運重新規劃整建爲海洋文化藝術館，2004 年 12 月 28 日完工開館啓用。

第 5 站　基隆火車站

　　基隆火車站自成立歷經 124 年歷史，基隆火車站最早起源於 1887 年（清光緒 13 年），由巡撫劉銘傳探勘、測繪路線，以基隆獅球嶺爲起點，爲加強國防、便利交通、繁榮商業等目的下，興建基隆至臺北的鐵路路線，此工程直到 1891 年完工通車，第一時期的基隆火車站開始營運，此時期的站址位於現今安樂市場。當時車站設置考慮西方列強入侵，登陸後會利用鐵路長驅直入，所以遠離臨港碼頭區域。

　　至今歷經五代站體的變革，但是由日治時期一直沿用到戰後的第三代車站則是深留在一般民衆心中印象的基隆車站站體（圖 8-106）。第三代基隆火車站於 1908 年啓用，也是最具有歷史意義

圖 8-106　日治時期第三代的基隆火車站老照片。基隆火車站歷經五代站體的變革，具有英國式磚造主結構站體，搭配鐘塔與急斜的馬薩式斜屋頂，相當具有文藝復興風格的建築。

的站體。第三代火車站外觀為紅磚、白色仿石水平飾帶，建築設計屬於磚木混合結構，左右對稱，有著文藝復興的歐式風格，建築中央屋頂上方聳立著尖頂狀鐘塔，四周亦有突出於斜面屋頂的老虎窗，使屋頂狹小的空間可以通風，維持一定濕度及溫度，避免木造建築被白蟻啃蝕。

　　基隆火車站的站體採用英國式站體，附有時鐘的鐘塔與急斜的馬薩式斜屋頂，為磚造建築，與同時期興建的德國式附有時鐘的鐘塔新竹站體、英國式沒有時鐘鐘塔的臺中站體，同為文藝復興式建築。因日本人在基隆進行市區改正計畫，將基隆火車站遷至目前的現址。當時在日治時期的第二代基隆舊火車站，推估於 1895 ～ 1900 年（光緒 21 年～明治 32 年）間興建的車站，站體為木造建築，屋頂使用銅瓦，面積推估為 56 坪左右。

第 6 站　基隆城隍廟

圖 8-107　基隆護國城隍廟。

　　基隆護國城隍廟是 1887 年（光緒 13 年），由舉人江呈輝、秀才張尚廉發起捐地建廟而建（圖 8-107）。為一主奉基隆廳城隍的城隍廟，與奠濟宮、慶安宮合稱為「基隆三大廟」。相傳該廟奉祀的城隍爺為曾任基隆廳通判的包容，因生前為官清正，積勞成疾卒於任內，死後遂成為城隍，並被稱為「護國城隍」。第二次世界大戰期間基隆遭到轟炸，當時信徒背著城隍神像逃難，但廟宇幸未被戰禍波及，讓信眾深信是神明靈驗保佑。

　　城隍廟空間規劃為三川殿、拜殿、正殿三進結構，建築上透過高低起伏、明暗對比，加上逐段升起的地坪及一再重複的柱列，營造出壓迫、陰森、肅殺的氣氛。城隍廟正殿供奉城隍，兩側奉祀文武判官、八司、六將與七爺八爺，後殿奉祀城隍夫人與城隍公子，而在二樓則供奉有西秦王爺與基隆聚樂社的先人。該廟所供奉的西秦王爺為北管福祿派的樂神，在雞籠中元祭之中，迎斗燈或放水燈的隊伍都得經過城隍廟祭拜西秦王爺。

第 7 站　基隆慶安宮

　　基隆慶安宮，又稱基隆媽祖宮、基隆（或作雞籠）媽祖廟，是一座主祀天上聖母的地方信仰廟宇（其主神又被稱作「基隆媽」），爲基隆三大廟及基隆八景之一。

　　基隆不適耕農，大多數的居民均以漁業爲主，爲祈求平安，都會祀奉天上聖母。慶安宮的歷史可溯自 1780 年（乾隆 45 年），當時漳州移民於基隆港西岸的牛稠港虎仔山畔建了一間小的媽祖廟。因爲基隆港南岸隨著移民日多，成爲街市後而有建廟之需，而後 1815 年（嘉慶 20 年）內湖庄人何士蘭捐獻位於石硬港（旭川河）西側之地建廟，該地即爲慶安宮今址。中元祭時，慶安宮會將 7 月燈分送給各姓氏宗親，並舉行迎斗燈、豎燈等重要儀式。

　　日本統治時期，要求基隆慶安宮、基隆城隍廟及奠濟宮的繞境路線延伸至基隆神社前進行參香，甚至於 1921～1924 年（大正 10～13 年）間，更強迫慶安宮的遶境改至陽曆 6 月 3 日（基隆神社例祭日），改採聯合遶境型式，基隆神社之神輿與媽祖等神祇鑾轎同時繞境，直到 1925 年，才停辦聯合遶境，由各宮廟神社分開繞境。

　　慶安宮原有湄洲媽，2004 年信徒從泉州迎回泉州媽，次年從漳州迎回漳州媽；三媽同奉的現象除了是全臺唯一，也象徵著昔日漳泉械鬥的和解。（圖 8-108）

圖 8-108　慶安宮現址為 1815 年內湖庄人何士蘭所捐獻建廟。臺灣有些地方廟宇雖然其成立年代久遠，但是因為廟宇不斷翻新或增建下，原有廟宇請名匠師所製作的彩繪、剪黏、石雕木雕，以及用傳統工法建築的藻井、壁堵等部分消失，甚為可惜。所以導覽員判斷可以介紹的解說內容不多的話，每個景點停留的時間不定都要一樣，可以做彈性調整。

近年來，「到崁仔頂漁市嚐鮮」是安排夜遊基隆，相當夯的行程規劃。可以體驗熱絡的漁市買賣，更可吃到剛從漁船卸下來的新鮮魚貨，加上美食旅遊節目的推波助瀾，更提升景點的人氣。

第 8 站　崁仔頂漁市

基隆崁仔頂漁市是北臺灣最大的魚貨市場，百攤林立，每天凌晨 4 點開賣到上午 7 點，各地餐廳業者、漁販來批 A 級漁貨（圖 8-109）。崁仔頂的出現最早可追溯到清領時期，一直到 1978 年以前，孝一路和愛一路之間有旭川運河，可以通行漁船，因海

圖 8-109　基隆崁仔頂漁市是北臺灣最大的魚貨市場。

口地緣關係，開始聚集人潮，並形成市集，漁船會直接行駛至漁行的位置將漁貨卸下，漁貨送進漁行之前必須先爬上石階，石階稱崁，便有了「把東西搬上崁仔頂」的說法，這名稱也一直沿用至今。

當時的石階因旭川河加蓋而不見痕跡，不過建築仍保留了早期建築傳統工法，以義隆漁行為例，屬三層樓的紅磚房，據義隆漁行第三代負責人、同時也是崁仔頂魚行聯誼會會長彭瑞祺說，這些紅磚屬日治時期 TR 特級磚，跟總統府使用的紅磚是相同等級！而兩層樓的樓板以木頭做為架構、上方放置木板，再敷上蚵粉、泥砂及糯米糊，最後放上陶磚建成，在二樓走動可以感覺到木頭的彈性以及震動，也俗稱「軟樓」。現在臺灣尚存的軟樓建築已不多見。

一開始崁仔頂的漁行只賣熟魚和醃漬類漁貨，但在社會健康意識漸漸抬頭後，當時年僅 20 歲的彭瑞祺，嗅到生鮮批發將來會取代醃漬類漁貨的趨勢，於是便開始慢慢減少醃漬類產品，轉型做生鮮漁貨的拍賣，其他漁行見到此情況轉而跟進，崁仔頂也漸漸成為北臺灣最大的生鮮漁貨批發漁市，大家可以到此一遊，體會一下魚市的活力。

第 9 站　仁愛市場

仁愛市場位於基隆愛三路與仁四路交叉路口，在地友人表示來基隆嚐美食，除了必去的廟口夜市，仁愛市場二樓也是饕客必訪之地，小吃攤位都聚集在菜市場的二樓（圖 8-110）。這裡有很多是在地人才知道的物美價廉的隱藏版美食，隨著美食節目及網路媒體的報導，仁愛市場 2 樓漸漸成為基隆美

大家不妨與親朋好友起個
大早，親臨參觀魚貨拍賣
市場，欣賞魚販精彩的販
賣方式喔！大家也可以合
資，加入拍賣行列，體驗
激昂、熱烈的魚市買賣。

圖 8-110　基隆仁愛市場，小
吃攤位都聚集在菜市場二樓。

食集散地，除了曾被媒體報導過的老店，近幾年也開了不少新店，下次除了
基隆廟口小吃外，還有更多的豐富選擇。如果受限於導覽時間，可於導覽行
程結束後，再自行安排行程。

第 10 站　基隆廟口夜市

聞名全臺的基隆市廟口小
吃已有 3、40 年的歷史了（圖
8-111）。位於基隆市仁三路旁
的奠濟宮周圍，從愛二路至愛
三路之間的仁三路，小吃種類
眾多，短短 3、400 公尺，卻聚
集了有近 200 個攤位，走在其
間，嘴巴沒有一刻停閒，這時
你會期望自己是個超級大胃王，
能將這基隆廟口夜市的所有美
食都能一一品嚐。

圖 8-111　基隆市廟口小吃聚集了有近 200 個攤
位，小吃種類眾多，已有 3、40 年的歷史。

用料實在且價錢公道、色香味俱全；也難怪每天這兒都相當的熱鬧。著
名小吃有鼎邊趖、天婦羅、肉羹、蚵仔煎與魯肉飯…等，應有盡有，不論是
海鮮還是香烤雞肉、水果冰品，各種小吃口味道地，一路吃下來就像是走遍
了整個臺灣，讓人來了還想再來。除了本地人愛來這裡打打牙祭之外，觀光
客也相偕而來呢！所以想要一嚐臺灣的特有美食小吃，基隆廟口可不能錯過。

第 11 站　基隆開漳聖王奠濟公

　　奠濟宮位於基隆市仁愛區，是臺灣基隆市市中心為基隆市區最大型的廟宇，廟內主奉開漳聖王，也就是唐朝的陳元光將軍，建於 1875 年（光緒元年），又稱為聖王廟、聖公廟、聖王公廟等（圖 8-112）。奠濟宮與城隍廟、慶安宮，合稱「基隆三大廟」，基隆廟口夜市即以奠濟宮得名，並以奠濟宮為中心向周邊街道發展流動攤販。二次大戰廟宇遭受美軍轟炸，再加上年久失修，於 1964 年才進行大規模整修，成為今日規模。「後殿」清甯宮原為道光年間泉州人所建以奉祀水仙王的殿宇，日治時期因故與奠濟宮合併。而奠濟宮歷經整修後，廟中仍存有清同治年間的石柱，另外還有古碑。

圖 8-112　奠濟宮主奉開漳聖王。

　　在同治年間，經過百年的開發與分類械鬥，漳州府移民取得了基隆港一帶，而泉州府安溪移民退守至七堵、暖暖。兩方械鬥，爭執不斷，甚至抬出己方的守護神示威，泉州安溪人信仰雙忠尊王（俗稱尪公），漳州人崇奉開漳聖王（俗稱聖王公，簡稱聖王、聖公）。每逢械鬥，雙方分別抬出己方守護神，吶喊助威，以祈勝利。械鬥之烈，連神像都難保全，甚至有「尪公無頭殼，聖公無手骨」的俗語。當地另有俗諺「尪公無過嶺」，意思是「尪公神像絕不越過獅球嶺」，此勢力範圍因獅球嶺以北，即是漳州人地界。

第 12 站　許梓桑古厝

　　許梓桑古厝位於臺灣基隆市仁愛區，正式名稱為「慶餘堂」，是日治時期曾擔任基隆街長與臺北州協議會議員等職的許梓桑之故居（圖 8-113）。

許梓桑原本是住在基隆市區，但在明治末期因為住家被規劃成築港地，1909 年（明治 42 年）搬到「新店街八番地」，直到 1931 年（昭和 6 年）才在「少將山」上興建這棟慶餘堂，後方築有「迺園」。

圖 8-113　許梓桑古厝因年久失修與風化侵蝕等因素，僅餘牆面。

許梓桑古厝為兩層樓高的建築，二樓採傳統三合院的布局，建築細部則融入西洋建築的裝飾，至於建材則使用 TR 磚，大家登高至此可以眺望整個港區別有一番風味。

二次大戰期間，許梓桑家族為避美軍空襲，搬離此居。許梓桑本人於戰後不久即過世。戰後，則陸續有族人與難民在此暫居。然而，1960 年代左右，許家後代的產權問題逐漸惡化，以致許宅被遺棄為「三不管地帶」，荒廢數十年。2004 年 3 月 1 日以「許梓桑古厝」被公告為基隆市歷史建築，目前因年久失修與風化侵蝕等因素，僅餘牆面。

（四）行程結束

行程來到解散點，導覽解說員與遊客聊聊今天的行程是否有不清楚，可在行程安排的時間內進行小討論，或請遊客透過方便聯絡的方式討論。另外，可依行程規劃進行訪談市調或問卷調查（表 11），再將行程的解說用品整理、復原，即完成導覽解說行程。

行程結束之後，導覽解說員應針對遊客回覆的導覽解說行程問卷調查及整個行程進行評量檢討（表 12），以作為之後行程的調整方向與改進參考。

走完基隆的行程，你是否有不少惋惜的感觸？古蹟維護是刻不容緩，除了積極維護作業，從小扎根的觀念教育，同樣也不可輕忽。

表 11　問卷市調表

解說服務滿意度調查表

親愛的貴賓您好：

　　感謝您撥冗填答這份問卷，希望透過您的填答，了解您對行程安排覽導解說服務的滿意程度，本資料僅供考評之用，絕不做其他用途，請您安心填答。您的填答將有助於導覽服務品質的提升，衷心感謝您的協助與合作。

順心如意　　　　　　　　　　　　　　　　　　　　　　　　　　　　敬啓

調查項目	滿意度				
	非常滿意	滿意	普通	不滿意	非常不滿意
解說員 1. 解說員口齒清晰					
2. 解說員語調溫和，速度和音量適切					
3. 解說員使用術語展現其豐富的專業知識					
4. 解說員談吐風趣並且與遊客保持互動					
5. 解說員懂得利用肢體語言來強化解說內容					
6. 解說員能察覺旅客的反應來調整解說技巧					
7. 解說員的解說方式讓遊客很容易了解、明白					
8. 解說員的儀表整潔得宜					
9. 解說員的態度認真、笑容親切可掬					
10. 解說員表現出尊重與耐心解答我們的問題					
11. 解說員能讓我們有一個愉快的參觀經驗					
導覽設備 1. 電腦設備內容豐富、清晰					
2. 電腦設備內容難易度適中					
3. 語音導覽內容難易度適中					
4. 語音導覽聲音清晰					
5. 影片、紀錄片內容充實度					
6. 解說牌文字方便閱讀					
7. 解說牌內容難易度適中					
8. 導覽手冊容易閱讀					
展示環境 1. 展示動線規劃良好					
2. 方向指引標示清晰					
3. 展場光線明暗適中					
4. 展示內容具吸引力					
5. 文物擺設恰當					

其他建議事項：

評量者：＿＿＿＿＿＿＿＿＿＿＿＿＿

表 12　評量檢討表

項目	佔比	說明
導覽解說 內容規劃	20%	1. 導覽解說規劃具有完整性、創意性、有個人觀點和見解。 2. 傳達的訊息經過組織、包裝及重整，有系統的傳達給遊客理解。 3. 解說深入淺出、平易近人、架構清楚、條理分明。
當地資源 結合度	20%	結合當地觀光資源與資訊、安全教育。
服裝 儀容 肢體表現	20%	1. 服裝、儀容之合宜性。 2. 具備表達、溝通能力，口語清晰、表情生動、肢體活潑。 3. 引發遊客興趣、滿足好奇心，引導遊客認識環境、體驗自然，欣賞觀光資源之美。
導覽解說 媒體運用	20%	1. 導覽解說過程，運用現場設施、解說牌或標示。 2. 自製簡報、文宣或科技資訊運用。
啓發	20%	1. 除了介紹風景、習俗，還傳達保護環境、文化傳承的觀念。 2. 激勵遊客對所描述的環境產生新的見解與熱誠。 3. 使遊客感受到自然資源的珍貴與文化資產的重要，養成友善環境的態度、觀察力與反思力。

評量者：＿＿＿＿＿＿＿＿＿＿＿＿

實作案例延伸練習

一、資源調查、編寫解說內容

　　解說基隆必須了解基隆的特殊地理位置和在地生活，可從下列幾個方向查詢與思考：

1. 基隆的地理位置有何重要性？

2. 經過幾次重要的建設？

3. 現在留存的歷史建物中有哪些過去的影像？

4. 在歷史中經過哪幾國的占領？留下哪些層次的文化？

5. 為了戰爭防衛、航海運輸留下哪些歷史文化軌跡？

6. 基隆知名的廟口小吃，有甚麼特別？

7. 既然是廟口，那一定少不了廟，基隆廟口和奠濟宮有甚麼關聯性？

8. 既然是海港一定有漁市場，基隆崁仔頂漁市的景象是甚麼？

（一）解說演練一

　　參考本案例路線，同學採 3 ～ 5 人負責 1 個點的導覽解說，進行實際演練。

（二）解說演練二

　　以同學居住所在地且交通方便的史蹟景點 2 ～ 3 個，規畫導覽路線並演練。如：

1. 苗栗苑裡火車站：慈和宮、苑裡市場、帽蓆街……。

2. 臺中大甲日南火車站：山腳國小日治後期宿舍群……。

3. 屏東火車站：慈鳳宮、聖帝廟、學生街、屏東夜市……。

實作案例延伸練習

二、製作解說輔助工具

1. 景點寶藏卡：將行程中的解說重點、景點拍成照片，可製作成尋寶活動的小圖卡，讓遊客分組進行看圖尋寶的活動，增加學習印象及行程的趣味性。

2. 解說媒體：行程中，有些景物已不再，可以先準備補充用的老照片、圖片、補充資料，放入剪報夾或製成海報、手拿板……，導覽行程時可即時展示，讓遊客收穫更多、行程更豐富。

3. 趣味遊戲：文化歷史導覽解說因應不同的對象，可以發揮創意設計活動，以趣味性方式將文史知識融入遊戲活動中，例如：雞籠史蹟尋寶卡……

4. 如果是著重美食的導覽行程，可以製作美食評分卡，請民眾分組持卡，前往自己喜歡的攤位，品嚐 1～2 攤的美食，時間可規劃 30 分鐘左右，最後集合請各組發表意見，分享吃美食的經驗。

案例七 景觀類型導覽解說——臺大校園人文景觀導覽

　　臺灣大學舊總校區位於臺北盆地南緣蟾蜍山山腳下，經過人們與自然環境長時間互動生活後，形成一處兼具生態意義與人文歷史、美學的場域，是臺北市最珍貴的襲產之一。

一、確認主題與範圍

　　由於公館地區很早就有霧裡薛圳、瑠公圳的灌溉農業開發。日本早期治臺政策為「工業日本，農業臺灣」，因此臺灣逐步發展為農業為本的經濟，於是設置高等農林學校以及總督府農業試驗所。1924年臺灣總督府高等農林學校創立農場，1928年臺北帝國大學成立，農場也改名為臺北帝大附屬農場（圖8-114）。1945年二次世界大戰結束，日本投降，國民政府完成接收臺北帝國大學，改制更名為「國立臺灣大學」，農場也改隸為「國立臺灣大學農學院附屬農場」。

圖 8-114　國立臺灣大學前身為日治時期之臺北帝國大學，創立於日本昭和 3 年（西元 1928 年），上為日治時期的地理位置圖，下為俯瞰圖。

二、蒐集與分析解說資源

(一) 生態、人文景觀

臺灣大學舊總校區位於臺北盆地南緣，蟾蜍山山腳下，是一處兼具生態意義與人文歷史、美學的場域。

(二) 歷史史蹟

日治時期原本是農田處處的臺北公館地區，包括臺北帝國大學前身臺灣高等農林專門學校、舟山路周邊，以及農業試驗場等主要古蹟景點，透過這個行程可以了解日治時期至今的歷史史蹟變化。

(三) 聚落軌跡

了解蟾蜍山周邊開墾的史蹟景點。

(四) 建築古蹟

欣賞臺灣大學校園內作為教育設施場域的歷史建築之美。

三、導覽解說路線規劃

(一) 導覽路線

捷運公館站三號出口（集合點）→ 1.臺灣大學校門口→ 2.臺灣大學傅園→ 3.臺灣大學農業陳列館→ 4.臺灣大學椰林大道→ 5.臺灣大學舊總圖書館→ 6.臺灣大學文學院→ 7.臺灣大學傅鐘→ 8.臺灣大學原子核物理實驗室原址→ 9.臺北高等農林學校校舍→ 10.土木學系系館→ 11.第一活動中心→ 12.小椰林大道→ 13.臺大圖書館→ 14.臺大社科院圖書館→ 15.臺大磯永吉小屋→ 16.臺大瑠公圳水源池→ 17.美軍航空隊行政大樓與教堂→ 18.僑光堂→ 19.共同教室三松樹→ 20.公館伯公亭（解散點）（圖 8-115）

圖 8-115　導覽路線圖。

行程提醒：

1. 由於臺灣大學舊總校區值得介紹的老建築相當多，所以規劃行程時，可考量導覽時間及路線順暢度，再選取合適的景點即可。

2. 臺灣大學的訪客中心網頁有提供幾條導覽路線，可上網搜尋 https://visitorcenter.ntu.edu.tw/p1-virtual2.php（圖 8-116）

圖 8-116　臺大校園中文版導覽摺頁也是重要的導覽參考工具。

（二）導覽時間

1. 導覽時間：2 ～ 3 小時。

2. 各展示點須先確認開放時間，行前要再確認時間是否有異動，以免撲空。

四、導覽解說行程

（一）導覽解說員自我介紹

（二）導覽解說景點概述

別忘了以好臉色、好氣色、好口氣……

增加好人氣喔！另外，盡可能提早到，除了可以和早到的遊客互動、活絡關係，也可以了解他們的行程需求，並適時於行程中滿足遊客需求，增加彼此的良性互動。

（三）導覽解說行程開始

針對今天的行程花幾分鐘概略介紹，並針對有特殊規範的景點先初步叮嚀。

第 1 站　臺灣大學校門口

　　臺大校門口建於 1931 年，守衛室為約 3 公尺高的堡壘型建物，可以管控人員的出入。1998 年時經臺北市政府公告為市定古蹟，乃開啓臺灣高等教育的首要門扉。校門口所面對的這片廣場，在 1977 年前後，是黨外運動蓬勃發展時的群眾聚集處，曾經為了管制而搭建三角形花圃，並築起圍牆，將進出動線由羅斯福路改至新生南路。現則恢復舊貌，命名為「大學廣場」。（圖 8-117）

圖 8-117　臺大校門口建於 1931 年，臺灣高等教育之首，目前指定為市定古蹟。

第 2 站　臺灣大學傅園

　　前身為臺北帝國大學植物園，種植著日本推行「前進南洋」政策時的研究熱帶植栽。1950 年傅斯年校長過世後，校方為紀念傅校長的貢獻，決定在此興建模仿希臘帕得嫩神殿（Parthenon Temple）的斯年堂（圖 8-118），同

圖 8-118　原本為臺北帝國大學植物園，1950 年傅斯年校長過世後，興建模仿希臘帕得嫩神殿的斯年堂，同時將植物園改名為「傅園」。

時將植物園改名爲「傅園」。1951 年斯年堂落成後，與一旁的方尖碑、噴水池等組成西洋古典建築群，造型典雅優美，透出莊嚴寧靜的氣氛。傅斯年校長的骨灰長眠於此，也是校內唯一的骨灰塚。

第 3 站　臺灣大學農業陳列館

　　農業陳列館爲張肇康建築師所設計，1964 年興建完工於 2007 年 1 月 11 日經臺北市政府公告爲歷史建築（圖 8-119）。風格上以現代材質表現中國建築的傳統元素，牆面鑲嵌著琉璃筒瓦；綠色小者，象徵稻葉；黃色大者，象徵稻穗；白色底牆則象徵稻田，作爲臺灣農業成就之對外展示館，也是過去外交貴賓訪臺時的重要接待處，又稱洞洞館。原本類似建築風格的建築有 3 棟，但是目前只留下農業陳列館這一棟。

圖 8-119　農業陳列館風格上以現代材質表現中國建築的傳統元素。

第 4 站　臺灣大學椰林大道

　　呈現東西軸向的椰林大道是連結校園各設施的重要幹道（圖 8-120），也是臺大校園內最重要的象徵地景，是所有臺大人永遠的驕傲，也是莘莘學子們嚮往追求的目標。創校時特別設置筆直的向陽椰林大道，大道兩旁種植具有南洋風味的椰子樹形，走在椰林大道上，讓人感到海闊天空，象徵臺大生生不息的榮景。

大王椰子正式的名稱為王棕，
別名才是大王椰子。屬於棕
櫚科王棕屬植物，原產於古
巴、牙買加、巴拿馬，是古
巴國樹喔！

圖 8-120　椰林大道是連結校園
個設施的重要幹道，也是臺大校
園內最重要的象徵地景。

第 5 站　臺灣大學校史館（舊總圖書館）

　　臺灣大學校史館建於 1929 年，原本為日治時期臺北帝國大學的舊總圖
書館，歷經 5 次擴建終至今日規模（圖 8-121）。建築物中央是傳統的拱門
跟大大的三角形山牆，極富日治時期建築特色，1998 年時經臺北市政府公告
為市定古蹟，遊客可在此先進行與新總圖書館在建築特色上之比較（如拱窗、

圖 8-121　臺灣大學校史館原為日治時期臺北帝國大學舊總圖書
館。建築物中央是傳統的拱門跟大大的三角形山牆，極富日治時
期建築特色。左為老照片，右為現今樣貌。

拱門、山牆等之位置與比例），可以看見為了整個校園的整體景觀協調下，兩棟建築在建築特色上有著類似的風格。校史館常設展區位於舊總圖書館二樓中央閱覽廳，特展廳為臺大博物館群的精華展示櫥窗。

第 6 站　臺灣大學文學院

　　文學院為臺北帝國大學時期於 1928 年所建造的第一批校舍之一，被列為三級古蹟（圖 8-122），為折衷主義建築入口拱廊造型大方且寬敞，從前可以提供車輛上下車的服務。文學院建築外牆採用黃色色澤的十三溝面磚，據說建築外牆色澤與瓷磚溝面設計，是考量在戰時比較可以躲避敵軍空襲的掩護效用。其他建築特色還有具有做工精細的拱窗、拱門、山牆、車寄、轉角磚等臺北帝大建築特色，美輪美奐的和洋混合風格，文學院是唯一中間有穿堂連接兩端教室，室內的走廊和挑高教室更顯氣派。在西側水池中央，有朱銘大師的太極作品，故稱太極池，更為校園增添不少藝文風采，文學院後方醉月湖旁邊則有瑠公圳第一幹線的大安支線流過。

圖 122　文學院建築外牆採用圖黃色色澤的十三溝面磚，據說建築外牆色澤與瓷磚溝面設計，是考量在戰時比較可以躲避敵軍空襲的掩護效用。右為老照片，左為現今樣貌。

第 7 站　臺灣大學傅鐘

　　傅斯年校長曾說：「1 天只有 21 小時，剩下 3 小時是用來思考的。」因此，傅斯年校長過世後，軍方鑄鐘贈與臺大，名為傅鐘，每次上下課時都敲 21 響，以紀念他的教育精神（圖 8-123），

圖 8-123　臺灣大學裡的傅鐘是為了紀念傅斯年校長而設。

早期原本設置於傅園入口處，之後移置行政大樓前方。同時，由於傅鐘的象徵意義，故也成爲校徽中的重要元素，訪客們不妨看看地上的彩色面磚，並且在此留下與臺大校徽的合影。

第 8 站　臺灣大學原子核物理實驗室原址

　　臺大物理文物廳成立於 2005 年，位於臺灣大學二號館原子核物理實驗室原址，展館主要展示亞洲最早期 Cockcroft-Walton 型直線加速器及其相關科學文物，以達科學研究展示及發揮科學教育推廣的功能。爲探究量子世界的奧秘，二號館原子核實驗室裡，經歷兩代科學研究者致力於直線型加速器的建置與研究。第一座加速器是在臺北帝國大學時代，由當時物理講座荒勝文策教授的團隊所建造，於 1934 年完成追加實驗，爲亞洲創舉而震驚日本學界。（圖 8-124）

圖 8-124　臺大物理文物廳成立於 2005 年，位於臺灣大學二號館原子核物理實驗室原址，而日治時期二號館原子核實驗室經歷兩代科學研究者的替換，致力於直線型加速器的建置與研究。

第 9 站　臺北高等農林學校校舍（行政大樓）

　　以紅磚爲主要建材的行政大樓，早在臺北帝國大學尚未成立之前，已經設立臺北高等農林學校作爲臺灣農業發展中心，這棟行政大樓原本是臺北高等農林學校的校舍興建於 1926 年，經歷了臺灣總督府臺北高等農林學校、臺北帝國大學，以及國立臺灣大學 3 個階段，於 1998 年被指定爲古蹟（圖 8-125），內部通風流暢，採光明亮，是校內重要的文化資產。黑色屋瓦搭配紅磚建築外表，搭配洗石子舖面修飾，加上 2 層樓挑高科林斯柱式（Corinthian Order）的入口門柱，顯出莊嚴隆重的氣氛。

圖 8-125　臺灣大學行政大樓是日治時期臺北高等農林學校校舍，採黑色屋瓦搭配紅磚建築搭配科林斯柱式門柱。

第 10 站　土木學系系館

位於文學院東側，1955年完工，外觀方正簡潔屬於現代主義建築，但是與帝大時期建築在外觀及量體上具協調性與連續性（圖8-126），中央門廳具有大型樓梯突出入口意象，兩翼末端以突出牆面形成收尾，南面陽光直射處設置走廊，立面對稱，牆面以十三溝面磚為面材，下方以洗石子作接地，室內牆壁樑柱以線腳收邊，與帝大時期建築設計相呼應。

圖 8-126　戰後興建的土木學系系館雖然屬於現代主義建築，但是仍能與帝大時期的建築產性協調性與連續性。

十三溝面磚這個名詞又出現囉！因為很常被運用於臺大校園內，所以又說臺大有十三溝面磚迷思。行程中，請遊客一起找找哪裡也用了十三溝面磚。

第 11 站　第一活動中心

第一活動中心的入口呈現四柱三開間，門口門板也採用朱紅色大門，類似廟宇三川殿的風格，極富「現代中國建築」特色，是名建築師王大閎的作品（圖 8-127），該建築於 1969 年完工，為地下一層、地上二層的建築。其內有大禮堂、生活消費區、Student Lounge、文藝展示空間、社團辦公室等，為全校學生活動的核心。目前，登記有案的臺大學生社團已經超過 1,000 個，豐沛的創意與能量，使臺大充滿活力與朝氣。

圖 8-127 富有現代中國建築特色的第一活動中心，是建築大師王大閎的作品，也是全校學生活動的核心。

請遊客說說，王大閎大師還有哪些著名的建築作品。

第 12 站　小椰林大道

從四號館望向椰林大道、文學院舊總圖，形成美麗的天際線（圖 8-128），再延伸到行政大樓，是戰前帝大規模的範圍。由於戰後學校規模擴大，於是將原有南方民俗研究所拆除，校區向北再衍伸

圖 8-128　由文學館往行政中心望過去的小椰林大道老照片。

出小椰林大道之中軸線，大約興建於 1960 年代，兩旁建物均是戰後建築。由文學館往行政中心望過去，有拱窗造形的視覺效果。

第 13 站　臺大圖書館

臺大圖書館（圖 8-129）位於椰林大道末端，1998 年落成啓用，爲地上 5 層、地下 1 層的建築物，總藏書量超過 400 萬冊，5 樓特藏組並藏有許多珍貴典籍。新圖書館的設計採用了山牆、拱門、拱窗、十三溝面磚等最能代表臺大特色的建築語彙，在外觀上與舊總圖書館相互輝映；圖書館北側置一鐘塔，高 49 公尺，象徵追求學術研究的無垠。入館後，4 層樓的挑高使人心神沉靜，而別具特色的臺大人文庫，以及位於地下一樓的學習開放空間、出版

中心與原住民族圖書資訊中心等，都在在顯示圖書館不僅處於臺大校總區之地理幾何位置，更是大學知識匯集輻輳之核心。

圖 8-129　新圖書館採用山牆、拱門、拱窗、十三溝面磚等最能代表臺大特色的建築設計，外觀上與舊總圖書館相互輝映。

第 14 站　臺大社科院圖書館

臺大社科院圖書館新大樓是由伊東豐雄設計，不同於一般將圖書館置於學院內部的做法，伊東豐雄將圖書館獨立成棟並作為社科院的入口建築。這種手法類似於多摩美術大學圖書館，要表達圖書館知識是學校內精神象徵之一的理念（圖8-130）。在一樓有一條長廊，也是要讓學生在經過時

圖 8-130　伊東豐雄設計的臺大社科院圖書館新大樓，將圖書館獨立成棟，也是社科院的入口建築，傳達圖書館是學校的精神象徵的理念。

感覺更親近圖書館。此外三面玻璃牆希望可以藉此望見窗外的林木、草地，以親近大自然。屋頂的形狀是由數個既像雲朵、又像樹葉的綠色橢圓組成，這是伊東豐雄運用設計演算法創造出來的「衍生式樹狀」線條，為校園營造出綠意森林景緻。雖然不是歷史史蹟景點，但是卻是臺大校園內的新亮點。

第 15 站　臺大磯永吉小屋

　　磯永吉小屋是臺大前身為舊高等農林學校作業室，坐落於臺北市基隆路 4 段 42 巷臺大農場內，建於 1925 年，為臺北帝大前身「臺北高等農林學校實習農場」最早期之建物，也是臺北帝國大學及臺灣大學早期農業研究之重要基地，磯永吉教授在此從事稻米品種改良的研究工作。（圖 8-131、圖 8-132）

圖 8-131　磯永吉小屋是臺大舊高等農林學校作業室。

圖 8-132　磯永吉小屋是臺灣蓬萊米之父磯永吉博士的培育研究所。

　　此建築經年累積大量日據時期迄今之農業研究器材、書籍文件、文書用具與家具等，足以見證臺灣農業科技發展之歷程，極富科學史研究價值，臺北市政府已於 2009 年 7 月 28 日將本建築公告為直轄市市定古蹟。也是臺灣蓬萊米之父磯永吉博士培育出蓬萊米的培育研究所。

第 16 站　臺大瑠公圳水源池

　　昔日，瑠公圳大安支線流經臺大校總區，然而，隨著校區的擴張與校園的發展，圳道逐漸加蓋填平。2001 年時，在甘俊二教授等人提議下，校方開始進行《瑠公圳大安支線臺大段復育計畫》，於 2004 年完成第一階段瑠公圳水源池工程，採生態工法設計、施作，可說是臺北都市叢林中難得的一泉清泓。水源池常吸引不少鳥類駐足，諸如紅冠水雞、夜鷺、斑紋鳥、喜鵲，以及小白鷺等，成為生態自然教室。（圖 8-133）

圖 8-133　2001 年臺大教
授提議「**瑠**公圳大安支線
臺大段復育計畫」，採生
態工法設計、施作完成**瑠**
公圳水源池。

第 17 站　美軍航空隊行政大樓與教堂

1954 年，《中美共同防禦條約》簽訂，之後美軍協防臺灣司令部成立，將第十三航空隊下屬部隊調遣至臺灣。由於公館蟾蜍山一帶就有中華民國空軍作戰司令部（今天的空軍作戰指揮部），第十三航空隊決定在此駐軍，但因為土地不敷使用，國防部向臺大徵收了農業試驗場園藝分場，1963 年 10 月國防部徵收土地，在園藝場搬遷後，美軍隨即開始興建房舍，並將此空軍基地命名 Taipei Air Station（簡稱 TAS，臺北通訊站），並做為美國空軍第 327 航空師師部營區。（圖 8-134）

圖 8-134　左上圖為紀念 1954 年空軍
基地命名 Taipei Air Station 的明信片；
右圖為美軍因應宗教信仰，在興建的
房舍旁也蓋了小教堂。目前，美軍航
空隊行政大樓改建為管理學院的教研
館，而教堂則成為雅頌坊。

其主要任務是支援中華民國空軍通訊科技方面的技術，幫助協防臺灣，同時讓美軍得以監控臺灣海峽的情況。因為美軍有上教堂做禮拜的習慣，因此美軍在興建房舍的同時也設立了小教堂。美軍航空隊行政大樓目前為管理

學院的教研館，教堂現在是雅頌坊，臺大附幼當年是美軍修理汽機車的修車場，管院合作社則是一家理髮廳、士官俱樂部等美軍設施。

第 18 站　僑光堂

鹿鳴堂原稱僑光堂（圖 8-135），建於 1967 年，為現代造形兼具古典傳統風格之現代中國建築，原本由行政院僑委會使用，做為每年雙十國慶接待歸國僑胞的主要場所，也為增進華僑學子回臺就學所設置。也為增進華僑學子回臺就學所設置。1996 年回收臺大後，借引《詩經‧小雅》「鹿鳴篇」之意，

圖 8-135　鹿鳴堂。

更名為「鹿鳴堂」。現經逐年整修、週邊環境改善，不僅提供完善的生活機能，更有定期的藝文活動表演等，賦予本區嶄新而青春的氣息。2018 年經過文資審查，取得歷史建築身分而獲得保存。

臺大植栽覆蓋率高，自然生態豐富。近幾年常聽到有保育鳥現蹤，2019 年，在鹿鳴館旁的樹上也出現了 3 隻第二級保育類動物「領角鴞」，吸引許多愛鳥同好尋蹤，我們也找找看！

第 19 站　共同教室三松樹

依據校園規劃興建之共同教室，此處原有 5 株琉球松，民國 72 年因工人將廢水與廢棄物直接堆放在樹的根部，並在樹冠下溶解瀝青，使得琉球松死了 2 株，後來校方緊急搶救，保住瀕死的 3 株松樹，目前樹齡推估約已超過 80 歲了（圖 8-136）。學校為保護這株松樹，目前設置高架平臺，以木棧道連結保護。

第 20 站　公館伯公亭

臺灣大學土地公廟建於臺灣清領時期，有 200 多年歷史（圖 8-137）。在清領時期位於臺大第二活動中心的位置，有一座小山丘稱作「龜山」，一旁還有一個蓋滿了矮房子的聚落，如今只剩下土地公廟，成為當時村落曾經存在過的見證。

圖 8-136　共同教室外 3 株
琉球松，樹齡推測約 80 餘歲

圖 8-137　公館伯公亭建於
臺灣清領時期，是一座臺灣
大學土地公廟，也是當時村
落形成的見證。

2000年，臺大校方為興建活動中心與尊賢會館，收回羅斯福路4段校地，並欲拆遷建築基地後側的土地公廟，引發當地民眾抗爭。經多次協調，時任臺大校長陳維昭在土地公前擲筊，結果土地公表示願往南遷移一些，但不希望離開臺大校園，廟方暫時將其神像安奉在水源市場。2004 年 9 月，臺大校方在原址南邊重建，2006 年 11 月，新廟完工，並將土地公迎回臺大供奉，要前往參拜的民眾可以走尊賢館旁邊的伯公小徑前往。

（四）行程結束

行程來到解散點，導覽解說員與遊客聊聊今天的行程是否有不清楚，可在行程安排的時間內進行小討論，或請遊客透過方便聯絡的方式討論。另外，可依行程規劃進行訪談市調或問卷調查（表 13），再將行程的解說用品整理、復原，即完成導覽解說行程。

行程結束之後，導覽解說員應針對遊客回覆的導覽解說行程問卷調查及整個行程進行評量檢討（表 14），以作為之後行程的調整方向與改進參考。

表 13　問卷市調表

＿＿＿＿＿＿＿＿＿＿解說服務滿意度調查表

親愛的貴賓您好：

　　感謝您撥冗填答這份問卷，希望透過您的填答，了解您對行程安排覽導解說服務的滿意程度，本資料僅供考評之用，絕不做其他用途，請您安心填答。您的填答將有助於導覽服務品質的提升，衷心感謝您的協助與合作。

順心如意　　　　　　　　　　　　　　　　　　　　　　　　　　　　敬啓

	調查項目	滿意度				
		非常滿意	滿意	普通	不滿意	非常不滿意
解說員	1. 解說員口齒清晰					
	2. 解說員語調溫和，速度和音量適切					
	3. 解說員使用術語展現其豐富的專業知識					
	4. 解說員談吐風趣並且與遊客保持互動					
	5. 解說員懂得利用肢體語言來強化解說內容					
	6. 解說員能察覺旅客的反應來調整解說技巧					
	7. 解說員的解說方式讓遊客很容易了解、明白					
	8. 解說員的儀表整潔得宜					
	9. 解說員的態度認真、笑容親切可掬					
	10. 解說員表現出尊重與耐心解答我們的問題					
	11. 解說員能讓我們有一個愉快的參觀經驗					
導覽設備	1. 電腦設備內容豐富、清晰					
	2. 電腦設備內容難易度適中					
	3. 語音導覽內容難易度適中					
	4. 語音導覽聲音清晰					
	5. 影片、紀錄片內容充實度					
	6. 解說牌文字方便閱讀					
	7. 解說牌內容難易度適中					
	8. 導覽手冊容易閱讀					
展示環境	1. 展示動線規劃良好					
	2. 方向指引標示清晰					
	3. 展場光線明暗適中					
	4. 展示內容具吸引力					
	5. 文物擺設恰當					

其他建議事項：

評量者：＿＿＿＿＿＿＿＿＿＿＿

表 14 評量檢討表

項目	佔比	說明
導覽解說 內容規劃	20%	1. 導覽解說規劃具有完整性、創意性、有個人觀點和見解。 2. 傳達的訊息經過組織、包裝及重整，有系統的傳達給遊客理解。 3. 解說深入淺出、平易近人、架構清楚、條理分明。
當地資源 結合度	20%	結合當地觀光資源與資訊、安全教育。
服裝 儀容 肢體表現	20%	1. 服裝、儀容之合宜性。 2. 具備表達、溝通能力，口語清晰、表情生動、肢體活潑。 3. 引發遊客興趣、滿足好奇心，引導遊客認識環境、體驗自然，欣賞觀光資源之美。
導覽解說 媒體運用	20%	1. 導覽解說過程，運用現場設施、解說牌或標示。 2. 自製簡報、文宣或科技資訊運用。
啟發	20%	1. 除了介紹風景、習俗或物種名稱、生態習性，還傳達保護環境、保育生態的觀念。 2. 激勵遊客對所描述的環境產生新的見解與熱誠。 3. 使遊客感受到自然資源的珍貴與文化資產的重要，養成友善環境的態度、觀察力與反思力。

評量者：＿＿＿＿＿＿＿＿＿＿

實作案例延伸練習

一、資源調查、編寫解說內容

　　對於臺灣史蹟景點建築特色的理解與掌握，有賴於導覽員平時對於周遭環境中的老建築、古老習俗事物都抱持著好奇與關心，進而主動蒐集並學習相關資料，經過平時不斷地累積，便能逐漸理解與掌握臺灣史蹟景點建築特色的要點。

1. 依歷史時間分：利用時間做比較分別，可以很快地發現差異，並更深入了解東西方建築的演變，如臺灣的荷西時期、明清時期、日治時期、民國時期等，可以相互比較，發現不同時期的建築美。而西洋建築的分期，如埃及（Egypt）、西亞、希臘（Greek）、羅馬（Roman）、基督教（Christian）、拜占庭（Byzantine）、仿羅馬（Romansque）、文藝復興（Renaissance）、歌德（Gothic）、巴洛克（Paroque）、洛可可（Rococo）……的建築特色，有時又會與東方交錯影響。

2. 了解建築語彙：一棟建築物會透過建築形式、材料、色彩、質感會傳達一些涵義和訊息，賦予建築元素意義，傳達特有的文化意涵、歷史、反映環境，這些就是建築語彙。欣賞臺大校園 1928 年建造的建築物，如果我們能了解日治時期流行的建築語彙，也比較容易了解建築物所說的語言，享受與建築物對話的樂趣。

3. 用眼睛鑑賞

　（1）關注周圍的建築物，從不同角度欣賞，欣賞它與環境的關係，細部設計如樑柱、窗、磚、山牆、拱廊、樓梯…等元素。

　（2）鑑賞理解後內化並表達，才能流暢的導覽解說。

（一）解說演練一

針對建築文化景觀進行分組導覽演練，每組可從下列 A ～ D 案擇一演練。

A 案：臺大舊總圖書館（今校史館）

B 案：臺大文學館

C 案：臺北高等農林學校校舍（今行政大樓）

D 案：自選

實作案例延伸練習

（二）解說演練二

參考本案例的校園導覽模式，製作目前就讀學校的校園導覽規劃，可以思考規劃校園中的重要景點，如：學生餐廳美食、社團、三D列印教學中心、校史館、校園鄰近景點等，及其相關趣文、事蹟，規劃屬於自己學校的導覽行程。

二、製作解說輔助工具

1. 建築尋寶圖：參考圖8-115的地圖，設計1張臺大建築平面圖，依照解說行程的順序編號，可針對解說重點、人文資源、景點…等，設計成填空的方式，製作成尋寶圖。導覽行程前先發放給參加行程的遊客，讓遊客在聽導覽的行程中找答案，可增加互動性與參與感。

2. 景點寶藏圖：將行程中的解說重點、景點拍成照片，可製作成尋寶活動的小圖卡，讓遊客分組進行看圖尋寶的活動，增加學習印象及行程的趣味性。

3. 解說媒體：可以先準備補充用的照片、圖片、補充資料，放入剪報夾或製成海報、手拿板…等，導覽行程時可即時展示，讓遊客收穫更多、行程更豐富。

4. 趣味遊戲設計：因應不同的對象，可以發揮創意設計活動，以趣味性方式將建築景觀知識融入遊戲活動中，例如：建築猜謎卡。

圖片來源

01　導覽解說基本概念

圖 1-1　周玉娥提供。
圖 1-2　周玉娥提供。
圖 1-3　蔡豐琪提供。
圖 1-4　周玉娥提供。
圖 1-5　公司圖庫。
圖 1-6　公司圖庫。
圖 1-7　周玉娥提供。
圖 1-8　周玉娥提供。
圖 1-9　http://leroy-quebec.weebly.com/。
圖 1-10　公司圖庫。
圖 1-11　公司圖庫。
圖 1-12　臺北城市散步官網，https://www.
　　　　 facebook.com/taipeiwalkingtour.tw。
圖 1-13　周玉娥提供。
圖 1-14　周玉娥提供。
圖 1-15　蔡豐琪提供。
圖 1-16　公司圖庫。
圖 1-17　臺江濕地學校，http://tjee.tjnp.gov.tw/
　　　　 outdoor/9。
圖 1-18　臺灣黑面琵鷺保育學會臉書。
圖 1-19　公司圖庫。
圖 1-20　周玉娥提供。
圖 1-21　臺北市立動物園官網，https://top.
　　　　 energypark.org.tw/map/north_map8.htm。
圖 1-22　臺北市立大學官網，https://is.gd/
　　　　 63RZkZ。
圖 1-23　嘉義縣環保局，http://wwwc.cyepb.gov.tw/
　　　　 elearn。

02　導覽解說資源與分類

圖 2-1　國家圖書館，https：//reurl.cc/Z4yNA。
圖 2-2　中央研究院地圖與遙測數位典藏計畫，
　　　　https://is.gd/cQNcyd。
圖 2-3　中央研究院人社中心（GIS），http：//
　　　　gissrv4.sinica.edu.tw/gis/twhgis。
圖 2-4　周玉娥提供。
圖 2-5　臺灣文化資產局官網，https://www.
　　　　boch.gov.tw/information_166_104899.html。
圖 2-6　維基百科，Pawen0922, CC BY-SA 4.0。
圖 2-7　北港朝天宮官網。

圖 2-8　周玉娥提供。
圖 2-9　臺中文化資產處。
圖 2-10　周玉娥提供。
圖 2-11　文化部文化資產局。
圖 2-12　維基百科，桑銘志, CC BY-SA 4.0。
圖 2-13　文化部文化資產局。
圖 2-14　周玉娥提供。
圖 2-15　高雄市政府文化局。
圖 2-16　臺中市政府文化局。
圖 2-17　周玉娥提供。
圖 2-18　文化部文化資產局。
圖 2-19　中研院民族所。
圖 2-20　交通部觀光局官網，https://www.
　　　　 taiwan.net.tw/m1.aspx?sNo=0001019
　　　　 &lid=080186。
圖 2-21　交通部觀光局臺灣觀光年曆。
圖 2-22　交通部觀光局臺灣觀光年曆。
圖 2-23　臺灣宗教文化資產官網。
圖 2-24　國立故宮博物院。
圖 2-25　國立故宮博物院。
圖 2-26　高雄市政府文化局。
圖 2-27　公司圖庫。
圖 2-28　南投縣政府文化局。
圖 2-29　維基百科，Pbdragonwang, CC BY-SA
　　　　 3.0。
圖 2-30　高雄市政府文化局。
圖 2-31　好蟾蜍工作室。
圖 2-32　周玉娥提供。
圖 2-33　嘉義縣文化觀光局。
圖 2-34　維基百科，Yuriy kosygin, CC BY-SA
　　　　 4.0。
圖 2-35　維基百科，莊傑, CC BY-SA 4.0。
圖 2-36　公司圖庫。
圖 2-37　公司圖庫。
圖 2-38　周玉娥提供。
圖 2-39　臺灣的國家地質公園網絡。
圖 2-40　臺灣的國家地質公園網絡。
圖 2-41　臺灣的國家地質公園網絡。
圖 2-42　臺灣的國家地質公園網絡。
圖 2-43　周玉娥提供。
圖 2-44　臺灣山岳之美，http：//gotoplaytrip.
　　　　 com。

圖 2-45　維基百科，Fred Hsu, CC BY-SA. 3.0

圖 2-46　環境資訊中心。

圖 2-47　維基百科，Kailing3, CC BY-SA 3.0

圖 2-48　周玉娥提供。

圖 2-49　周玉娥提供。

圖 2-50　植物園官網。

圖 2-51　福山植物園官網。

圖 2-52　周玉娥提供。

圖 2-53　周玉娥提供。

圖 2-54　維基百科。觀音山眺望社子島關渡，Taiwankengo, CC BY-SA 3.0；大甲溪上游，Fcuk1203, CC BY-SA 3.0；濁水溪流經水里的河景，Mk2010, CC BY-SA 3.0；二重溪，Guanting Chen, CC BY-SA 4.0；高屏溪斜張橋，Tze Chiang Hao, CC BY-SA 4.0。

圖 2-55　臺北城市散步官網。

圖 2-56　臺中市潛水教育推廣協會官網。

表格圖源

表 2-4　臺灣水鹿－公司圖庫；臺灣黑熊－公司圖庫；臺灣藍鵲－維基百科，Lai Wagtail, CC BY-SA 2.0；灰面鵟鷹－Macaulay Library ML40526581；櫻花鉤吻鮭－中華民國雪霸國家公園。

03　導覽解說內涵

圖 3-1　公司圖庫。

圖 3-2　公司圖庫。

圖 3-3　國立臺灣歷史博物館官網。

圖 3-4　維基百科，Mk2010, CC BY-SA 4.0。

圖 3-5　臺北城市散步官網。

圖 3-6　今日全美戲院粉絲專頁。

圖 3-7　福山植物園官網，http://fushan.tfri.gov.tw。

圖 3-8　周玉娥提供。

圖 3-9　周玉娥提供。

圖 3-10　中華民國墾丁國家公園管理處，https://www.ktnp.gov.tw。

圖 3-11　周玉娥提供。

圖 3-12　蔡豐琪提供。

圖 3-13　公司圖庫。

圖 3-14　周玉娥提供。

圖 3-15　新北市金山區休閒觀光協會官網。

圖 3-16　臺北城市散步官網。

圖 3-17　交通部觀光局官網。

圖 3-18　韓巢旅遊網。

圖 3-19　蔡豐琪提供。

圖 3-20　周玉娥提供。

圖 3-21　周玉娥提供。

圖 3-22　臺灣休閒農業發展協會官網。

圖 3-23　中華民國墾丁國家公園管理處。

圖 3-24　周玉娥提供。

圖 3-25　周玉娥提供。

圖 3-26　國立海洋生物博物館官網。

圖 3-27　周玉娥提供。

圖 3-28　周玉娥提供。

圖 3-29　周玉娥提供。

圖 3-30　周玉娥提供。

圖 3-31　周玉娥提供。

圖 3-32　周玉娥提供。

圖 3-33　讀墨（Readmoo）免費電子書網站。

圖 3-34　GNN 新聞－巴哈姆特。

圖 3-35　https：//goo.gl/CHc3qe。

圖 3-36　公司圖庫。

04　導覽解說環境與設施

圖 4-1　中華民國墾丁國家公園管理處。

圖 4-2　中華民國墾丁國家公園管理處。

圖 4-3　交通部觀光局澎湖國家風景區管理處。

圖 4-4　交通部觀光局澎湖國家風景區管理處。

圖 4-5　交通部觀光局澎湖國家風景區管理處

圖 4-6　50 年代博物館官網。

圖 4-7　林務局南投林區管理處二水彌猴生態教育館。

圖 4-8　臺北市立美術館官網。

圖 4-9　交通部觀光局東部海岸國家風景區管理處。

圖 4-10　山梨日報新聞社，http://www.fujisan-net.jp。

圖 4-11　行政院農業委員會林務局－東眼山國家森林公園遊樂區。

圖 4-12　中華民國陽明山國家公園管理處。

08　導覽解說案例實作

圖 8-72　周玉娥提供。

圖 8-73　蔡豐琪提供。

圖 8-74　臺灣記憶。

圖 8-75　臺灣記憶。

圖 8-76　蔡豐琪提供。

圖 8-77　公司圖庫。

圖 8-78　維基百科，寺人孟子，CC BY-SA 4.0。

圖 8-79　維基百科，Pbdragonwang，CC BY-SA 4.0。

圖 8-80　周玉娥提供。

圖 8-81　周玉娥提供。

圖 8-82　周玉娥提供。

圖 8-83　周玉娥提供。

圖 8-84　公司圖庫。

圖 8-85　周玉娥提供。

圖 8-86　周玉娥提供。

圖 8-87　維基百科，Yuriy kosygin，CC BY-SA 3.0。

圖 8-88　維基百科，寺人孟子，CC BY-SA 4.0。

圖 8-89　周玉娥提供。

圖 8-90　周玉娥提供。

圖 8-91　維基百科，公有領域。

圖 8-92　交通部觀光局臺灣觀光年曆。

圖 8-93　周玉娥提供。

圖 8-94　周玉娥提供。

圖 8-95　周玉娥提供。

圖 8-96　周玉娥提供。

圖 8-97　臺灣宗教文化地圖。

圖 8-98　周玉娥提供。

圖 8-99　Wikipedia Modernized，https://www.wikiwand.com。

圖 8-100　基隆旅遊網。

圖 8-101　維基百科，billy1125，CC BY-SA 2.0。

圖 8-102　維基百科，公有領域。

圖 8-103　維基百科，公有領域。

圖 8-104　周玉娥提供。

圖 8-105　周玉娥提供。

圖 8-106　維基百科，公有領域。

圖 8-107　維基百科，Pbdragonwang，CC BY-SA 4.0。

圖 8-108　維基百科，Jessepylin，CC BY-SA 3.0。

圖 8-109　基隆旅遊網。

圖 8-110　tripadvisor。

圖 8-111　旅人網。

圖 8-112　周玉娥提供。

圖 8-113　維基百科，Pbdragonwang，CC BY-SA 4.0。

圖 8-114　Wikipedia Modernized，https://www.wikiwand.com；國家圖書館數位典藏

圖 8-115　公司圖庫。

圖 8-116　臺大訪客中心。

圖 8-117　臺灣大學官網。

圖 8-118　周玉娥提供。

圖 8-119　臺灣大學官網。

圖 8-120　周玉娥提供。

圖 8-121　周玉娥提供。

圖 8-122　周玉娥提供。

圖 8-123　中文百科。

圖 8-124　臺灣大學校史館。

圖 8-125　周玉娥提供。

圖 8-126　臺大校史館。

圖 8-127　周玉娥提供。

圖 8-128　臺大校史館。

圖 8-129　周玉娥提供。

圖 8-130　周玉娥提供。

圖 8-131　周玉娥提供。

圖 8-132　周玉娥提供。

圖 8-133　周玉娥提供。

圖 8-134　Richard Reesh；周玉娥提供。

圖 8-135　周玉娥提供。

圖 8-136　維基百科，B01401122, CC BY-SA4.0。

圖 8-137　維基百科，寺人孟子，CC BY-SA4.0。

導覽解說理論與實務 / 蔡豐琪編著 . -- 初版 . --
新北市：全華圖書，2020.10
　　面；　公分

ISBN 978-986-503-514-3(平裝)

1. 解說 2. 環境教育

　　　　541.84　　　　　　　　　109016390

導覽解說理論與實務

作　　　者　蔡豐琪

發 行 人　陳本源

執行編輯　余孟玟

出 版 者　全華圖書股份有限公司

郵政帳號　0100836-1 號

印 刷 者　宏懋打字印刷股份有限公司

圖書編號　08299

初版一刷　2020 年 10 月

定　　　價　新臺幣 540 元

I S B N　978-986-503-514-3

全華圖書　www.chwa.com.tw

全華網路書店　Open Tech / www.opentech.com.tw

若您對書籍內容、排版印刷有任何問題，歡迎來信指導 book@chwa.com.tw

臺北總公司（北區營業處）
地址：23671 新北市土城區忠義路 21 號
電話：(02) 2262-5666
傳真：(02) 2262-0052、2262-8333

中區營業處
地址：40256 臺中市南區樹義一巷 26 號
電話：(04) 2261-8485
傳真：(04) 3601-8600

南區營業處
地址：80769 高雄市三民區應安街 12 號
電話：(07) 381-1377
傳真：(07) 862-5562

歡迎加入 全華會員

● 會員獨享

會員購書折扣、紅利積點、生日禮金、不定期優惠活動…等。

● 如何加入會員

填妥讀者回函卡直接傳真(02) 2262-0900 或寄回，將由專人協助登入會員資料，待收到E-MAIL 通知後即可成為會員。

如何購書 全華書籍

1. 網路購書

全華網路書店「http://www.opentech.com.tw」，加入會員購書更便利，並享有紅利積點回饋等各式優惠。

2. 全華門市、全省書局

歡迎至全華門市(新北市土城區忠義路 21 號)或全省各大書局、連鎖書店選購。

3. 來電訂購

(1) 訂購專線：(02) 2262-5666 轉 321-324
(2) 傳真專線：(02) 6637-3696
(3) 郵局劃撥（帳號：0100836-1　戶名：全華圖書股份有限公司）
※ 購書未滿一千元者，酌收運費 70 元。

OpenTech.com.tw 全華網路書店

全華網路書店 www.opentech.com.tw
E-mail: service@chwa.com.tw

※ 本會員制如有變更則以最新修訂制度為準，造成不便請見諒。

一、選擇題 (2.5分／題，共25分)

（　　）1. 依據美國 Freeman Tilden 的六大解說原則，解說是一種結合多種人文科學的：（A）哲學（B）藝術（C）歷史（D）理念

（　　）2. 解說屬於教育性活動，但因為教育偏重教導，而解說側重＿＿＿＿＿層面，所以兩者不同。（A）觀察（B）了解（C）認知（D）啟發 與教育不同

（　　）3. 依 2010 年《環境教育法》，中小學教職員每年須參加＿＿＿＿＿小時以上的環境教育研習課程或活動？（A）1　（B）2　（C）3　（D）4

（　　）4. 下列何者不屬於解說的三大要素？（A）解說員（管理者）（B）解說資源（C）旅行業（D）遊客

（　　）5. 下列何者不屬於選擇解說媒體時，應考慮的遊客因素？（A）年齡（B）語言（C）飲食（D）旅遊目的

（　　）6. 哪一項不是導覽解說目標？（A）讓遊客壓力得到紓解（B）讓遊客與解說標的物之間達到行為的改變（C）得到環境教育競賽獎項（D）闡述相關的政策、法令與計畫

（　　）7. 荒野保護協會成功遊說停建《北投線空中纜車計畫》，這是導覽解說的哪一種功能？（A）增廣遊客眼界（B）減少環境不必要破壞（C）提升當地知名度與增加經濟效益（D）教育性功能

（　　）8. 經由適當解說服務，最能夠使消費者獲得下列何種效益？（A）自然與文化資源獲得保護（B）減少遊客於活動時對資源之衝擊（C）使遊客獲得豐富的遊憩體驗（D）降低對資源之汙染

（　　）9. 請問下列何者不是環境教育透過導覽解說的功能？（A）豐富遊客的旅遊行程內容（B）導入環境教育概念（C）誘發負責任的環境責任（D）提高遊客之環保意識

（　　）10.「小紅螞蟻有麝香味；魚腥草（蕺菜）有魚腥味；迷迭香、甜菊等搓搓葉子有香味。」以上敘述是利用環境刺激何種感官的解說方式？（A）知覺（B）嗅覺（C）味覺（D）觸覺

二、填充題 (5分/題，共25分)

1. 導覽解說的意義是以通俗、＿＿＿＿＿＿＿＿＿＿＿、＿＿＿＿＿＿＿＿＿＿＿＿＿，及易懂的語言吸引遊客的興趣，增加互動關係。

2. 「導覽」和「解說」是兩件不同的工作，各有不同的目標及方法：
   ＿＿＿＿＿＿＿＿＿＿＿＿＿重視整體架構的引導及說明，重視大方向、導覽廣度；
   ＿＿＿＿＿＿＿＿＿＿＿＿＿偏重細微觀察，重視小方向、解說深度。

3. 導覽解說的發展對經營者而言，可促進在地觀光資源合理運用，提升知名度與
   ＿＿＿＿＿＿＿＿＿＿＿＿，喚起當地居民以＿＿＿＿＿＿＿＿＿＿＿＿＿引以為榮的
   自尊與感受。

4. 針對不同遊客的＿＿＿＿＿＿＿＿＿＿＿＿、＿＿＿＿＿＿＿＿＿＿＿＿＿、職業、教
   育文化背景，建立不同解說層次和內容，才能提供最合適的解說。

5. 環境教育透過＿＿＿＿＿＿＿＿＿＿、＿＿＿＿＿＿＿＿＿＿＿、＿＿＿＿＿＿＿＿＿、
   減廢的導覽解說，傳達呼應地區性或全球性的環境問題、永續發展的議題，以及
   對環境友善的做法和觀念。

三、問答題 (25分/題，共50分)

1. 請描述什麼是牽罟捕魚的方式。

2. 請簡介臺灣五大山脈。

學後評量－導覽解說理論與實務

班級：＿＿＿＿＿＿＿＿
學號：＿＿＿＿＿＿＿＿

02 導覽解說資源與分類

姓名：＿＿＿＿＿＿＿＿

一、選擇題 (2.5 分／題，共 25 分)

（　）1. 解說古蹟時使用的年代，最好使用何種紀年單位？（A）民國（B）西元（C）視遊客屬性而定（D）不要講年代

（　）2. 下列哪一項不屬於人文資源的產業設施？（A）臺北賓館（B）添興窯（C）舊宜蘭線猴硐隧道群（D）建國啤酒廠

（　）3. 賽德克族傳統籐編工藝和泰雅染織竹工藝，屬於人文資源中的：（A）歷史建築（B）節慶慶典（C）人文藝術（D）產業設施

（　）4. 下列何者不屬於解說人員所建立的第一手資料？（A）資源現地踏勘（B）耆老訪問（C）田野調查（D）收集並引用相關文獻資料

（　）5. 下列哪一項可以追溯到數萬年前的史前文明，描繪出臺灣史前歷史的輪廓？（A）芝山岩遺址（B）蘭嶼朗島部落傳統領域（C）橋仔頭糖廠（D）蟾蜍山文化景觀

（　）6. 請問臺灣本島北、中、南部區域和東部區域的主要地理界線大致為何？（A）北回歸線（B）東經 120 度（C）中央山脈（D）濁水溪上游。

（　）7. 請問濁水溪流域主要流經下列哪一個區域？（A）中部區域（B）南部區域（C）東部區域（D）北部區域

（　）8. 臺灣是全世界高山密度最高的島嶼之一，廣義的中央山脈有三條山脈，不包括下列哪一條？（A）脊樑山脈（B）雪山山脈（C）玉山山脈（D）阿里山山脈

（　）9. 臺灣特有的動物資源中，哪一項屬於冰河時期碩果僅存的孑遺生物代表之一，是我國非常珍貴的國寶魚？（A）飛魚（B）烏魚（C）櫻花鉤吻鮭（D）蓋斑鬥魚

（　）10. 下列哪一個植物園有別於森林遊樂區，為避免湧入過多遊客，造成環境傷害，嚴格規定開放時間、參訪的人數和方式，入園須提前申請？（A）臺北植物園（B）福山植物園（C）壽山植物園（D）臺中科學博物館植物園

二、填充題 (5分／題，共25分)

1. _____及_____為臺灣兩大傳統戲曲，而布袋戲兼具傳統戲曲、雕刻、刺繡之美。臺北大稻埕的_____街曾是北臺灣最重要的布袋戲街，李天祿的_____、許王的_____都曾於此設立聯絡據點。

2. _____關塞為建造於_____年的火炮砲臺，位於今新北市淡水區，佔地約 8 公頃。該砲臺為臺灣第一位巡撫_____主導建造，其建造目的是為了防衛臺灣淡水港。該砲臺雖停用多年，但因為長期屬軍事要塞，因此建築大致完整，門額上仍留存劉銘傳親筆題之_____石碑，也保留了砲臺旁兩道城牆及砲陣地數。

3. _____及其附屬設施位於南投縣集集鎮，於 1955 年創立。921 大地震時遭受嚴重的損傷，後經克服各種困難，於 2000 年 8 月修復完成，現已成為臺灣地區現存最老、但仍實際有燒窯作業的蛇窯。

4. 臺灣位處_____與菲律賓海板塊交接處，頻繁的板塊活動造就了多變的地形地貌，高山林立、縱谷與海岸景觀豐富，多達上百座超過_____的高山，加上北迴歸線從中通過，使臺灣同時擁有_____、_____、溫帶及寒帶等氣候環境，因此無論地質地形、動物、植物資源，以及河川海洋等氣象水文，不僅孕育生物的多樣性，更擁有豐沛的自然資源。

5. 地球有四分之三的面積被海洋覆蓋，一般將佔地球很大面積的鹹水水域稱為_____，大陸邊緣的水域被稱為_____，海洋即「海」與「洋」的總稱。

三、問答題 (25分／題，共50分)

1. 導覽解說的三大要素。

2. 爲何需要環境教育？環境教育內容四大要項爲何？

一、選擇題 (2.5分/題，共25分)

（　　）1. 解說出版品是把解說內容以紙本或有聲影音兩種形式，印製或燒錄於出版品，下列哪一項不屬於紙本出版品？（A）摺頁 Brochure（B）遊客手冊（C）導覽地圖（D）電子書

（　　）2. 導覽解說員以演講的方式解說，利用廠房、展示設施，介紹產業內容和歷史，這是屬於何種解說？（A）單向解說（B）雙向導覽解說（C）互動導覽解說（D）走動解說

（　　）3. 導覽解說員一邊解說珍珠魚類的生態「牠小的時候跟一般的魚一樣，是一片一片的魚鱗，長大之後牠的魚鱗會捲曲變成像米粒像珍珠一樣。」一邊引導遊客觸摸魚和體會。這是屬於何種解說？（A）單向解說（B）雙向導覽解說（C）互動導覽解說　（D）走動解說

（　　）4. 導覽解說員將史蹟景點或博物館的知識有系統整理後，傳達給遊客，能發揮以下哪些效益？（A）最有效率的學習方式（B）得到豐富愉悅的遊憩體驗（C）引導遊客對資源的認識與體會（D）以上皆是

（　　）5. 下列哪一項不屬於非人員解說？（A）演講（B）解說牌誌（C）解說出版品（D）自導式步道

（　　）6. 臺灣各地原住民部落會穿著傳統服飾以表演形式來呈現，讓歷史、文化更生動地傳達給遊客，這是屬於哪一種導覽解說？（A）定點解說（B）劇場表演（C）動態解說（D）演講式解說

（　　）7. 針對某些主題或結合訓練講習、研討會，邀請專家學者進行演講或授課，是屬於哪一種解說？（A）定點解說（B）劇場表演（C）動態解說（D）演講式解說

（　　）8. 在野生動物保護區解說時，最適合使用下列哪一種解說方式？（A）口述（B）解說牌（C）視聽器材解說（D）解說員

（　　）9. 解說可分人員解說和非人員解說兩種，下列何者不屬於人員解說？（A）志工導覽（B）現場表演（C）自導式步道（D）諮詢服務

（　　）10. 導覽解說員要能敏銳地觀察遊客的行為，以利判別解說時機，下列哪一項遊客行為暗示歡迎解說員加入？（A）正專注於某一件事（B）與解說員正面眼神接觸（C）正從事一項有趣活動（D）看起來很匆忙

二、填充題 (5分／題，共25分)

1. 1896年，平田源吾於北投開設第一間溫泉旅館——＿＿＿＿＿＿＿＿＿＿＿＿＿＿，即今日日勝生加賀屋所在位置，成為臺灣溫泉文化的發源地，臺北北投擁有天然的溫泉，源自於＿＿＿＿＿＿＿＿＿＿＿＿的礦港溪溪水因硫磺地熱而成為溫泉，於溪中發現的石頭具有放射性，被命名為＿＿＿＿＿＿＿＿＿＿＿，目前已被市政府指定為「自然文化景觀」，是臺灣唯一一個以地名命名的礦物。

2. 臺灣位處＿＿＿＿＿＿＿＿＿＿＿地區，夏季氣候炎熱，容易遇上颱風、午後雷陣雨，戶外導覽解說須考量旅客對於氣候的忍受程度，可依照狀況做調整合適的時間點，避開午後改為＿＿＿＿＿＿＿＿＿或＿＿＿＿＿＿＿＿＿導覽。

3. 生物導覽解說須配合動植物的活動時間，如夜行性＿＿＿＿＿＿＿＿＿＿＿、＿＿＿＿＿＿＿＿＿等。

4. 全世界僅存臺灣金山礦港，漁船使用可溶於水的＿＿＿＿＿＿＿＿＿產生乙炔，點火時與空氣接觸而發出爆炸聲響及強光，吸引魚群躍出海面，直接以漁網撈起，是特有的捕魚方式，此捕魚方式稱為＿＿＿＿＿＿＿＿＿，目前僅剩下4艘船，已經名列新北市無形文化資產。

5. 定點諮詢服務臺是指風景區、商圈、交通站等在固定場所設置＿＿＿＿＿＿＿＿＿或＿＿＿＿＿＿＿＿＿，如臺北市觀光傳播局所屬設置於捷運站、商圈的旅遊服務中心、交通部觀光局管轄的各風景區遊客中心等。

三、問答題 (25分／題，共50分)

1. 請敘述一下人員解說的優缺點？人員解說型態又可分成哪5種？

2. 請敘述導覽解說的層級。

得分

班級：＿＿＿＿＿＿＿
學號：＿＿＿＿＿＿＿

04 導覽解說環境與設施

姓名：＿＿＿＿＿＿＿

一、選擇題 (2.5分／題，共25分)

（　）1. 下列哪一項不是遊客中心應具備的功能？（A）提供旅遊資訊（B）對環境保護、生態保育等做宣導教育（C）安排簡報服務（D）提供住宿

（　）2. 解說出版品中具有傳達遊憩區地理環境、設施位置、交通狀況、聯絡電話及遊憩據點介紹等相關內容，是屬於何種性質的出版品？（A）資訊性（B）解說性（C）諮詢性（D）欣賞性

（　）3. 下列何者為自導式步道的優點？（A）較易掌握遊客興趣（B）能防止破壞（C）全天候解說（D）可以雙向溝通

（　）4. 下列何者為國家公園內最經濟的大眾解說方式？（A）遊客中心（B）解說人員（C）出版品（D）解說標誌牌

（　）5. 國家公園內一般自導式步道通常設於哪些地方？（A）解說資源豐富的地區（B）遊客易於到達且行走安全的地區（C）遊憩區內（D）以上皆是

（　）6. 解說員的人力有限，為了服務更多的遊客，自導式步道可以替代部分的解說人力，下列敘述何者是自導式步道的缺點？（A）自由自在地欣賞自然（B）提供偏遠遊憩地區解說（C）全天候提供解說服務（D）符合遊客現場互動的需要

（　）7. 解說牌具有說明基本資訊和地點的作用，依適合閱讀時間設計，平均為：（A）20～30秒（B）31～40秒（C）41～50秒（D）51～60秒

（　）8. 下列地區何者不適合設計自導式步道？（A）野生動植物保護區（B）特別景觀地區（C）較偏遠遊憩地區（D）自然體驗地區

（　）9. 隨著智慧型手機的普及，博物館、美術館、科學教育館的導覽設備，已經被哪一項行動數位設備取代，成為新的訊息傳播媒介？（A）導覽機（B）電子書（C）導覽 APP（D）QR Code

（　）10. 關於小野柳互動式地質解說設施的優點，下列哪一項敘述有誤？（A）觀察力引導、互動、主動態度（B）延伸性結合 QR Code 行動導覽（C）容易吸引人駐足觀賞（D）可完全取代導覽員

（請沿虛線撕下）

二、填充題 (5分／題，共25分)

1. 位於臺北近郊士林的_____，是陽明山腳下標高 52 公尺的小山丘，因考古發掘出史前遺跡，使臺灣歷史可上推約 4、5 千年，所以被列爲國家古蹟。

2. 芝山岩的_____建構相當完善，爲了保護特有的自然風貌、歷史文化遺跡，特地修建了架高步道，其兩側還有圍欄的環山無障礙棧道。步道兩旁處處設有景觀_____，圖文並茂。

3. 交通部觀光局東部海岸_____管理處在小野柳設置地質解說互動式電子書，把手掌移到感應臺上方，即可翻閱電子書，書內介紹小野柳的_____，以及關於_____的知識。

4. 管理性牌誌可分爲_____、_____、_____及_____牌誌 4 種。傳達最簡單明瞭的資訊內容，又可長期使用，多置於戶外景區、郊外，或是展覽館、博物館等。

5. 導覽解說工具隨著資訊科技發展，導覽解說已逐漸從用大聲公、錄音機或 CD 播放器進行講解的方式轉變爲_____及_____，目前以手機爲主的行動導覽方式大都以_____或_____的讀取來下載展覽品相關的資訊。

三、問答題 (25分／題，共50分)

1. 自導式步道解說牌誌優缺點。

2. 觀光摺頁提供之資訊有哪些？觀光摺頁的優點有哪些？

（請凸在虛線斯下）

學後評量－導覽解說理論與實務

05　導覽解說員的特質與工作

一、選擇題 (2.5分／題，共25分)

（　　）1. 下列何者為導覽解說人員最應具備的特質？（A）忍耐力（B）組織力（C）想像力（D）親和力

（　　）2. 執行解說遇突發狀況時，下列何者為導覽解說人員最具效益之服務技巧？（A）專業知識表現（B）保持平靜態度（C）熟悉救護系統（D）具隨機應變能力

（　　）3. 導覽解說員術業有專攻，碰到不清楚的事物時，應：（A）誠實以對，不知為不知（B）為維持專業先敷衍（C）裝做沒聽到（D）反問回去

（　　）4. 下列何者對展現導覽解說員的專業形象沒有加分效果？（A）整潔乾淨的外表（B）愉悅神情（C）衣著大方（D）穿名牌。

（　　）5. 導覽解說員的自信心來自下列哪一項？（A）具備專業知識（B）成熟穩健的人格（C）清晰正確的解說（D）以上皆是

（　　）6. 導覽解說期間如遇到大雨，應立即發輕便雨衣，或帶遊客進入室內改變路線，這是考驗導覽解說員的什麼能力？（A）親和力（B）應變能力（C）自信力（D）專業能力

（　　）7. 導覽解說古蹟時，＿＿＿＿＿＿＿＿＿可讓民眾有身歷其境的效果？（A）唱歌（B）講述當地傳說與歷史小故事（C）拍照（D）觸摸古蹟

（　　）8. 導覽國外觀光客時，下列哪一項不是導覽解說員要特別注意的重點？（A）地理位置概念模糊（B）觀光客的個別需求（C）沒有臺灣歷史的背景（D）國情不同避免誤解

（　　）9. 解說時，關於導覽解說員站立的位置，下列何者不正確？（A）讓參觀者站在最舒適的位置（如樹蔭下）（B）行進時走在最前方（C）上樓時走在隊伍前方，下樓時要走在隊伍最後面（D）定點時導覽員要站在中心位置

（　　）10. 玉山國家公園的塔塔加大草園廣場，假日上下午各有1場定時解說，是屬於哪一種工作內容？（A）帶隊解說（B）據點解說（C）遊客中心值勤（D）區外解說

二、填充題 (5分／題，共25分)

1. 導覽員抵達景點進行解說時，解說員要尋找最佳_____及解說姿態，解說員要面對觀眾，注意與景點展品的_____和角度。

2. 現代科技能將世界以一種令人興奮的方式呈現出來，然而將科技和解說相結合時必須謹慎和小心。_____產品有可能發生機器故障，或是操作不當而延誤時間等突發因素，所以導覽員不可過度依賴，才能從事_____。

3. 導覽時對觀眾發問的處理，首先要注意群眾發問的_____。對於觀眾的疑問不論是什麼問題，不可有_____的態度。解說員回答問題時，有把握才回答，答案要_____。

4. 參加導覽解說活動可幫助了解在地的_____，以擴展自己的視野。導覽解說的行程，最好先設定_____主題，好限定範圍以規劃行程。

5. 把一處大的豐富景點提綱挈領地_____順序講解。在景點入口處先大概介紹該地_____與_____，接著依照景點細部一步一步講解。

三、問答題 (25分／題，共50分)

1. 據點導覽時，需掌握導覽解說技巧的哪四個階段？

2. 請說明領團導覽解說的解說重點。

一、**選擇題** (2.5 分／題，共 25 分)

(　) 1. 「玉山是臺灣最高峰，比日本富士山高出約 176 公尺」的敘述方式，是採用下列何種解說方法？（A）極大極小法（B）引人入勝法（C）同類比較法（D）虛擬重現法

(　) 2. 讓遊客容易了解且沒有壓力的解說音速，每分鐘_____字為宜？（A）50　（B）180　（C）250　（D）350

(　) 3. 九份居民的天氣口訣「春天看海港，夏天看山頭」。屬於下列何種解說內容選材？（A）引述具體事實（B）用例子和軼事（C）採用比較及對比（D）借用歷史故事

(　) 4. 灰鯨每年遷移的路徑約 10,000 英里，是所有哺乳類動物中最遠的。此為下列何種解說方法？（A）引喻法（B）觸景生情法（C）採用比較及對比（D）知識傳遞法

(　) 5. 臺東多良車站號稱全臺最美火車站，採用下列何種解說方法？（A）引喻法（B）觸景生情法（C）畫龍點睛法（D）重點強調法

(　) 6. 導覽解說時，須注意自己的儀態禮貌，下列哪一項正確？（A）目光要照顧每位遊客，掌握遊客反應（B）面向解說標地物，背對遊客（C）解說人員坐著介紹比較親切（D）和觀眾親近沒距離

(　) 7. 下列哪一項不符合導覽解說員的應變能力？（A）了解解說員之角色及任務、解說對象及路線與範圍（B）妥善處理抱怨等負面情緒（C）及時將狀況呈報相關單位，尋求支援（D）碰到抱怨，請遊客直接向管理單位反應

(　) 8. 策劃戶外解說教學活動時，首應注意？（A）活動樂趣（B）活動地點（C）活動人數（D）活動目標

(　) 9. 導覽解說「八通關古道的開闢」時，為提高趣味性，引用清廷派任沈葆楨駐守臺灣，執行「開山撫番」計畫，以打通前後山間的通路。這是何種解說技巧之運用？（A）應用例證或故事（B）提出問題（C）使用特別的陳述（D）使用煽動性的引用句

(　) 10. 九份舊居民多沿著山坡面海建築住家，屋頂使用木樑上覆木板，頂層用柏油沾黏油毛氈（俗稱黑紙），可防風、防颱，形成「黑屋頂的世界」，此

為下列何種解說的內容選材？（A）引述具體事實資料（B）用例子和軼事（C）採用比較和對比（D）借用歷史故事

二、填充題 (5分／題，共25分)

1. 解說員要多用微笑的臉、和悅的聲音及_____，展現高度熱忱與親和力，帶動團隊的愉悅氣氛，帶給遊客具有溫馨效果的解說和學習效果。

2. _____來自於解說員本身對解說及專業知識的認知，更來自成熟穩健的_____。

3. 不同背景、年齡、種族、職業的遊客，需求各有所差異，解說員需站在_____角度思考，建立一個良好的溝通橋樑，提供整體、創意且具啟發性的解說，引領遊客對環境產生認同感。

4. 導覽過程遊客問題五花八門，必須隨時準備接招，機智的_____，若遇突發狀況，解說人員應_____，釐清_____，妥善處理。

5. 身為史蹟解說員，須了解地方性、區域性、國家性的歷史，以及史蹟文物保存、_____源流、_____概論等相關知識，在任何情況下，都能表達準確，讓遊客覺得有趣和深得要領。

三、問答題 (25分／題，共50分)

1. 導覽解說員需要具備相關的人格特質。

2.要成爲一個導覽解說員，如何增加專業知識？

學後評量－導覽解說理論與實務

07 導覽解說規劃作業流程

一、選擇題 (2.5分／題，共25分)

( ) 1. 根據美國國家公園署所訂定的《解說規劃手冊》，下列何者不屬於解說計畫擬定時的三步驟？（A）解說計畫擬定的目的（B）解說計畫擬定的經費（C）解說計畫擬定的原則（D）解說計畫擬定的程序

( ) 2. 下列何者不是解說規劃應訂定的方向與目標？（A）考量管理單位的政策（B）了解經營管理部門同仁與遊客想法（C）設定簡略大綱不需過於詳細的方向（D）確定解說方向後，設定解決問題及解說目標

( ) 3. 下列何者不是導覽解說規劃的意義？（A）協助參觀者了解及融入解說地區景事物及歷史（B）完成管理機關營運的宣導目標（C）爭取遊客對理念認同，達到共同維護自然環境的訴求（D）協助當地土產販售

( ) 4. 導覽解說須控制人數的目的，除了能預估學習效果，也可掌控活動規劃的安排與安全。以戶外解說活動成效而言，1個解說員帶多少人數為宜？（A）15位成年人（B）15位幼稚園或國小學生（C）20位國中、高中生（D）親子團30位

( ) 5. 美國國家公園署整理出成功的導覽解說方程式：（Kr ＋ Ka）＋ AT ＝ IO。依這個方程式，下面何者非一場成功導覽解說的必要條件？（A）管理機關政策宣導（B）對解說資源（景點）的專業知識（C）明確了解觀眾的解說需求（D）適當的解說技巧

( ) 6. 苗栗地區的保育類動物石虎，因為政府進行道路拓寬工程，導致棲息地被破壞，面臨滅絕的危機。請問這是導覽規劃原則「4個W」中的哪一項？（A）Who（人）（B）When（時）（C）Where（地）（D）What（物）

( ) 7. 臺南、新竹等發展歷史悠久的老城鎮，不可能透過一次徒步導覽就逛完，必須衡量旅客的體力，規劃約 2 小時可以完成徒步走讀的路線。請問這是導覽規劃原則「4個W」中的哪一項？（A）Who（人）（B）When（時）（C）Where（地）（D）What（物）

( ) 8. 規劃親子闔家參與的行程時，下列哪一項不適合？（A）行程安排不緊迫（B）解說內容不要過於深度（C）通俗有趣（D）安排刺激體驗

( ) 9. 導覽對象是外國基督教徒或是回教徒時，請問規劃路線時應避免排入下列哪一個點？（A）寺廟祠堂（B）教堂（C）老街（D）清真寺

（　　　）10. 自由行旅客想利用半天深度體驗臺北文化，下列哪一個行程不適合？（A）大稻埕金工手作（B）品茗文化課程體驗（C）手作傳統料理（D）酒吧學調酒

二、填充題 (5分／題，共25分)

1. 美國國家公園署運用一個導覽解說方程式，來說明導覽解說是結合提供＿＿＿＿＿＿＿＿＿＿、＿＿＿＿＿＿＿＿＿＿＿＿與明確了解＿＿＿＿＿＿＿＿＿＿，始得完成一場成功的解說工作。

2. 1個導覽員所負責的團體旅客人數盡量不要超過＿＿＿＿＿＿＿＿＿，超過的話，還需要＿＿＿＿＿＿＿＿＿在隊伍後方掌控人員。要去注意人數多的時候，如果可以進行解說人力調配的話，用＿＿＿＿＿＿＿＿＿進行導覽解說會比較好。

3. 對解說員而言，平時便要＿＿＿＿＿＿＿＿＿＿＿＿＿行程上的所有解說景點內容。解說景點內容經過消化整理之後，並非每次的導覽都需要全部解說完畢，導覽解說需要有＿＿＿＿＿＿＿＿＿＿的彈性。

4. 同一個導覽解說地區可因應旅客需求，對於解說景點的＿＿＿＿＿＿＿＿＿＿＿＿＿與＿＿＿＿＿＿＿＿＿＿＿，或對解說關注的區域進行調整，並且規劃出許多不同特色的導覽解說行程。

5. 深度導覽的行程安排不要太匆促，可跟解說員進行詢問與＿＿＿＿＿＿＿＿，或是在熱門景點解說結束之後，保留＿＿＿＿＿＿＿＿＿＿＿讓團員自由活動時間。行程中也要選定、告知可以＿＿＿＿＿＿＿＿＿＿＿＿＿＿＿＿＿＿的地方。

三、問答題 (25分／題，共50分)

1. 請舉例介紹臺灣因應特殊季節而產生的特有風貌解說資源（景觀）。

2. 規劃導覽解說作業流程時，有哪 7 個規劃步驟？

一、選擇題 (1.5分／題，共30分)

（　　）1. 芝山岩在清代漳泉械鬥時所設置的隘門，總共有＿＿＿＿＿＿個。（A）2 （B）3　（C）4　（D）5

（　　）2. 芝山岩西隘門於＿＿＿＿＿＿＿年設置？（A）1895　（B）1825　（C）1875　（D）1885

（　　）3. 以下何者不是芝山岩所屬的特殊地質現象？（A）鐘乳石（B）豆腐石（C）洋蔥石（D）風化窗象鼻石

（　　）4. 臺北富陽公園在日治時期這裡曾經設置什麼設施？（A）生態公園（B）遊樂園（C）植物園（D）軍事彈藥庫

（　　）5. 以下何者不是芝山岩常見的特殊動物或昆蟲？（A）臺北樹蛙（B）人面蜘蛛（C）飛鼠（D）長吻白蠟蟬

（　　）6. 一個區域的林相遭到破壞之後，慢慢自然復育時，最先進駐的植物稱為＿＿＿＿＿＿＿＿植物。（A）陽性　（B）先驅　（C）蕨類　（D）耐陰

（　　）7. 1907 年臺灣總督府依照英國顧問＿＿＿＿＿＿＿＿的建議，在公館觀音山麓設置淨水廠？（A）海頓（B）陶德（C）畢德蘭（D）巴頓

（　　）8. 1977 年，新店溪下游汙染日益嚴重，取水口移到上游＿＿＿＿＿＿＿，使唧筒室功成身退，改置自來水博物館？（A）碧潭（B）青潭堰（C）烏來（D）翡翠水庫

（　　）9. 公館地名可能是 1736 年清廷為防範漢番衝突及課稅納糧，在＿＿＿＿＿＿山的 V 字形隘口設立廨所？（A）觀音山（B）蟾蜍山（C）拳山（D）龜山

（　　）10. 具有新古典主義華麗風格的臺北水源地唧筒室是哪位建築師設計建造？（A）森山松之助（B）近藤十郎（C）萊特（D）井手薰

（　　）11. 現今新竹火車站是臺灣現役最古老的站房，請問新竹火車站的站體於＿＿＿＿＿＿＿年完工？（A）1913（B）1923（C）1897（D）1935

（　　）12. 新竹東城門迎曦門為樓高 2 層樓的石造建築，屋頂採下列何種形式設計？（A）硬山重簷翹脊（B）硬山單簷翹脊（C）歇山重簷翹脊（D）歇山重簷翹脊

（　）13. 新竹城隍廟內有許多年代久遠的匾額，其中提字＿＿＿＿＿＿＿＿的匾額，是清代光緒帝所賜。（A）金門保障（B）正直聰明（C）與天同工（D）永保安康

（　）14. 下列何者爲1933年啓用的新竹市營電影院？（A）榮座（B）新世界館（C）有樂館（D）第一劇場

（　）15. 基隆廟口夜市的廟，是下列哪一座廟宇？（A）城隍廟（B）奠濟宮（C）慶安宮（D）老大公廟

（　）16. 17世紀時，基隆曾受西班牙、荷蘭等外國勢力的統治，請問在和平島上發現的一些遺址中，下列何者屬於荷西時期的著名遺址？（A）聖薩爾瓦多城（B）北荷蘭城（C）番字洞（D）熱蘭遮城

（　）17. 基隆是個港闊水深的良港，也是近代西方列強爭奪的軍事重地，所以軍事相關的史蹟景點相當多，以下何者<u>不是</u>基隆的軍事史蹟景點？（A）海門天險（B）億載金城（C）獅球嶺砲臺（D）白米甕炮臺

（　）18. 臺灣大學目前的校史館建於1929年，原是日治時期臺北帝大的哪個建築？（A）文學館（B）文學館（C）舊總圖書館（D）土木學系系館

（　）19. 日治時期在臺灣大學舊高等農林學校的作業室進行稻米品種改良，有蓬萊米之父稱呼的學者爲誰？（A）末永仁（B）早田文藏（C）磯永吉（D）森丑之助

（　）20. 臺大校園內的僑光堂，原本是僑委會接待歸國僑胞的主要場所，目前臺大已收回並更名爲：（A）光復館（B）鹿鳴館（C）中興館（D）舟山館

二、填充題 (3.5分／題，共35分)

1. 清代傳統聚落中，爲防備民變、械鬥侵擾及土匪盜賊劫掠，常在村落或市街的險要處，設置牆門或堡門以控制出入，稱爲＿＿＿＿＿＿＿＿＿＿＿＿。

2. 芝山岩有士林特有種的珍稀竹類，稱爲＿＿＿＿＿＿＿＿＿＿竹。

3. 近年來，富陽生態公園的溼地生態池遭民眾不當野放甲殼類動物＿＿＿＿＿＿＿，嚴重破壞溼地生態，目前採用竹籠捕抓。

4. 森林裡多數樹木的樹齡超過50年，會使半徑30公呎以內的區域氣溫降低＿＿＿＿＿＿℃。

5. 日本政府曾在 1913 於臺北公館興建臺北預備火力發電廠，是因爲 1911 年強颱侵襲，造成當時新店溪的＿＿＿＿＿＿＿＿＿發電廠以及＿＿＿＿＿＿＿＿＿發電廠泡在洪水中，可見水力發電設施容易受天災及外在因素影響。

6. 新竹中學校長在戰後由＿＿＿＿＿＿＿＿＿＿＿校長長期擔任，因任內對學校貢獻良多，故該宿舍又有該校長的故居之稱。

7. 新竹州圖書館興建於 1925 年，1923 年＿＿＿＿＿＿＿＿＿訪臺時，曾經造訪新竹，新竹街以「行啓紀念」申請新竹州圖書館興建計畫。

8. 清代在基隆最早發展出來的是＿＿＿＿＿＿＿＿＿，現在仍然是充滿活力的魚市場。

9. ＿＿＿＿＿＿＿＿＿古厝，正式名稱爲慶餘堂。

10. 臺大社科院圖書館新大樓是＿＿＿＿＿＿＿＿＿所設計，將圖書館設置於社科院前方，作爲入口建築。以紅磚爲主建材的臺大行政大樓，早在臺北帝大設立之前便已經存在，原爲＿＿＿＿＿＿＿＿＿的校舍。

三、問答題 (7分／題，共 35 分)

1. 請簡單敘述 1896 年芝山巖事件事件的源起？

2. 請說明日治時期臺北水源地的取水、淨水、輸水流程？

3. 請仔細觀察新竹火車站的建築外觀，說說最吸引你的地方？

4. 清代同治年間，基隆經歷漳泉械鬥，而漳州人與泉州人分別抬出的守護神為何？

5. 請描述一下臺灣大學傅園興建的源起？